Gaby Hauptmann
Yachtfieber

SERIE PIPER

Zu diesem Buch

Marc Richard, erfolgreicher deutscher Modedesigner, liebt es in den Ferien gemütlich, und am liebsten hat er nur Familie und gute Freunde an Bord der bauchigen Segelyacht »Dogukan«, die er Jahr für Jahr in der Türkei chartert. Kein Wunder also, daß er wenig begeistert ist, als sich das Schnellboot des Szeneplayboys Franco längsseits legt und er mit einigen Models die Yacht entert. Doch seine quirlige Tochter Kim und ihre Freundin Alissa freuen sich über die Abwechslung. Und bald ist auf den Booten und im Wasser eine ausgelassene Party im Gange. Bis Franco nach harmlosen Wasserspielen plötzlich nicht mehr auftaucht. Alle sind bestürzt: War es ein Unfall oder ein geplanter Anschlag? Als am nächsten Tag schon Berichte von seinem Verschwinden und ein letztes Foto vom feiernden Franco in den einschlägigen Blättern zu sehen sind, beschleicht Marc und seine Freunde ein ungutes Gefühl – sie müssen etwas unternehmen ... Mit hinreißend schwarzem Humor und einer Prise Erotik beobachtet Gaby Hauptmann das Treiben des Jetset. So anregend wie ein prickelnder Ausflug auf dem kristallklaren Wasser des Mittelmeers!

Gaby Hauptmann, geboren 1957 in Trossingen, lebt als freie Journalistin und Autorin in Allensbach am Bodensee. Ihre Romane »Suche impotenten Mann fürs Leben«, »Nur ein toter Mann ist ein guter Mann«, »Die Lüge im Bett«, »Eine Handvoll Männlichkeit«, »Die Meute der Erben«, »Ein Liebhaber zuviel ist noch zuwenig«, »Fünf-Sterne-Kerle inklusive« und »Hengstparade« sind Bestseller und wurden in zahlreiche Sprachen übersetzt und erfolgreich verfilmt. Außerdem erschienen der Erzählungsband »Frauenhand auf Männerpo«, ihr ganz persönliches Buch »Mehr davon. Vom Leben und der Lust am Leben« und ihr Kinderbuch »Rocky der Racker«.

Gaby Hauptmann
Yachtfieber

Roman

Piper München Zürich

Von Gaby Hauptmann liegen in der Serie Piper vor:
Suche impotenten Mann fürs Leben (2152, 6055, 6101)
Nur ein toter Mann ist ein guter Mann (2246, 6056, 6102)
Die Lüge im Bett (2539, 6057, 6103)
Eine Handvoll Männlichkeit (2707, 6104)
Die Meute der Erben (2933)
Ein Liebhaber zuviel ist noch zuwenig (3200, 3829, 6100)
Fünf-Sterne-Kerle inklusive (3442, 6099)
Frauenhand auf Männerpo (3635)
Hengstparade (4126, 6143)
Ein Liebhaber zuviel ist noch zuwenig/Nur ein toter Mann ist ein guter Mann (Doppelband; 4246)
Mehr davon (4272)

Dieses Taschenbuch wurde auf FSC-zertifiziertem Papier gedruckt. FSC (Forest Stewardship Council) ist eine nichtstaatliche, gemeinnützige Organisation, die sich für eine ökologische und sozialverantwortliche Nutzung der Wälder unserer Erde einsetzt (vgl. Logo auf der Umschlagrückseite).

Originalausgabe
Juni 2005

Umschlagkonzept: Büro Hamburg
Umschlaggestaltung: Jorge Schmidt, München
Umschlagfoto: Laura Doss/Corbis und Zefa (Rettungsring)
Foto Umschlagrückseite: Anne Eickenberg/Peter von Felbert
Satz: Uwe Steffen, München
Papier: Munken Print von Arctic Paper Munkedals AB, Schweden
Druck und Bindung: Clausen & Bosse, Leck
Printed in Germany ISBN 3-492-24415-7

www.piper.de

DIE »DOGUKAN«

Für Botho und Cathrin
und unsere Dogukan-Freunde

DAS RENNBOOT SCHOB SICH LANGSAM, fast lautlos, an die Längsseite des bauchigen großen Segelschiffs. Marc Richard sah es erst, als die Festmacherleinen herüberflogen.

»Oh, nein«, sagte er und verzog das Gesicht. »Sag ihm, daß ich nicht da bin!«

»Kann ich nicht«, entgegnete seine Frau, »ich bin auch nicht da!«

Sie drückten sich beide in die blauen Leinenkissen ihrer Stühle, halb verdeckt durch die mächtigen Holzvorbauten am Heck des Schiffes.

»Wieso weiß er, wo wir stecken?« wollte Marc halblaut wissen.

»Ich hab's ihm sicherlich nicht gesagt!«

»Und was machen wir jetzt?«

Pia linste vorsichtig um die Ecke.

»Er kommt tatsächlich an Bord!«

Marc seufzte.

»Und nicht nur er!«

Marc runzelte die Stirn. »Was soll das heißen?«

In dem Moment setzte laute Discomusik ein, dröhnte mit harten Bässen vom Rennboot herüber und deckte alles zu.

Marc sprang auf. Er war ein drahtiger Mann Ende Fünfzig, kurzgeschnittenes weißes Haar, braungebrannt. »Habt ihr noch alle?« Mit wenigen Sätzen war er an der Reling.

»Na, da bist du ja!« Breit grinsend stand Franco vor ihm, ein italienischer Playboy deutscher Abstammung.

Marc holte tief Luft. »Schalt bloß dieses Gewummer ab!« Franco schnippte kurz zu seinem Boot hinüber, ein langbeiniges Geschöpf in blaßrosa Bikini, dunkel gebräunter Haut und strohblonden Haaren drückte auf einen Knopf an der unübersichtlichen Instrumententafel. Augenblicklich war es still. Und augenblicklich gab es Protest aus dem Hintergrund.

Marc drehte sich um. Das hätte er sich denken können, seine Tochter Kim und deren Freundin Alissa standen hinter ihm.

»Laß doch!« Kim warf ihm einen typischen Tochter-Vater-Blick zu: »Sei doch kein Spielverderber.«

Alissa blinzelte verschlafen zu dem Boot hinüber. »Gibt's 'ne Party?«

»Verschon mich bitte damit«, sagte Marc und drehte sich hilfesuchend nach Pia um. Sie hatte sich ein weißes Herrenhemd übergeworfen und kam heran.

»Das ist eine Überraschung«, sagte sie indifferent und reichte Franco ihre Hand, die er übersah.

Statt dessen zog er sie gleich in seine Arme, küßte sie rechts und links auf die Wange und grinste dabei Marc an. »Habt ihr wirklich geglaubt, ihr könntet euch vor der Welt verstecken?«

»Och ...« Marc tat unschuldig. »Und jetzt willst du dich mit deiner Bande hier bei uns einnisten?«

Franco lachte. »Ich wollte mal meinen Mädchen hier den berühmten Modedesigner aus Deutschland vorstellen«, sagte er laut, und leise fügte er mit Verschwörermiene hinzu: »Ein bißchen mit dir angeben, versteht sich ...«

»Das fehlt mir noch!« Marc schaute zu dem Rennboot, eine feuerrote Zigarre mit weißer Lederinnenausstattung. »Ein wenig dezenter hätte dir das Ding nicht gefallen?« fragte er rhetorisch.

»In meinem Alter doch nicht.« Franco zwinkerte ihm zu und machte eine Handbewegung zum Boot hin. Es war schon klar, was er meinte. Die beiden Mädchen, die er dabeihatte, waren bildhübsch und Anfang Zwanzig, jede von ihnen sicherlich dreißig Jahre jünger als er selbst. Er fuhr sich mit seiner rechten Hand kurz durch sein gewelltes braunes Haar, das er aus der Stirn nach hinten gekämmt und nackenlang trug. »Die haben Spaß«, sagte er dazu, »und ich auch!«

In diesem Moment setzte die Musik wieder ein. Ein junger Mann, der aus der Kajüte aufgetaucht war, hatte auf den Knopf gedrückt.

»Ich nicht.« Marc wandte sich ab. »Aber wenn du jetzt schon mal da bist, dann laß uns was trinken. Vielleicht finden wir ja ein lärmgeschütztes Eckchen ...«

Kim und Alissa dagegen waren schon zu den anderen in das Rennboot gestiegen, machten sich bekannt und freuten sich über die Abwechslung. Sie waren seit zehn Tagen an der türkischen Küste unterwegs, schwammen und fuhren Jet- oder Wasserski und suchten sich abends eine ruhige Bucht für die Nacht. Für Alissa war es ein Traum, der sich hier für sie erfüllte, für Kim pure Gewohnheit, denn Jahr für Jahr mieteten ihre Eltern für drei Wochen eines der typisch türkischen Segelschiffe, ganz aus Holz, bauchig, gemütlich und trotzdem komfortabel. Dies hier sah aus wie ein ehemaliges Piratenschiff, und Alissa verschoß am ersten Tag allein von den sich im Wind bauschenden riesigen Segeln in einer einzigen Stunde einen ganzen Film. Kim hatte bäuchlings auf einer der vielen Segeltuchmatten gelegen, die vor dem großen Fenster des Führerhauses aufgereiht waren, und ihr kopfschüttelnd zugesehen.

»Das siehst du jetzt drei Wochen lang«, hatte sie ihr zugerufen. »Die fliegen dir nicht weg!«

Aber Alissa hatte nur gelacht und ein Foto von Kim geschossen. Kim war zwanzig, und durch den Beruf und den Erfolg ihres Vaters lag ihr die Welt zu Füßen. Wie sollte sie Alissas Gefühle verstehen können, die als drittes Kind einer ganz normalen Familie mit einem ganz normalen Einkommen großgeworden war? Die beiden hatten gemeinsam Abitur gemacht, hatten sich in den vergangenen zwei Jahren angefreundet, nachdem Kim nach einem Austauschjahr aus Amerika zurückgekehrt und neu in ihrer Klasse gelandet war. Kim war mit viel Spaß durchs Abitur gekommen, ohne große Anstrengung und ohne großen Ehrgeiz.

Alissa dagegen war die Beste in der Klasse, hatte wenig von Kims Lässigkeit, sondern war eher gewissenhaft und bemüht, sich alles selbst zu erarbeiten. Sie hatte Kim wie einen Stern eines anderen Universums empfunden, war über ihre Freundschaft glücklich, hatte sie in der Schule mitgezogen, ihr Spickzettel zugesteckt und sie abschreiben lassen, wann immer es möglich und nötig war. Zum Dank hatte Kim sie im Namen ihrer Eltern eingeladen. »Zur Vorbereitung aufs Leben«, hatte sie gelacht, während Alissa vor Freude fast geheult hätte.

Am Heck der Ketsch stand ein langer Tisch in einer Art Nische, die sich durch den Bau des Deckhauses ergeben hatte. Die gepolsterte Rückenlehne der Sitzbank schmiegte sich an das cognacfarbene Holz des Aufbaus, an der offenen Seite der Nische standen blau bezogene Stühle. Marc und Pia zogen sich zwei davon heran, Franco setzte sich auf die Bank, die Hände hinter seinem Nacken verschränkt. Er streckte sich ausgiebig und schaute sich um. Von seinem Platz aus übersah man achtern den offenen Steuerstand des Kapitäns und die bequeme Liege- und Sonnenfläche dahinter.

»Wo sind denn alle?« Franco zog die Stirn kraus. »Es ist hier ja wie ausgestorben!«

Marc seufzte und schickte einen theatralischen Blick zum Himmel. »Sie sind nach Fethiye zum Einkaufen.«

Ein dunkelhaariger Mann in weißem Poloshirt und dunkelblauen Shorts brachte eine Flasche Wein, drei Gläser und einen Sektkühler voller Eiswürfel.

»Aha.« Franco nahm die Flasche in die Hand und begutachtete das Etikett des Rosés. »Wenigstens die Crew ist noch da ...«

»Nur Hussein, der Kapitän und der Maschinist«, sagte Pia und schob Franco ihr Glas hin.

»Dann ist ja nur gut, daß wir den müden Laden etwas auffrischen.« Franco stellte die Flasche laut ab. »Lâl. Ich kann das Zeug nicht ausstehen. Ich habe noch Champagner in meiner Hütte!«

»Wir mögen aber keinen Champagner«, kam es wie aus einem Mund. Pia und Marc mußten lachen, dann goß Pia ihre Gläser voll. »Wir sind in der Türkei und trinken Lâl. Basta!«

Marc Richard führte zwar ein großes Unternehmen und war auf allen wichtigen Modeschauplätzen aktiv, aber privat hatten er und seine Frau am liebsten ihre Ruhe. Sie mochten es gemütlich und bodenständig, so wie es ihrem Wesen entsprach. Pia hatte in Marcs Unternehmen gearbeitet, und es war klassisch, was passierte, bis zu dem Moment, da sie aus ihm, dem eingeschworenen Junggesellen, einen verheirateten Mann machte. Da war es nicht mehr klassisch, alle waren erstaunt, aber es paßte. Er konnte beruflich auf den Wolken tanzen, und sie hielt die Füße auf dem Boden. Genauso verhielt es sich mit ihren Freunden. Einmal im Jahr trafen sie sich auf der »Dogukan«, immer auf demselben Schiff mit demselben Personal, einer Crew von fünf Mann. Richards und ihre Freunde waren zu acht auf dem zweiunddreißig Meter langen und sieben Meter breiten Schiff, das sechs gemütliche Doppelkabinen besaß. Ein Pärchen war jedes Jahr dasselbe, dazu Kim und eine Freundin und ein Überraschungspärchen oder zwei Singles. Das brachte jedes Jahr aufs neue Spannung und genügend Gesprächsstoff und Ansichten, nur diesmal war es anders verlaufen als gedacht: Ausgerechnet das Ehepaar, an das sie schon lange gedacht hatten und das nun endlich einmal dabeisein sollte, hatte sich kurz vor Reiseantritt getrennt. Der Grund waren eine vollbusige Auszubildende in der Firma des Mannes und der Umstand, daß seine Frau von einer Reise zu früh zurückkam. Und damit hatte Marc nun ein Problem. Wen von beiden sollte er mitnehmen? Den Mann oder die Frau? Er plädierte für seinen Geschlechtsgenossen, aber als klar wurde, daß der seine neueste Errungenschaft vorzustellen gedachte, protestierten die Frauen. Und gegen Pia war Marc natürlich machtlos, also gab er nach. Von den Aufrüstungs-, Mobilmachungs- und Schadenwiedergutmachungsgesprächen der Frauenrunde hielt er sich in der Folge fern, aber recht geben mußte er ihr: Nadines Mann war ein Trottel. Wie hatte er sie alle in eine solche Situation bringen können? Hätte das nicht bis nach ihrem Urlaub Zeit gehabt?

So hatte Marc es begrüßt, daß alle nach Fethiye wollten. Die Crew wollte sowieso frische Lebensmittel einkaufen, und bis auf zwei Personen fanden auch alle in dem Schnellboot, das zum Schiff gehörte, Platz. Praktischerweise hatten Kim und Alissa den Aufbruch verschlafen, so brauchte nicht einmal gelost zu werden, wer an Bord bleiben mußte, und alles schien sich wunderbar zu fügen, bis, ja, bis …

Marc nahm einen tiefen Schluck des leichten türkischen Rosés und sah tief in Francos Augen. »Also gut, Franz, wir haben alle weggeschickt, weil wir heute unseren Hochzeitstag feiern und dieses Ereignis stilgerecht begehen wollten. Also, Pia und ich, wenn du verstehst …«

»Nenn mich nicht Franz, das tun nur meine Eltern, mein Lieber, wie du weißt, und was heißt hier Hochzeitstag? Wenn ihr dafür einen Hochzeitstag braucht …?«

Pia mußte lachen. Sie hatten kürzlich festgestellt, daß sie beide wieder mal das schicksalhafte Datum vergessen hatten. Den vierzehnten Dezember. In diesem Augenblick tanzte Kim um die Ecke, mit Alissa im Schlepptau und zwei jungen Frauen sowie zwei jungen Männern. Sie waren alle sichtbar gut gelaunt, lachten und bestellten bei Hussein Getränke.

Marc schaute kurz aufmerksam hin. »Nehmen die was?«

Franco zuckte die Achseln. »Ich bin nicht ihr Vater.« Er nippte vorsichtig an seinem Glas und verzog angewidert sein Gesicht. »Ein bißchen Koks vielleicht … keine Ahnung!«

»Na, du machst mir Spaß …« Pia betrachtete Kim genauer. Das fehlte gerade noch. Und erst Alissa, ein geliehenes Kind sozusagen.

»Wo hast du die denn aufgegabelt?« wollte Marc wissen. Er hatte sich seinem Schicksal ergeben und angelte nach einer Zigarre.

»Sie laufen mir scharenweise zu.« Franco strich sich betont kokett übers Haar, was Pia dazu brachte, ihm einen längeren Blick zu gönnen.

Sie registrierte die dicke goldene Kette um seinen Hals, die Anzeichen alternder Haut darunter, das Gesicht mit dem fliehenden Kinn, den rehbraunen Augen und der hohen Stirn mit den zurückgegelten Haaren. Sie lehnte sich zurück: »Es sind Models, und sie wollen Marc kennenlernen, weil sie sich was davon versprechen. Paß auf, gleich werden sie hier zur großen Show auflaufen.« Ihr Tonfall war leicht spöttisch, leicht gelangweilt. Sie war keines dieser gazellenhaften Geschöpfe, denen Marc beruflich auf Schritt und Tritt begegnete. Sie war eine Frau aus Fleisch und Blut, mit Charme, beiden Beinen auf dem Boden, ihrem Verstand im Hier und Jetzt, einer Kleidung, die sich ausschließlich nach ihrem eigenen Geschmack richtete, und einem energischen Kinn im ovalen Gesicht. Ihre Haut war von Natur leicht getönt, sie hatte Sommersprossen über der schmalen Nase, braune Augen mit gelben Sprenkeln, die Augenbrauen so dunkelbraun wie die Wimpern, und hatte dichte halblange Haare, die sie zu einem dicken Pferdeschwanz zusammengebunden hatte. Auf Make-up verzichtete sie, wie meistens.

Franco machte eine wegwerfende Bewegung. »Sie sind noch nicht groß im Geschäft – doch die …«, er wies auf ein athletisch gebautes Mädchen mit olivfarbener Haut und klassischen Gesichtszügen, »… die ist in Griechenland schon ein Star. Während der Olympiade war sie ständig auf den Titelblättern und im Fernsehen.«

Marc warf einen kurzen Blick hin und nickte dann. »Ja, hat was. Griechin? Wie kommst du denn zu so einer Göttin?«

»Und auch gleich noch zu einer, die dir vom Olymp herunter den Weg zu unserer ›Dogukan‹ zeigt?« Pia zog bewundernd die Augenbrauen hoch. »Quer durchs Mittelmeer?«

»Ach, jetzt hör auf.« Franco schüttelte den Kopf. »Als ob nicht längst bekannt wäre, wo ihr euch um diese Jahreszeit immer herumtreibt.«

»Bisher hat uns außer dem Chef unserer türkischen Zulieferfirma noch niemand aufgespürt …« Der Rest von Marcs Satz ging in lauter Musik unter. Jetzt waren es nicht nur die Lautsprecher aus dem Rennboot, die dröhnten, sondern auch die Anlage der »Dogukan« war eingeschaltet worden.

»ABBA«, stöhnte Marc und hielt sich die Ohren zu. »Haben wir das nicht schon längst abgefeiert?«

»Erinnere dich, wir hatten eine Einladung zur Premierenfeier des Musicals in Stuttgart«, rief ihm Pia zu.

»Wie in der Mode«, grinste Franco. »Alles kommt wieder!«

Doch zunächst kam der Kapitän. Durch die Fenster gab er ein Zeichen ins Innere des Schiffes, und augenblicklich wurde die Lautstärke heruntergedreht. Er wies auf die jungen Gäste, die ausgelassen hinter ihm tanzten.

»Ihre Tochter läßt fragen, ob wir nicht ein Seil hinter uns herziehen könnten. Sie würde sich mit ihren Freunden gern dranhängen.«

»Wir fahren doch gar nicht.« Marc wies auf das nahe Ufer und auf den Baum, an dem das Heck des Schiffes angeleint worden war. »Ganz offensichtlich sind wir festgemacht.«

»Sie meint, wir könnten den anderen in Richtung Fethiye entgegenfahren, dann könnten sie gleich mitmachen.«

»Könnten wir das?« Marc schaute Pia an.

»Theoretisch schon.« Pia musterte die tanzenden Jugendlichen. »Hatten die Alkohol?« fragte sie den Kapitän.

Der schüttelte den Kopf. »Bitter Lemon. Ich habe Hussein schon gefragt.«

»Und dein Renntiger? Den können wir nicht hinterherziehen, wenn wir eine Horde Youngster an der Leine haben.«

Franco stand schon auf. »Na, endlich kommt Leben in die Bude.« Er winkte einem der Jungen zu. »Wir ankern. Da hinten ist eine geschützte flache Stelle!«

Die »Dogukan« hatte schon Fahrt aufgenommen. Der Dieselmotor stampfte durch ein Meer, das abends wunderbar glatt wurde, jetzt aber noch immer gewaltig in Bewegung war. Es wehte ein scharfer Wind, und überall schossen kleine Wellen spitz nach oben, ohne Gleichklang, sie züngelten empor und ließen sich wieder fallen, um gleich darauf wieder hochzuschießen. Der Wind strich über Bord und wirbelte die Hitze auf, die die brütenden Mittagsstunden auf den Planken hinterlassen hatten.

»Action!« rief Marc, aber sein Scherz ging unter, denn nun tanzten wirklich alle, selbst Pia und Franco. Marc hatte sich ein Glas Wasser geholt und schaute aus sicherer Entfernung zu. Es waren wirklich hübsche Körper, die sich da vor ihm bogen. Sie waren nicht mehr ganz so mager wie zu Zeiten des Grungy-Look, sie hatten wieder Busen und Pobacken, und auch die Männer bestanden nicht mehr nur aus Sixpacks. Marc ließ die Eiswürfel in seinem Glas klirren und betrachtete ein Mädchen, das neben seiner Tochter tanzte. Sie agierte wie auf einer Bühne, mit kontrollierten Bewegungen und einer Mimik, als ob vor ihr im Publikum Tausende von begeisterten Fans säßen. Sicherlich steckte da jahrelanges hartes Training dahinter, dachte Marc. Eine Weile sah er ihr zu und war sich nicht sicher, ob ihm das gefiel oder nicht, dann ging sein Blick auf Pia, die sich so sinnlich bewegte, so in sich versunken war, als ob nichts um sie herum existierte. Er kannte das an ihr, dieses Entrücktsein, das ihn am Anfang ihrer Beziehung gestört hatte, so als ob sie sich ihm entzöge, nur noch für sich selbst da wäre. Vielleicht hatte er sie deswegen geheiratet, weil er den Gedanken nicht ertrug, sie könne sich ihm tatsächlich entziehen, in eine andere Welt, mit einem anderen Kerl. Blödsinn, er schüttelte den Kopf über sich selbst. Er war Realist, solche Gedanken hatten ihm fremd zu sein. Sein Blick schweifte noch einmal über die tobende Schar vor sich. Kim und Alissa waren offenbar völlig in ihrem Element. Kim tanzte mit einem der Jungs. Sie sah gut aus, hatte die verführerischen Augen und den vollen Mund ihrer Mutter geerbt und auch das dichte dunkelbraune Haar, das sie mit blonden Strähnchen aufgehellt hatte und das ihr nun lang und wild um den Kopf wirbelte. Sie war graziler als Pia und auch ein wenig größer. Marc lächelte. Sie war ein fröhlicher, selbstbewußter Mensch, und, das war ihm klar, ihr stand die Welt offen. Aber auch Alissa gefiel ihm, sie war eine hübsche junge Frau mit sportlicher Figur und entschlossenen Bewegungen, sie hielt sich gern im Hintergrund und schirmte sich hinter ihrem dichten Pony gegen die Welt ab. Alissa wirkte immer etwas ernster als Kim, sie hatte sehr feine, klare Gesichtszüge, und ihre schulterlangen dunkelblonden Haare waren meist zusammengebunden. Beide konnten im Kreis der Models gut mithalten, fand Marc – und überhaupt, dachte er gleich darauf, war fast zu bezweifeln, daß Francos Mitbringsel wirklich Models waren. Dazu waren sie eindeutig zu hübsch.

Sie hatten schon ein gutes Stück zurückgelegt, das Meer glitzerte, die Küste war etwas zurückgetreten, die Zahl der Schiffe um sie herum nahm zu, je näher sie Fethiye kamen, aber noch immer war ihnen das zur »Dogukan« gehörende Schnellboot nicht entgegengekommen.

Kim kam zu Marc gelaufen: »Sollen wir auf die anderen warten oder uns gleich in die Fluten werfen?«

Marc gab den Ball mit einem Blick an Pia weiter.

»Wenn die mit ihren Einkäufen zurückkommen, wird es hier erst mal die große Schatzbesichtigung geben, denke ich.« Sie lächelte. »Ungestörter ist es sicherlich jetzt, und ihr seid entsprechend aufgepeitscht, was die anderen nicht sind. Ich denke, eine Abkühlung tut euch gut!«

Marc nickte, als seien es seine Worte gewesen.

Kim stürzte zum Kapitän. »Ferhat«, rief sie, »läßt du die Leine ins Wasser werfen? Aber ras nicht so!«

Ferhat lachte, wohl wissend, daß die »Dogukan« überhaupt nicht rasen konnte, und gab Kommando zum allgemeinen Schwimmgang. Er nahm die Fahrt ganz raus, der Maschinist Shabaz ließ für alle Fälle das kleine Beiboot ins Wasser und ging in Position. Hussein befestigte das dicke Tau am Heck und warf es ins Wasser. Träge schlängelte es sich hinter dem Boot her. Dann ließ er die Treppe herunter, aber längst waren alle über Bord gesprungen. Pia bewaffnete sich sofort mit ihrer Digitalkamera und brachte sich in Position.

»Soll das heißen, du machst nicht mit?« rief Franco zu ihr hoch.

»Gut erkannt«, lachte Pia. »Einer muß ja das Ereignis für die Nachwelt festhalten!«

»Spielverderber, Spielverderber«, schallte es von unten.

»Ich glaube, sie meinen dich.« Pia drehte sich nach Marc um, da kam er auch schon an ihr vorbeigelaufen und sprang mit einem vollendeten Kopfsprung über die hinteren Sonnenmatratzen ins Wasser. Zwischen den anderen tauchte er wieder auf, sie hießen ihn lautstark willkommen, dann reihten sie sich auf, griffen nach dem Tau und brüllten mehrstimmig: »Gas!«

»Kann auch nichts passieren?« fragte Pia Ferhat, der den Gashebel sachte nach vorn schob.

»Nein, an die Schraube kommen sie nicht ran, andere Boote sind keine Gefahr, und sie können alle schwimmen«, sagte er und fügte ein »Denk ich doch« an.

»Denk ich auch«, bestätigte Pia und machte die ersten Fotos von den Köpfen, die wie Melonen auf den Wellen tanzten. Gelächter schallte hoch, es schien allen wirklich Spaß zu machen, sie tauchten auf und ab, und es dauerte nicht lange, da schallte es erneut mehrstimmig nach oben: »Schneller, schneller ...«

Pia suchte Marcs Blick, das war etwas schwierig, denn von hier oben sahen alle gleich aus, aber er hob die Hand und gab mit nach oben gerecktem Daumen das Zeichen, daß mehr Tempo okay sei.

»Na, dann«, sagte Pia und nickte Ferhat zu. Er tippte kurz an seine Kapitänsmütze und gab mehr Gas. Sie fotografierte ihn, wie er so lässig in seiner weißen Uniform am Ruder stand, blitzende Zähne im braungebrannten, markanten Gesicht, den Schalk in den Augen. Der hat über den Sommer hier bestimmt einiges am Laufen, dachte Pia, nicht alle hatten Partner dabei, und wenn, dann nicht unbedingt so einen. Sie lächelte in sich hinein. Sie hatte gehofft, Nadine hätte sich nach dem Kummer mit ihrem Mann ein bißchen mit ihm trösten können, aber entweder war sie nicht sein Typ oder erkannte die Chance nicht. Dafür, das mußte sie sich eingestehen, ging sie allen hier mit ihrem ewigen Lamento auf die Nerven. Friedrich war fremdgegangen, schön, aber ihr Instinkt sagte ihr, daß das nicht alles war, da schlummerte noch etwas im verborgenen. Anja und sie hatten schon versucht, der Sache etwas näherzukommen, aber Nadine wollte offensichtlich nicht tiefer nach den Gründen forschen; so hatten sie es fürs erste auf sich beruhen lassen.

Pia konzentrierte sich wieder auf die Köpfe unter ihr. Das Geschrei und das Gelächter waren groß, ganz offensichtlich hatte Ferhat die richtige Geschwindigkeit getroffen. Sie versuchte, einzelne Gesichter mit dem Zoom heranzuholen und zu fotografieren, aber die Sonne stand mittlerweile recht schräg hinter ihnen, und sie erkannte nur noch schwarze, runde Bälle im rötlichen Gegenlicht.

»Werden die nicht langsam müde?« wunderte sie sich, aber Ferhat zuckte die Achseln.

»Sie sind jung, was soll's, sie haben Spaß, ist doch schön!«

Sie sind jung. Pia dachte an Marc und mußte unwillkürlich lächeln. Wenn er das gehört hätte, wäre er vor Stolz geplatzt. Und erst Franco, der die halbe Formel 1 aufkaufen würde, wenn er könnte, nur um vorne mit dabeizusein. Sie selbst war gerade zweiundvierzig geworden, war sechzehn Jahre jünger als ihr Mann und gut elf Jahre jünger als Franco. Aber für den zählte nur »Frischfleisch«, und dank seiner Beziehungen und seiner Barschaft sah es zumindest immer so aus, als ob er welches bekäme.

Obwohl – sie überlegte –, welches der Mädchen war wohl mit ihm zusammen? Die wirklich bildhübsche Griechin? Die hatte ihn doch gar nicht nötig, die würde ihren Weg alleine machen. Die andere? Schien auch nicht so. Oder einer der Jungs? Auch möglich. Sie kannte Franco schon lang, und er fütterte die Gazetten dieser Welt gern mit den hübschesten Frauen zu seinen Füßen, aber was er wirklich drauf hatte, wußte sie nicht. Zumindest hatte er nie lang eine. Möglicherweise war an der von ihm so nachhaltig herausgestellten Männlichkeit gar nichts dran. Wer sah schon in die Menschen hinein?

Pia schaute wieder zu den Köpfen hinunter, im selben Moment drosselte Ferhat die Maschine.

»Was ist?«

»Zwei haben losgelassen.« Er wies auf zwei Köpfe, die hinterherschwammen.

Shabaz war schon hingefahren, um sie mit seinem Beiboot aufzufischen, aber sie winkten ab. Die »Dogukan« dümpelte nur noch, und die anderen protestierten lauthals mit dem schlaffen Seil in den Händen, aber Marc kraulte zum Niedergang vor, und für Pia war das das sichere Zeichen, daß es nun genug sei.

»Ich denke, es reicht«, sagte sie zu Ferhat, »und wer noch überschüssige Kräfte hat, kann ja Wasserski fahren!«

Ferhat gab den Schwimmern das Schlußzeichen, und nachdem sie lange genug ohne Erfolg gebettelt hatten, gaben sie auf und erklommen einer nach dem anderen die Treppe. Gut gelaunt kamen sie wie eine Horde Sprößlinge beim Kindergeburtstag an, zerzaust und mit glühenden Gesichtern, warfen sich triefend naß auf die blauen Polster im Heck, und Kim bestellte für alle einen riesigen Krug Eiswasser mit Zitronenspritzer.

Marc ließ sich am Tisch in einen der Stühle sinken und lachte. »Mein, Gott, so ein Blödsinn«, sagte er, »aber schön. Hat Spaß gemacht. Das nächste Mal machst du mit, gibt's eben mal keine Fotos!«

»Hab sowieso kaum etwas draufbekommen, Wellen, ein paar Köpfe dazwischen, ein bißchen Gischt und viel Gegenlicht. Wir können es ja mit den anderen wiederholen, Nadine tut es bestimmt gut, vielleicht wäscht es ihr diese dumme Geschichte aus dem Kopf.«

Marc nahm einen tiefen Schluck aus dem Wasserglas, das Hussein vor ihn hingestellt hatte, und schaute dabei über den Glasrand zu den Jugendlichen auf der großen Liegefläche.

»Wo ist eigentlich Franco?« fragte er dann.

»Franco?« Pia lachte. »Wahrscheinlich vor irgendeinem Spiegel, um seine Haarpracht wieder aufzurüsten!« Sie fuhr Marc über seine stoppelkurzen Haare. »Das hast du natürlich nicht nötig ...«

Marc stellte das Glas ab und lehnte sich genüßlich zurück. »Ich muß mich ja auch nicht ständig beweisen!«

»Beweisen nicht, aber anstrengen schon!« konterte Pia. »Mich hält man nicht übers Geld!«

Marc lachte und hielt abwehrend beide Hände hoch: »Ich weiß, ich weiß.«

Alissa hatte sich aus der Gruppe der anderen gelöst und kam zögernd an den Tisch zu Marc und Pia.

»Störe ich?«

»Wie könntest du? Natürlich nicht«, erwiderte Pia. »Setz dich doch!«

»Es ist nur«, in Alissas Gesichtszüge trat der Ausdruck von Entschlossenheit, »ich hab irgendwie das Gefühl, daß einer fehlt. Und ich kann mich nicht daran erinnern, daß Franco mit uns an Bord kam. Aber vielleicht habt ihr ihn ja irgendwo gesehen? Ich kann mich ja auch täuschen.«

Pia richtete sich auf. »Du meinst, daß er überhaupt nicht auf dem Schiff ist? Auf der Toilette oder so? Du meinst, daß er gar nicht die Treppe mit euch hinaufgekommen ist?«

Alissa zuckte leicht die Schultern. »Ich weiß es eben nicht. Wir waren so viele, und ich habe nicht speziell auf ihn geachtet. Aber jetzt ist er nicht hier.«

Pia und Marc schauten sich an. »Wir haben auch eben darüber gesprochen, aber wir meinten, er könnte irgendwo vor einem Spiegel stehen.«

Marc runzelte die Stirn. »Also, laß uns die Sache mal ruhig angehen. Er ist ein guter Sportler. Und das da unten war ja keine Leistung. Und wenn ihm wirklich etwas passiert wäre, hätten wir das merken müssen, also wird er irgendwo sein. Aber ich informiere jetzt trotzdem mal Ferhat, und ihr durchkämmt das Schiff. Vielleicht fehlt ja auch ein Mädchen?«

Außer Franco fehlte niemand. Kein Mädchen, kein Junge. Sie liefen alle ausgelassen los, riefen seinen Namen und lachten dabei, suchten in den Toiletten, der Bordküche und den Kajüten, aber als sie zurückkamen, war die fröhliche Ausgelassenheit einer Beklemmung gewichen. Sie fanden sich alle am großen Tisch ein.

»Das kann doch nicht sein!« Marc starrte ratlos aufs Wasser. »Er war doch mitten unter uns. Zwischen uns!«

Ferhat hatte die »Dogukan« gewendet und fuhr die Strecke langsam zurück, Shabaz und Hussein waren im Beiboot unterwegs. Per Funk hatte Ferhat den Rest seiner Crew mit den Gästen angewiesen, sofort zurückzukommen, das Schnellboot würde gebraucht. Noch zögerte er, die Polizei anzurufen. »Was sollen sie tun?« sagte er. »Sie haben auch keine Röntgenaugen.«

Hilflos starrten jetzt alle aufs Wasser, versuchten durch jede Welle hindurchzuschauen, während Marc jeden einzelnen befragte.

Wie es aussah, war Franco am Anfang zwischen Kim und Alissa gewesen, dann hatte er überholt und sich zwischen die beiden Mädchen von seinem Boot gelegt, irgendwann war er zwischen den Jungs und schließlich auch überraschend vor Marc aufgetaucht. Allem Anschein nach hatte er sich aus seinem Positionswechsel einen Spaß gemacht. Körperkontakt mit jedermann.

»Er wird uns doch nicht verarschen und sich irgendwo vor uns verstecken?« mutmaßte schließlich einer der Jungs. »Der macht öfters so einen Scheiß!«

»Wenn er das tut, werfe ich ihn eigenhändig über Bord.« Pia war es nicht mehr nach Scherzen zumute. Vorsichtshalber schwärmten jedoch alle noch einmal aus und riefen nach ihm. Dann kamen sie erneut am großen Tisch zusammen.

»Jetzt wird's mir angst«, sagte Pia, und sie fror trotz des warmen Windes. »Ich wage es ja kaum auszusprechen, aber wenn er hier nicht ist und nirgends herumschwimmt«, sie schaute fragend zu Ferhat, der aber langsam den Kopf schüttelte, »dann ist er ertrunken!«

Sie schauten sich alle betreten an. Keiner rührte sich.

»Dreh den Film zurück«, sagte Kim schließlich lahm, aber es kam kein Lacher. Alle warteten auf eine Eingebung, auf ein Wunder, auf einen Franco, der plötzlich vom Mastkorb herunter »verarscht, verarscht« ruft.

»Nun gut«, sagte Pia schließlich, »was können wir tun?«

Ferhat gab Ferngläser aus.

»Ist das auch exakt die Strecke, die wir vorhin gefahren sind?« wollte Pia wissen.

»Exakt die Strecke«, bestätigte Ferhat. »Und bei diesen Verhältnissen sieht man jeden einzelnen Schwimmer ohne Probleme!«

»Auch ohne Fernglas«, meinte Pia, hob ihres aber trotzdem an die Augen.

»Auch ohne«, nickte Ferhat, und dann griff er zu seinem Handy.

Noch vor dem Schnellboot traf die türkische Polizei ein. Am Bug des Polizeiboots war ein fest verankertes Maschinengewehr auf die »Dogukan« gerichtet.

»Davon habe ich immer geträumt«, seufzte Marc. »Ein Unglück zieht das nächste an!«

»Sie werden uns nicht gleich erschießen«, wandte Pia ein und beobachtete, wie Ferhat den Polizisten eine Leine zuwarf.

»Hast du eine Ahnung, wie türkische Gefängnisse von innen aussehen? Hoffentlich sind Francos Freunde sauber!«

»Das habe ich sie vorhin schon gefragt. Sie sagen, sie hätten nichts dabei. Keinen Stoff jedenfalls!«

Marc holte tief Luft, dann erhob er sich. »Hoffen wir mal, daß das so stimmt!«

In ihren Uniformen wirkten die Polizisten an Bord zunächst wie Außerirdische, aber in ihrer Gegenwart kam rasch ein Gefühl unanständiger Nacktheit auf. Sie legten sich schließlich alle Badetücher um. Die beiden Polizisten schenkten jedem einen eindringlichen Blick und verschwanden mit Ferhat im Deckhaus, das eine Mischung aus Bar, Eßzimmer, Wohnzimmer und dem Steuerstand des Kapitäns war. Es hatte auf beiden Seiten einen Eingang und war durch die großen Fenster lichtdurchflutet. Vom Deckhaus führten auch die Treppen hinunter in die Kajüten, achtern zu den beiden großen Heckkajüten, der kleineren Kapitänskajüte und der gegenüberliegenden Kombüse, und nach vorn zu den weiteren vier Passagierkajüten, während sich die Crew einen Schlafraum unter einer Luke im Bug des Schiffes teilte.

Die Jugendlichen schauten den Männern ratlos nach, und Marc ergriff die Initiative, indem er sie übers Schiff verteilte, damit sie aus verschiedenen Positionen heraus die Wasseroberfläche absuchen konnten. Es war still an Bord, jeder hoffte und beschwor seine Heiligen, daß irgend etwas geschehe, daß Franco plötzlich wieder auftauchen möge.

Es dauerte gut fünf Minuten, die für Pia nicht vergehen wollten, bis die Polizisten mit Ferhat wieder erschienen. Dann verlangten sie Pässe, und als die Jungs und Mädchen, die mit Franco gekommen waren, diese nicht vorweisen konnten, nahmen sie die Personalien auf.

Pia dauerte das alles zu lang. »Wenn er wirklich noch irgendwo herumschwimmt, ist er jetzt garantiert abgesoffen«, flüsterte sie Marc zu und kassierte dafür einen strafenden Blick eines der Polizisten.

»Ich möchte wissen, was jetzt geschieht«, sagte sie daraufhin laut zu Ferhat. »Hubschrauber, damit man tiefer ins Wasser sehen kann? Polizeitaucher? Unsere Pässe zaubern Franco jedenfalls nicht her!«

Ferhat übersetzte, aber er schien etwas anderes zu sagen, denn der eine tippte an seine Mütze und warf Pia einen bestätigenden Blick zu.

»Du hast nie und nimmer übersetzt, was ich gesagt habe«, sagte sie zu Ferhat. Der lächelte ihr beschwichtigend zu und sagte etwas zu dem Polizisten, der daraufhin grinste.

Pia verschränkte die Arme.

»Ist er tot?« hörte sie ihre Tochter von hinten flüstern, und zum ersten Mal ging Pia damit die ganze Tragweite dieser Geschichte auf. Nicht nur, daß hier eine Suchaktion gestartet wurde, nein, es ging tatsächlich um Leben und Tod. Aber Franco tot? Das war einfach zu absurd. Gerade eben war er hier noch herumgeturnt, und jetzt sollte er tot am Meeresgrund liegen? Tot? Ihr Verstand weigerte sich, das Unfaßbare anzunehmen.

Die Polizisten wollten Francos Rennboot sehen.

»Und hier?« fragte Pia einigermaßen fassungslos. »Was ist jetzt hier? Da muß doch was passieren!«

Ferhat nickte.

»Und? Was passiert jetzt?«

»Sie wollen das Rennboot sehen«, wiederholte der Kapitän.

»Das ist alles? Das Rennboot? Das hat doch mit der Sache hier nichts zu tun!«

Ferhat machte eine hilflose Geste.

»Und finden wir die Stelle denn überhaupt wieder, wenn wir jetzt wegfahren?« Wozu? fragte sich Pia im selben Moment, um nach ihm zu tauchen?

»Das wäre kein Problem, aber wir nehmen unser Schnellboot, es dürfte gleich eintreffen«, sagte Ferhat leichthin, aber sein Gesicht war düster, und Pia wurde klar, daß die ganze Angelegenheit auch für ihn ein Problem werden konnte. Ein Toter auf einem der Ferienschiffe? Ob seine Karriere das überstand? Ihr wurde schlecht. Marc sah es ihr an und nahm sie in den Arm.

»Vielleicht träume ich ja auch«, flüsterte sie.

»Wenn, dann träumen wir gemeinsam«, gab er zurück, und sie hielten sich eine Weile aneinander fest.

»Das Schnellboot kommt!« Alissas Ruf schreckte sie auf. Alle liefen zu ihr hin. Sie hatte noch immer das Fernglas vor den Augen und wies auf einen kleinen Fleck in der Ferne, der schnell größer wurde.

»Gott sei Dank«, sagte Pia, wußte aber selbst nicht, warum. Die anderen konnten nichts retten und brachten nur ein noch größeres Durcheinander. Sie löste sich von Marc und wollte Kim in den Arm nehmen.

»Laß nur.« Kim zog die Schultern hoch. »Es geht schon!« Die Zurückweisungen taten Pia heute noch manchmal weh, obwohl sie geglaubt hatte, sich in der langen Phase der Pubertät daran gewöhnt zu haben. Sie trat einen Schritt zurück und beobachtete, wie sich Kim bei Alissa einhängte und sie dicht aneinandergeschmiegt das Boot erwarteten.

Die Polizisten warteten auch.

Die anderen waren ruhig wie nie, als sie einer nach dem anderen die Schiffstreppe heraufkamen. Ferhat wies einen seiner Leute an, die »Dogukan« zu übernehmen, dann stieg er mit Marc ins Schnellboot. Einen der Jungen nahmen sie mit; er wußte, wo im Rennboot Franco den Schlüssel versteckt hatte, und kannte sich an Bord von allen am besten aus. Die Polizisten starteten ihr Schiff, gemeinsam fuhren sie los.

Pia ging zum Tisch und ließ sich auf die breite Bank sinken. Die anderen kamen nach. Sie rückten eng zusammen und schoben Stühle dazu, aber noch immer war kein Wort gefallen.

»Ist denn das die Menschenmöglichkeit«, sagte Pia schließlich und löste damit einen Schwall an Fragen aus. Alle redeten durcheinander, die Neuankömmlinge fragten die Jugendlichen aus, bis Pia schließlich »stop!« sagte. Es war laut genug, alle schauten sie an.

»Was ist, wenn Franco irgendein Mistzeug auf seinem Boot hat?«

»Wir haben nichts«, sagte die schöne Griechin.

»Das weiß ich schon«, nickte Pia ihr zu. »Das habt ihr mir schon gesagt – ihr nicht, aber er vielleicht? Was passiert dann?«

»Darüber möchte ich lieber nicht nachdenken.« Uli kratzte sich am Kopf und verzog das Gesicht. »Daß man euch aber auch nicht einmal für drei Stunden alleine lassen kann!«

»Mir ist jetzt nicht nach Scherzen zumute«, wies ihn Pia zurecht.

»Mir auch nicht«, entgegnete Uli.

»Warum müssen wir uns jetzt ein Boot anschauen, wenn wir einen Mann suchen? Frag ihn das mal!« Marc konnte seinen Unwillen kaum noch zügeln.

Sie standen auf Francos Rennboot, einer maßgeschneiderten Luxusyacht in Zigarrenform, fünfzehn Meter lang, ausgestattet mit allen technischen Raffinessen, einem 900-PS-Motor und einer erstaunlich großen Kajüte. Die beiden Polizisten hatten wegen des flachen Wassers schon Schwierigkeiten, an den Offshore-Cruiser heranzukommen, und als es endlich soweit war, inspizierten sie alles äußerst gründlich und erklärten Ferhat dann, daß das Boot vorerst beschlagnahmt sei.

Ferhat und Marc schauten sich an.

»Vielleicht wäre Franco noch zu helfen. Statt dessen stehen wir hier herum! Es war völlig sinnlos und idiotisch, die Polizei anzurufen!«

Einer der Beamten drehte sich langsam zu ihm um.

»Passen Sie auf, was Sie sagen«, sagte er in langsamem, aber deutlichem Deutsch.

Marc verschlug es die Sprache.

»Wir werden Ihren Freund finden, aber vorher werden wir dieses Boot genau untersuchen.«

Marc war sich nicht mehr so sicher, ob er überhaupt wollte, daß Franco sein Freund war.

»Und Sie werden so lange Ihr Schiff nicht verlassen!«

»Ich werde was nicht?«

»Sie alle werden sich zumindest die nächsten drei Tage auf Ihrem Schiff zu unserer Verfügung halten!«

Jetzt sprach er sogar plötzlich besser als Ferhat. Marc war auf der Hut.

»Wir haben gar nicht für alle Platz!« Im Geiste zählte er die Kabinen durch. Das machte drei Leute pro Bett.

»Sie werden sich arrangieren!«

Einen Teufel werde ich tun, dachte er, sprach es aber nicht aus. »Franco Bergheimer ist ein sehr bekannter Mann. International bekannt«, versuchte er es und hoffte, es möge in den Ohren der Polizisten wie eine versteckte Drohung wirken.

»Das ist uns bewußt!« Der Polizist zeigte sogar ein Lächeln.

Allerdings erschien es Marc wenig freundlich. Er war kein Menschenkenner wie seine Frau, aber der hier hatte die Ausstrahlung eines Wolfs vor der Beute. Marc beschloß, sich vorerst bedeckt zu halten. Das ist uns bewußt, dachte er. Interessant. War der Polizei schon vorher bekannt, wer sich da in ihren Gefilden herumtrieb, oder woher konnten sie das so schnell wissen? Höchstens über Ferhat, aber Marc hatte seine Zweifel, daß dem Kapitän Bergheimer überhaupt ein Begriff war – er sah nicht nach einem eifrigen Leser bunter Jetsetblätter aus.

»Es war meine Idee!« Kim saß dicht neben Alissa auf dem Deckaufbau, die Füße auf den Planken, die Augen starr auf das Meer gerichtet. Um die beiden herum standen die anderen. »Wenn ich nicht auf diese Idee gekommen wäre, wäre das alles nicht passiert!«

»Genausogut könntest du sagen, wenn wir nicht gekommen wären, wäre es nicht passiert!« Jens, mit dem Kim vorhin getanzt hatte, beugte sich vor. »Ist doch Schwachsinn«, sagte er. »Was passiert, passiert, que sera, sera!«

»Du meinst, man kann nicht eingreifen?« Inka, die flachsblonde Schwedin, die Marc beim Tanzen beobachtet hatte, verschränkte die Arme vor der Brust. »Dann macht man es sich aber leicht. Dann muß man nie Verantwortung für etwas übernehmen. Ich glaube nicht, daß die Dinge vorbestimmt sind!«

Ein Geräusch schreckte sie auf, etwas näherte sich am Himmel mit viel Lärm und wurde schnell größer.

»Ein Hubschrauber!« Kim stand auf und rannte nach hinten an den langen Tisch, an dem ihre Mutter und deren Freunde saßen. »Mutti, ich glaube, sie schicken einen Hubschrauber!«

Augenblicklich standen alle auf und traten an die Reling.

»Na, endlich!« Pia nahm ihr Fernglas und schaute in den Himmel. »Gut. Sieht offiziell aus.« Sie ließ das Glas sinken.

»Was ist?« wollte Kim wissen, und auch die anderen schauten sie an.

»Was soll er jetzt noch finden?« fragte Pia und drehte sich um. »Wie lange kann ein Mensch tauchen?«

»Ich weigere mich zu glauben, daß er einfach untergegangen ist! Er war mitten unter uns, wir hätten das doch mitgekriegt!«

Der Hubschrauber stand nun über ihnen und entfachte dabei einen solchen Sturm, daß das Wasser um die »Dogukan« herum aufgepeitscht wurde und Badetücher übers Deck flogen. Anscheinend standen die Piloten im Funkkontakt mit den Polizisten, denn sie stiegen höher und flogen auf zwei Boote zu, die auf das Schiff zukamen.

»Marc und die Polizisten«, flüsterte Pia und fragte sich, was sich wohl auf Francos Boot abgespielt hatte.

Es war wohl Ferhat, der nun vom Speedboot aus die Anweisung gab, das Wasser gemeinsam und systematisch abzusuchen. Gebannt standen auf der »Dogukan« alle im Heck und beobachteten, wie der Hubschrauber von den beiden Booten in die Mitte genommen wurde und sie langsam die Strecke zurückverfolgten, die die »Dogukan« mit den Schwimmern im Schlepptau genommen hatte. Einmal kreiste der Hubschrauber, und alle hielten die Luft an, aber es war offensichtlich eine Täuschung, denn er flog dann doch weiter. Zwischenzeitlich hatten sich andere Schiffe genähert, ob aus Neugierde oder um ihre Hilfe anzubieten, war unklar.

»Wie die Gaffer auf der Autobahn«, kommentierte Jens und holte für Kim und sich ein Glas Wasser.

Alissa ging ebenfalls zum großen Krug und brachte Pia ein Glas mit. Sie bedankte sich und drehte es in der Hand. »Und vor knapp zwei Stunden wollte er noch Champagner«, sagte sie und schüttelte den Kopf. »Irgendwie macht das keinen Sinn!«

»Zumindest für uns nicht«, fügte Alissa hinzu.

»Denkst du an höhere Zusammenhänge?« Pia schaute sie aufmerksam an.

»Was es da gibt oder nicht, weiß ich nicht, aber ich denke, alles hat einen höheren Sinn, sonst wären wir nicht da.«

»Und hat es dann auch einen Sinn, daß jemand quasi vor unseren Augen stirbt?«

Der Hubschrauber donnerte wieder heran und flog, flankiert von den beiden Schiffen, schräg an der »Dogukan« vorbei in die andere Richtung.

Pia sah Marc neben Ferhat im Schnellboot stehen, und es war ihr klar, daß er lieber bei ihr gewesen wäre oder sogar mit ihr getauscht hätte. Fürs Leben war sie zuständig, für die Träume er. Das hier war ihm sicherlich zu nah am Alptraum.

»Warum suchen sie jetzt dort hinten?« fragte Nadine, die sofort ihren Mann angerufen und ihm alles erzählt hatte.

»Ich nehme an, daß wir in der letzten Stunde abgetrieben sind. Sie werden schon wissen, was sie tun!« Pia ging auf die andere Seite des Schiffes, um alles besser im Auge behalten zu können. Ihre Freunde folgten ihr, die Jugendlichen hatten sich wieder auf den vorderen Teil des Deckaufbaus gesetzt, nur Alissa löste sich noch einmal und kam zu Pia herüber.

»Vielleicht war er krank?« sagte sie. »Vielleicht war das ein schönerer Tod als in irgendeinem Krankenhaus an hundert Schläuchen?«

»Das bestimmt«, antwortete Pia, obwohl ihr bei dem Gedanken schauderte. Aber Franco krank? Der hatte sich bestimmt schon seinen Altersruhesitz in einem Mädchenpensionat gekauft. Und außerdem: »Dann hätte er Selbstmord begangen«, ging ihr auf, und sie schaute Alissa mit einem überzeugten Kopfschütteln an. »Dazu war er bestimmt nicht fähig!«

»Und wieso nicht?« wollte Alissa wissen.

»Weil er viel zu feige war. Er hat für jede Heldentat in seinem Leben einen anderen gebraucht ...« Und da fiel ihr auf, daß sie bereits in der Vergangenheitsform von ihm sprach.

Sie saßen dichtgedrängt um den langen Tisch. Der Koch hatte wie immer reichlich gekocht, es waren etliche Schüsseln mit verlockenden Speisen aufgetragen worden, und einige Flaschen Lâl standen auf dem Tisch, aber die meisten luden nur wenig auf ihren Teller. Keiner hatte wirklich Appetit. Die Suche war nach einer Stunde abgebrochen worden, Franco blieb verschollen.

Es war nicht mehr wie am späten Nachmittag, als sich noch Altersgrüppchen gebildet hatten – jetzt saßen alle durcheinandergemischt am Tisch, jeder dort, wo er noch ein Plätzchen ergattern konnte. Die hübsche Griechin saß zwischen Marc und Uli eingeklemmt auf der Bank, auf der anderen Seite Pia zwischen ihrer Tochter und Riccardo, dem jungen Mann, mit dem Marc zu Francos Boot gefahren war.

Riccardo hatte gerade erzählt, wie die bunt zusammengewürfelte Truppe aus jungen Italienern, Schweden, Deutschen und Griechen überhaupt zustande gekommen war. Sie waren tatsächlich alle Models und hatten auf der Insel Rhodos für einen Modekatalog Bademoden fotografiert. Im Hafen von Rhodos war ihnen abends das feuerrote Rennboot aufgefallen, und sie lernten Franco kennen, der gutaussehenden jungen Leuten nie abweisend gegenüberstand und sie spontan zu einer Party auf sein Boot einlud. Es waren noch einige Leute mehr an Bord, die aber am nächsten Tag zurück nach

Deutschland fliegen mußten, so daß sie Francos Angebot gern annahmen, mit ihm ein bißchen durchs Mittelmeer zu kreuzen.

»Ihr kanntet ihn also gar nicht näher?«

»Unseren Job hatten wir erledigt, wir hatten Zeit, etwas Besseres hätte uns doch gar nicht passieren können!«

Das wird sich noch herausstellen, dachte Pia. Ganz so sicher war sie sich da nämlich nicht.

»Und wo seid ihr überall gewesen?« wollte sie wissen.

»Gestern so ein bißchen überall, abends wieder in Rhodos, und heute wollten wir eigentlich alle auf dem Boot übernachten und morgen irgendwohin weiterfahren.«

Also wollte Franco mit seiner Beute bei uns angeben und nicht umgekehrt, dachte Pia. Auch interessant.

»Und was hat er euch gesagt, warum er unbedingt unsere ›Dogukan‹ hier ansteuern wollte?«

Jetzt zögerte Riccardo, fast wurde er verlegen. Er schickte einen Blick an Pia vorbei zu Kim, bevor er antwortete: »Er meinte, er könnte uns vielleicht eine wirklich große Karriere vermitteln, Marc sei ein sehr guter Freund von ihm, da ginge sicher was.«

Also doch, dachte Pia; Kim lachte.

»Bestimmt geht da was«, sagte sie frech. »Typisch Franco. So hat er das immer gemacht …«

Riccardo schwieg.

»Jetzt ist er jedenfalls weg«, mischte sich Jens von der anderen Seite aus ein, »und wir sitzen hier fest!«

»So kann's gehen«, meinte Kim lapidar, und die Griechin zuckte die Schultern: »Es gibt üblere Plätze!«

Kim, Alissa und ihre neuen Bekannten hatten alle zusammen die Nacht auf der großen Liegefläche im Heck des Schiffes verbracht. Die Nächte waren warm, trotzdem hatten sie sich Decken organisiert, frühmorgens konnte es feucht und ungemütlich werden.

Pias Handy läutete um acht, für Marc eine teufelsfrühe Zeit im Urlaub. Pia und er hatten die eine der beiden Heckkabinen für sich, eigentlich die klassische Kapitänskajüte mit Blick durch zwei große Sprossenfenster auf das Wasser und die Bucht. Er drehte sich langsam um, von Pia weg, die zusammengerollt zur Wand lag. Vom kleinen Nachttisch aus klingelte es penetrant weiter. Pia gab ein erstes Lebenszeichen von sich, indem sie das Leinentuch, in das sie verwickelt war, nach oben über die Schulter zog.

»Keiner zu Hause«, murmelte sie nur und schlief weiter.

Marc hätte es ihr gern gleichgetan, aber dazu hatte er die Nerven nicht. Wenn er das Gespräch nicht annahm, würde ihn gleich die Mailbox anklingeln.

Er stieß einen undefinierbaren Fluch aus, von dem er annahm, daß er türkisch sei, und nahm das Ding ans Ohr.

Sekunden später war er hellwach.

»Was sagst du da?« wollte er wissen und rüttelte Pia wach.

»Ich? Nichts«, antwortete sie automatisch, um gleich darauf ein erbostes: »He!« anzufügen, aber Marc war sichtlich erregt, so daß auch Pia allmählich hellhörig wurde.

Sie drehte sich nach ihm um. »Was ist denn?«

»Die Boulevardzeitung macht mit Franco auf! Sie haben ein Bild von ihm auf der Titelseite, stell dir vor! ›Sein letzter Tanz‹ ist der Aufmacher, und man sieht ihn darunter auf unserem Boot, wie er mit einem der Mädchen tanzt. Und im Blatt kommt die Fortsetzung mit drei weiteren Fotos: wie er ins Wasser springt, am Seil hängt und schließlich die Suchaktion.« Er verharrte kurz. »Pia, wie kann denn das sein?«

Er lauschte wieder in das Handy, bedankte sich dann und legte es weg. Gleich darauf klingelte es wieder.

»Das wird jetzt den ganzen Morgen so weitergehen«, murmelte er und schob es unter das Kopfkissen.

Sie schauten sich an.

»Wer hat da fotografiert?« fragte Marc.

»Ich!« gab Pia zur Antwort.

»Hast du deine Bilder noch?«

Pia wies stumm zu ihrer kleinen Digitalkamera, die zum Aufladen an der Steckdose hing.

»Ist der Speicherstick noch drin?« fragte Marc.

Pia mußte sich strecken, um an die Kamera heranzukommen. »Da sagst du was!« Sie schüttelte den Kopf. »Dann hätte ja einer hier an Bord ...«

Sie überprüfte die Kamera, der Stick steckte völlig normal neben dem Akku im Gehäuse. Unwillkürlich atmete sie auf. »Es waren auch keine besonders guten Fotos. Ich hab gestern schon alle durchgesehen, weil ich mir Aufschluß über Francos Verschwinden erhoffte, aber es sind nur dunkle Köpfe zu sehen, man erkennt keinen wirklich!«

Marc lehnte sich zurück.

»Wie war denn die Perspektive dieser Fotos? Von wo aus wurden sie aufgenommen?« fragte Pia.

Marc stutzte. »Stimmt! Das habe ich nicht gefragt.« Er griff unter sein Kopfkissen und zog das Handy wieder hervor. »Ich überlege gerade, wie wir am schnellsten an diese verflixte Zeitung kommen!«

Es klopfte an der Tür, und ohne langes Zögern stand Uli im Türrahmen, das Handy am Ohr.

»Wir wissen es schon«, winkte Marc ab und schwang die Beine über die Bettkante.

»Es sind Exklusivfotos! Keiner außer ›Boulevard‹ hat sie!«

Uli ließ sein Handy sinken. »Da hat sich jemand eine goldene Nase verdient!«

Uli und Marc saßen als erste am Frühstückstisch. Die Crew war völlig überrascht, in Windeseile brachten sie Frühstücksgeschirr und Kaffee, obwohl Marc abwinkte.

»Wir brauchen noch nichts«, versuchte er sie einzubremsen, »wir trinken einfach Saft.«

Der Kapitän kam dazu, die letzten Worte hatte er wohl gehört. »Das ist hier doch kein Saftladen«, tönte er mit seiner tiefen Stimme, und Marc mußte darüber lachen, obwohl ihm nicht nach Lachen zumute war.

Sie hörten es einige Male direkt am Boot klatschen, offensichtlich waren auch die anderen erwacht und nahmen erst einmal ein Bad. Auf der Liegefläche rührte sich dagegen nichts, dicht an dicht lagen die Jungs und Mädchen unter ihren Decken und ließen sich durch nichts stören.

»Was ist denn davon zu halten?« wollte Uli wissen. »Hier kreuzt ein ungebetener Gast auf, spielt den großen Maxe, verschwindet spurlos, und am nächsten Tag ist es der Aufmacher in Deutschland?«

»Wenn ich das wüßte, wäre ich schlauer!« Marc ließ sich nun doch einen Kaffee einschenken. »Aber Franco war ja nicht irgendwer – überleg mal, der war ja überall zu Hause, bei den Modeschauen, in der Formel 1, in den berühmtesten Diskotheken, überall hatte der seine Nase vorn. Wenn er tatsächlich ertrunken ist, gibt das ein Riesending!«

»Was soll er denn sonst sein?« Uli schaute ihn fragend an.

»Untergetaucht!«

Alissa wollte noch nicht aufwachen. Sie räkelte sich unter ihrer Decke und spürte, wie Riccardo, der direkt hinter ihr lag, dies offensichtlich als Aufforderung verstand. Er schmiegte sich enger an sie, so daß sie ihn gut spüren konnte, allzugut für ihren Geschmack. Sie überlegte, was sie tun sollte. Sie hatte nichts gegen Riccardo, aber sie hielt nichts von einem Quicky vor den Augen der anderen. Überhaupt hielt sie nichts von dieser Art von Sex, schon dreimal nicht, wenn sie sich gerade in einen anderen verliebt hatte.

Sie lauschte in sich hinein und hätte lachen können. Nur weil Riccardo sich an sie heranmachte, glaube sie gleich, sie hätte sich in einen anderen verliebt. Hatte sie das überhaupt? Sie waren vor zwei Tagen mit zwei Leuten von der Crew in Fethiye beim Einkaufen gewesen. Während die Jungs die Lebensmittel besorgten, die auf der Einkaufsliste standen, schlenderte sie mit Kim auf der Suche nach einem Schnäppchen durch die kleinen Gassen. Es gab einige Schmuckläden, einer, direkt am Anfang des Gassengewirrs, bot schönen türkischen Silberschmuck an, aber Alissa hatte für solche Spielereien einfach zuwenig Geld. Dann zeigte ihnen ein Händler eine goldene Rolex für zwanzig Euro, die zwar ziemlich echt wirkte, aber fast nichts wog; im nächsten Geschäft sah sie dagegen so echt aus, als sei sie auf dem Weg zum Juwelier vom Laster gefallen – und der Preis war entsprechend hoch. Alissa und Kim amüsierten sich darüber, doch jetzt kamen sie zu den Taschengeschäften, und dort wurde Alissa gegen alle guten Vorsätze schwach. Die Markentaschen, die sie sonst andächtig in Modezeitschriften begutachtete, waren hier für einen Spottpreis zu haben. Plagiate, klar, das wußte sie selbst, aber sie wirkten täuschend echt. Kim lachte darüber. Sie hatte das alles schon Dutzende Male gesehen und sprang nur noch auf ganz bestimmte Dinge an, aber Alissa befürchtete, in einen Kaufrausch zu geraten. Die Vielfalt aber hemmte ihre Entschlußfreudigkeit. Zuerst wußte sie genau, was sie wollte, aber je mehr Taschen sie nebeneinanderlegte, desto schwieriger wurde die Wahl. Schließlich kaufte sie für sich eine große Louis-Vuitton-Tasche mit rosa Blümchen auf dunkelbraunem Grund und für ihre Mutter eine niedliche kleine Tasche, auf der Todd's stand. Im Geschäft nebenan aber geriet sie gleich wieder in Schwierigkeiten. Hilfiger, Marc O'Polo, Boss – es gab nichts, was es nicht gab. Sie kaufte ein Polohemd für ihren Vater und zwei T-Shirts für ihre Geschwister.

»So«, sagte sie glücklich zu Kim. »Da werden sie sich freuen!«

»Du bist ein Gutmensch«, neckte Kim sie. »Für die Mitbringsel hättest du dir locker die Silberkette kaufen können, die dir vorhin so gut gefallen hat!«

»Das hätte mir nicht so viel Freude gemacht«, wandte Alissa ein.

»Sag ich doch«, grinste Kim, »Gutmensch!«

Sie waren an einem Gewürzgeschäft angekommen, das an einer Straßenkreuzung lag.

»Oh, gewaltig!« Alissa mußte stehenbleiben. Diese Gerüche, die Farben, die Vielfalt, das war einfach überwältigend.

»Ich glaube, ich bringe meiner Mutter noch von diesem tollen roten Pfeffer mit, den wir auch an Bord haben. Und Curry vielleicht ...«

Kim war kopfschüttelnd neben ihr stehengeblieben. »Jetzt also Pfeffer«, sagte sie. »Gut, meinetwegen!«

Der Ladenbesitzer kümmerte sich gleich um sie und brachte auch sofort zwei kleine Becher mit gekühltem Apfelsaft. Und dann schritt Alissa mit ihm andächtig an der intensiv duftenden bunten Auslage entlang und ließ sich beraten. Schließlich hatte sie alles ausgewählt und wollte ihm zum Bezahlen ins Ladeninnere folgen, schaute sich dabei aber suchend nach Kim um. Die hatte sich in den Eingang gestellt, wartete und nippte gelangweilt an ihrem Becher.

»O je«, sagte Alissa, und sie strahlte vor Begeisterung, »Gewürze sind nicht so dein Ding, was? Aber ich bin ein Augenmensch, ich muß mir das hier genau anschauen. Wer weiß, wann ich so etwas wieder zu sehen bekomme. Schau doch mal, allein die Süßigkeiten. So viele und so verschiedene – ist doch gewaltig!«

»Okay, kein Problem!« Kim erklärte ihr, daß sie sich schräg gegenüber in das Straßencafé setzen und eine Cola trinken würde. »Laß dir Zeit, ich schau mir mal so lange die türkischen Jungs an!« Sie warf ihr eine Kußhand zu und war weg.

Alissa zählte ihre Barschaft zusammen und war fest entschlossen, hier im Geschäft den Rest umzusetzen. Viel war es sowieso nicht mehr.

Den Mann, der zur anderen Tür hereingekommen war, registrierte sie erst, als er ihr türkischen Honig hinhielt. »Den dürfen Sie nicht auslassen, der ist einfach unvergleichlich!«

Alissa schaute auf und wußte zunächst nicht, wie sie reagieren sollte. Aber er lächelte und sah nicht wie jemand aus, der eine billige Anmache vorhatte. Der Ladenbesitzer eilte sofort herbei und bestätigte: »Ja, da hat der Herr recht«, brach eine Ecke von einer der Tafeln ab und reichte sie ihr auf einem verzierten kleinen Teller. »Probieren Sie, bitte!«

Kim ließ sich den Honig auf der Zunge zergehen. Er war süß, für ihren Geschmack zu süß, aber die Situation und die goldgelbe Farbe überzeugten sie.

»Hmm, schmeckt ganz anders als in Deutschland!«

Der Unbekannte lachte: »Kein Vergleich zur Jahrmarktskost, stimmt!«

Der türkische Geschäftsinhaber, der sie bedient hatte, brachte noch zwei Becher mit Apfelsaft.

»Hier geht es einem richtig gut«, fand Alissa und prostete den beiden Männern zu. Unter ihrem Pony hervor betrachtete sie ihr deutsches Gegenüber. Sie schätzte ihn auf Anfang Dreißig, er war mittelgroß und breitschultrig, hatte dunkle kurze Haare, die um die Ohren sauber rasiert waren, aber oben wild in alle Richtungen abstanden, sein Gesicht war oval mit einer geraden Nase und einem kantigen Kinn. Für Alissa war er der Typ Kajakfahrer, Fallschirmspringer oder Pilot mit musischer Veranlagung, die er wahrscheinlich selbst noch nicht entdeckt hatte. Verstohlen warf sie einen Blick auf seine Hände: schlank und feingliedrig, ja, das hatte sie sich gedacht.

»Sind Sie alleine hier?« fragte er sie unverblümt, und der Türke machte sich daran, ein paar Süßigkeiten hinter ihnen in die Regale zu ordnen.

»Nein, mit meiner Freundin. Sie wartet draußen im Café.«

»Schade.« Er sah tatsächlich enttäuscht aus. »Ich hätte Sie gern zu einem Drink eingeladen.«

Alissa zögerte. War das nicht ein bißchen zu plump? Aber welche Chance hatte man in fünf Minuten? Wenn sie hier auseinandergingen, ohne daß er etwas sagte, würden sie sich höchstwahrscheinlich nie mehr wiedersehen. Und – was war schon dabei?

»Ich weiß nicht«, sagte sie, um Zeit zu gewinnen und um eine Lösung zu finden. »Sie können sich ja zu uns setzen, dann trinken wir alle gemeinsam noch was.«

»Gern!« Er lächelte ihr zu, und sein Lächeln faszinierte sie, es fing in den Augen an, ging über einige leichte Fältchen in den Augenwinkeln nach unten, öffnete den Mund und ließ eine Reihe weißer Zähne sehen. Der Schneidezahn hatte eine abgeschlagene Ecke, das machte ihn besonders süß, fand Alissa.

Sie freute sich und schaute sich nach dem Türken um, um ihre Schätze zu bezahlen. Die Gewürze hatte er in durchsichtige kleine Plastikbeutel gefüllt und den türkischen Honig in Butterbrotpapier eingeschlagen.

Kurz war sie versucht, gegen seine Eigenmächtigkeit zu protestieren, schließlich hatte sie für den türkischen Honig keine Kaufeinwilligung gegeben, aber dann fand sie sich spießig und ließ es sein. Und schließlich war das süße Zeug ja auch daran schuld, daß sie nun auf einen Drink eingeladen wurde.

Sie bezahlte, aber der türkische Honig war in der Summe nicht enthalten. »Ein Geschenk«, lächelte der Türke und wies auf Alissas neuen Bekannten, der ihr lächelnd zunickte.

»Von Herzen«, sagte er und wollte keinen Dank hören. »Und außerdem ist das doch wohl selbstverständlich«, fuhr er fort, während er sie an sich vorbei ins Freie treten ließ. »Ich kann Ihnen doch nichts aufschwatzen und Sie zum Schluß auch noch bezahlen lassen ...«

Alissa fand insgeheim, daß so etwas eher der Normalfall war, aber er war eben doch um einiges reifer als die Jungs, mit denen sie sonst zusammen war.

Kim hatte die Schuhe abgestreift und ihre Beine von sich gestreckt. Sie hing in einem tiefen purpurroten Plüschsessel, die Arme rechts und links auf die Lehne gelegt, vor sich ein kleines Tischchen aus ziseliertem Kupfer, darauf ein Glas Cola, das bis zum Rand voll mit Eiswürfeln war. Sie wirkte wie jemand, dem die ganze Welt schon gehört und der sich über nichts mehr Gedanken zu machen braucht. Als sie Alissa sah, gähnte sie herzhaft, hob dabei die Hand zwar etwas, brachte sie aber nicht bis an den Mund.

»Hast du den Laden leergekauft?« wollte sie wissen, schaute dabei aber an Alissa vorbei zu ihrem Begleiter.

»Nein, ich habe sie aufgehalten«, antwortete der denn auch prompt, worauf Alissa ein kleines »t-t-t« zum besten gab. Und was, wenn ihm Kim jetzt besser gefällt, fuhr ihr in den Sinn, und sie spürte einen kleinen Stich. Na und, schalt sie sich gleich darauf, du hast ihn ja nicht gepachtet. Und zudem bist du Kims Gast. Also keine Eifersüchteleien.

»Darf ich mich dazusetzen?« fragte er höflich und erntete von Kim einen schrägen Blick.

»Klar«, sagte sie, als wäre das keine Frage wert gewesen.

Er rückte Alissa einen Sessel hin und nahm sich selbst einen vom Nachbartisch. Kim quittierte das alles mit einer hochgezogenen Augenbraue.

»Lernt man da drin auch Anstandsregeln?« fragte sie Alissa. »Ich dachte, dort gibt's nur Gewürze!«

Alissa ließ sich in ihren Sessel sinken. Sie fand's schön.

»Ich laß mich gern verwöhnen.« Sie hatte das Gefühl, ihn in Schutz nehmen zu müssen, aber er lachte nur.

»Um das Maß voll zu machen, ich heiße Falk«, stellte er sich vor.

»Kim«, Kim nickte ihm zu, »und das ist Alissa, aber die kennst du ja schon!«

Typisch Kim, dachte Alissa, gleich drauflos, gleich duzen. Und dann fiel ihr auf, daß sie sich im Laden nicht vorgestellt hatten. Also Falk. Hörte sich an wie ein Künstlername. Sie kannte keinen, der Falk hieß.

»Und was macht ein Mann, der Falk heißt, in Fethiye?«

Er zuckte die Schultern und winkte dem Kellner. Alissa wollte auch eine Cola, und so bestellte er zwei. »Stadt anschauen, Landschaft fotografieren, Spaß haben«, sagte er nebenher. »Urlaub eben – wie ihr, nehme ich an!«

»Wir haben verschärften Urlaub«, Kim zog die Stirn kraus, »sozusagen unter Elternaufsicht.«

Klasse, dachte Alissa, das wird ihn sicherlich abschrecken. Jetzt mußte ihr endlich etwas Cooles einfallen.

»Aber es sind *deine* Eltern«, sagte sie und fand, daß sie einen Elfmeter versenkt hatte.

Es wurde unruhig auf dem Deck um sie herum, und Alissa ergab sich ihrem Schicksal, jetzt auch aufwachen zu müssen.

»Was ist denn?« murmelte sie und drehte sich schwungvoll zu Riccardo herum, dessen Erregung sie noch immer an ihren Pobacken spüren konnte und der bereits dabei war, ihren Rücken zu kraulen.

»Was soll sein?« murmelte er, »Franco ist ertrunken, das Boot ist beschlagnahmt, wir kommen nicht zurück, und jetzt gehen alle zum Frühstück!«

»Das ist eine gute Idee«, sagte Alissa betont munter. »Ich habe einen Bärenhunger!«

»Dabei finde ich dich gerade so süß.«

Sie lagen sich jetzt gegenüber, die Gesichter nah beieinander.

»Was findest du denn so süß?«

»Deine verwuschelten Haare, deine Veilchenaugen, deinen Mund und deinen Geruch, du riechst so gut. Und du hast den schönsten Po der Welt.«

Den habe ich jetzt eben aus der Schußlinie gebracht, dachte Alissa und grinste schräg. »Ist das dein italienischer Charme, oder meinst du das wirklich so?«

Statt einer Antwort fing Riccardo an, ihren Oberarm zu streicheln, aber sie setzte sich auf. »Ist auch egal«, sie schaute sich nach Kim um, »ich gehe jetzt jedenfalls frühstücken.«

»Wollen wir nicht vielleicht vorher schwimmen gehen?« startete er einen letzten Versuch.

»Besonders romantisch, ja«, Alissa schälte sich aus ihrer Decke, »vor allem, wenn Franco plötzlich neben einem auftaucht!«

»Was das Meer hat, gibt es nicht mehr her.« Riccardos Tonfall war anzumerken, daß er es aufgegeben hatte.

Gut so, dachte Alissa. Für die nächste Nacht suche ich mir eine andere Ecke oder geh in meine Kabine.

Der Kriegsrat am Tisch war vorangekommen. Marc hatte dem Kapitän gesagt, daß er unbedingt eine aktuelle Boulevardzeitung haben müßte, egal was es koste. Der Kapitän fand, daß wohl nichts gegen einen Landgang sprach, schließlich war nicht die »Dogukan« beschlagnahmt worden, sondern nur diese Rennzigarre, und deshalb hatte Ferhat gleich einen von der Crew mit dem Begleitboot losgeschickt.

»Dauert's noch lang?« blaffte Marc zwischendurch in Richtung Deckhaus, wo Ferhat am Tisch saß und zum Morgenkaffee seine türkische Zeitung las.

»Es dauert so lang, wie's dauert«, gab Uli dann jedesmal Kontra, was Marc ärgerte.

»Solange ich dieses blöde Blatt nicht gesehen habe, kann ich nichts dazu sagen!«

»Aber du hast doch Phantasie«, warf Anja ein.

»Ich entwerfe Mode, keine Luftschlösser.« Marc verschränkte die Arme zum Zeichen, daß er nichts mehr hören wollte.

Sie rückten zusammen, als sich die ersten Jungen von ihrer Lagerstatt erhoben und zum Tisch kamen, aber Pia gönnte ihnen nur einen Blick: »Wie wär's mit einem Bad vor dem Frühstück? Irgendwie seht ihr ziemlich zerknautscht aus!«

Alissa fing sich von Riccardo einen triumphierenden Blick ein, dem sie auswich, indem sie einfach in ihre Kabine ging.

Sie würde die Zähne putzen und sich kämmen, das mußte genügen. Aufs Meer hatte sie wirklich keine Lust. Die anderen schon, sie hörte am Platschen, daß wohl alle hineingesprungen waren, und wollte durch das Bullauge ihres kleines Bades schauen, da fiel ihr Blick auf ihr Handy, das sie gestern hier liegengelassen hatte. Eine SMS war eingegangen.

»War schön mit dir«, las sie, »Dank für alles, melde mich wieder, Falk.«

Schlagartig hatte sie gute Laune. Er hatte vorgestern eine weitere Runde Cola bestellen wollen, aber Kim war aus ihrem Sessel aufgesprungen und hatte abgelehnt. »Trinkt ihr noch was, ich will noch schnell in einen Laden!«

Alissa machte Anstalten, ebenfalls aufzustehen, aber Kim wehrte ab. »Du bleibst da, es ist ein Geheimnis!«

»Ein Geheimnis?« Falk schaute Alissa interessiert an. »Das Geheimnis um zwei schöne Frauen ...«

»Das ist kein Geheimnis«, erklärte Kim und lächelte zu ihm hinunter, »sondern Realität!«

Sie zog hüftschwingend in ihrem knappen Jeansrock ab, und Alissa war froh, daß Falk mit dem Rücken zu diesem Abgang saß. Kim hatte manchmal etwas unheimlich Aufreizendes an sich.

Falk bestellte zwei weitere Colas, und nun wollte er wissen, was die beiden in Fethiye taten.

»Nichts viel anderes als du«, gab sie zur Antwort und überlegte dabei, wieviel sie erzählen konnte. Durfte sie sagen, daß Marc Richard einen Steinwurf entfernt auf einem Schiff Urlaub machte? Und daß Kim seine Tochter war? Auf der anderen Seite, warum nicht? Das war ja kein Staatsgeheimnis, und sie erzählte, welch unverschämtes Glück sie mit diesem Urlaub hatte.

Hab ich wirklich, dachte sie, als sie sich ein frisches T-Shirt über ihren Bikini zog. Jetzt ist zwar alles anders gekommen als gedacht, aber sicherlich würde sich das bald aufklären. Das Ganze war ein Unglück, sie war ja hautnah dabeigewesen, vielleicht hatte Franco zuviel Wasser geschluckt, vielleicht hatte er auch Drogen genommen, wer wußte das schon, jedenfalls war es zwar tragisch, aber es war eben passiert und nicht mehr rückgängig zu machen. Sie hoffte, daß die Polizei das bald einsehen und die anderen nach Hause schicken würde. Sie hatte keine Lust, den Rest ihres Urlaubs mit Riccardo und seiner Clique zu verbringen, so prickelnd fand sie das nun auch wieder nicht. Lieber wäre sie noch einmal nach Fethiye gefahren. Zu dumm, daß sie gestern den Landgang verschlafen hatte, aber es hatte sie auch niemand informiert.

Sie las seine SMS ein zweites Mal und spürte, wie ihr Herz schneller schlug: »War schön mit dir, Dank für alles, melde mich wieder, Falk.«

Das ließ hoffen. Voller Vorfreude ging sie an Deck zurück.

Nach und nach kamen auch die anderen aus dem Wasser, duschten sich ab und setzten sich in Badetücher gehüllt an den Tisch. Erst dann ließ Marc die Bombe platzen und erzählte vom Aufmacher der Boulevardzeitung.

Zuerst war es still, dann wurden wilde Spekulationen angestellt.

»Ist ja klar«, Jens saß Marc gegenüber und hob die Hände, um sich Gehör zu verschaffen, »da hat irgend jemand Franco erkannt und seinen goldenen Schuß mit dem Bild gelandet. Reiner Zufall!«

»Goldener Schuß? Nennt man das so?« wollte Pia wissen. »Ich dachte immer, das ist was ganz anderes ...«

»Keine Ahnung, wie man das nennt.« Jens zuckte die Schultern. »Aber jedenfalls hat sich der Kerl eine goldene Nase verdient!«

»Ist da nicht ein bißchen viel Zufall im Spiel?« warf Uli ein. »Hier irgendwo mit einem Teleobjektiv lauern und dann gleich eine ganze Serie schießen?«

»Ihr braucht ja bloß mal nachzusehen, wie der Fotograf heißt …« Anja schaute zu Marc. »Kriegt der Kapitän denn nun so eine Blödzeitung organisiert?«

Marc drehte sich wieder zum offenen Fenster hin, um nach dem Kapitän zu rufen, als Chara, das griechische Mädchen, mit dem Zeigefinger aufs Meer wies: »Da kommen sie schon wieder!«

»Wer?« wollte Marc wissen, der es von seinem Platz aus nicht sehen konnte.

»Schon wieder die Polizei!«

»Vielleicht haben sie ihn gefunden?« Pia stand auf und trat an die Reling, die anderen folgten ihr.

Wie gestern sah es auch heute eher nach einer feindlichen Übernahme als nach einem harmlosen Besuch aus. Wieder war das schwere Maschinengewehr auf seinem Dreifuß genau auf sie gerichtet, so daß Uli »Fahrt die Bordkanonen aus« rief, von Anja dafür aber einen Rippenstoß bekam.

»Der eine kann Deutsch, hast du das vergessen?« warnte sie und wiederholte es für die Runde noch einmal: »Paßt bloß auf, was ihr sagt. Mit denen ist sicherlich nicht zu spaßen!«

Sie warteten schweigend, bis die beiden Polizisten mit Hilfe der Schiffscrew längsseits festgemacht hatten und an Bord gekommen waren. Sie grüßten gewohnt zackig und kamen auch gleich zur Sache. Der Kapitän übersetzte.

»Das Rennboot ist heute nacht aufgebrochen worden, alles wurde durchwühlt und Teile der Wandverkleidung herausgerissen, ganz offensichtlich hat jemand etwas gesucht. Wir fragen uns nun, wer das war und wonach gesucht wurde.«

Keiner sagte ein Wort, alle starrten den Polizisten an.

»Woher sollen wir das denn wissen?« sagte schließlich Marc, und zwei steile Falten legten sich an seine Nasenwurzel. »Schließlich waren wir nicht dabei!«

Der deutschsprechende Polizist schenkte ihm einen stechenden Blick, während der Kapitän für den anderen übersetzte.

»Ist das nicht seltsam«, begann er, bevor der Kapitän fertig war, »da kommt ein Mann der Jet-set-Szene mit einem Rennboot vorgefahren, bringt einige Halbwüchsige mit, feiert, ertrinkt angeblich, und am nächsten Tag steht bereits alles in der Zeitung? Ist das eine bewußte Inszenierung, oder was ist das?«

»Wir verstehen es ja selber nicht«, warf Pia in beschwichtigendem Ton ein. »Wir können uns diese Fotos auch nicht erklären ...«

»Wir haben sie ja noch nicht einmal gesehen!« unterbrach Marc sie und warf dem Polizisten einen zornigen Blick zu. »Im Gegensatz zu Ihnen – ganz offensichtlich!«

Der Polizist ging nicht auf ihn ein. »Und dann wird das Rennboot aufgebrochen und durchsucht. Seltsam. Wonach sieht das Ihrer Meinung nach denn aus?«

»Bin ich Polizist?« Marc war kurz vor einem seiner gefürchteten Jähzornausbrüche.

»Nein, aber zunächst einmal verdächtig. Sie kannten Franz Bergheimer gut, er war Ihr Gast, auf diesem Schiff ist passiert, was immer passiert ist. Wir müssen Sie deshalb bitten mitzukommen!«

»Was!?« Marcs Halsschlagader pulsierte heftig.

»Wenn Sie es nicht freiwillig tun, werde ich Sie abführen lassen!«

»Runter von diesem Schiff!« schrie Marc, da ergriff ihn der zweite Polizist am Arm. Marc stand wie festgenagelt. »Tu doch was!« sagte er zu Pia.

»Und wohin soll er?« fragte Pia, die nun wirklich Angst bekam.

»Wir müssen ihm nur ein paar Fragen stellen«, antwortete der Polizist ungerührt, aber in höflichem Tonfall.

»Dann möchte ich wenigstens eine lange Hose anziehen, in Shorts gehe ich nicht von Bord!«

Der Polizist nickte Pia zu. »Bringen Sie Ihrem Mann eine lange Hose!«

Pia drehte sich um und warf einen Blick in die Runde. Alle standen regungslos, alle waren bleich. Pia überlegte, wer ihnen zu Hilfe kommen könnte. Das deutsche Konsulat? Sollte sie einen Anwalt einschalten? Hier in der Türkei? Oder besser erst mal ihren eigenen in Deutschland anrufen? Konnte sie jetzt unten in der Kajüte unbeobachtet telefonieren, und wenn ja, was würde das bringen? Ihre Gedanken wirbelten durcheinander, und sie kam zu keinem Ergebnis. Das Ganze war völliger Schwachsinn. Was reimten die sich hier zusammen? Worauf lief das hinaus?

Sie ging mit einer leichten Leinenhose zurück zu den anderen, und Marc zog sie über seine Badeshorts. Er hatte sich in der Zwischenzeit beruhigt und war jetzt fast schon wieder soweit, diese Aktion als schrägen Witz zu betrachten.

»Und in welches Verlies werfen Sie mich?« fragte er, während er seine Segeltuchschuhe zuband.

»Zumindest nicht ins Meer«, entgegnete der Polizist und ging voraus zu seinem Schiff. Marc lief achselzuckend hinterher, dicht gefolgt von dem zweiten Polizisten.

»Das kann doch nicht sein!« Jetzt erwachte Uli. Er lief dem Trio hinterher an die Reling, schaute zu, wie sie über den Niedergang der »Dogukan« auf das Polizeiboot gelangten. »Wann kommst du denn wieder?«

Marc drehte sich nach ihm um, gab aber keine Antwort.

»Was tut man in so einem Fall?« wollte Pia von Ferhat wissen.

»Ich hatte noch nie einen solchen Fall«, gab er zur Antwort, und gemeinsam schauten sie zu, wie Marc in das Deckhaus des Polizeiboots ging, der zweite Polizist die Leinen löste und das Boot sich schließlich rückwärts entfernte, so daß sie immer noch in die Mündung des schweren Maschinengewehrs blickten.

»Hast du da noch Töne?« Uli drehte sich zu Pia um. »Wir stehen da wie die Idioten! Die nehmen ihn einfach mit, und wir stehen da wie die Idioten!« Er verschränkte die Arme. »Wie die Idioten!«

»Du wiederholst dich!« Pia beschattete ihre Augen mit der Hand, schaute dem Polizeiboot hinterher und nahm ihr Handy. »Jetzt rufe ich doch unseren Anwalt an. Vielleicht weiß der, was zu tun ist!«

Alissa stand wie alle anderen an der Reling und schaute dem Boot nach, bis es in den Lichtreflexen des Wassers nicht mehr auszumachen war. Dann warf sie Kim einen Seitenblick zu. Sie hielt ihr Gesicht in den Wind, die Augen geschlossen, beide Hände umklammerten die Reling so fest, daß sich die Knöchel weiß abzeichneten.

»Geht's dir gut?« fragte sie leise. Die anderen waren zum großen Tisch gegangen, nur sie beide standen noch da.

Kim gab keine Antwort, und da hörte Alissa, daß sie summte. Sie summte ein Kinderlied und wiegte sich leicht in der Hüfte dazu. Sie war völlig in sich versunken, und Alissa blieb deshalb einfach stehen und rührte sich nicht.

»Das habe ich als Kind immer gesungen, wenn ich Angst hatte«, sagte Kim schließlich, ohne die Augen zu öffnen. »Wenn meine Eltern weg waren und das Haus zu groß und ich in meinem Zimmer war und es tausend Schatten gab, aber niemand, der meine Hand gehalten hat, dann habe ich meinem Teddy dieses Lied vorgesungen. Immer und immer wieder, bis er eingeschlafen ist – und ich auch.«

Alissa war sprachlos. Das hätte sie sich bei Kim nie vorstellen können. Gern hätte sie jetzt ihre Hand genommen, aber sie traute sich nicht.

»War niemand da, wenn deine Eltern weg waren?«

»Doch, schon. Irgendwo im Haus. Keine Ahnung. In irgendeinem Zimmer. Aber ich war eben alleine, und manchmal hatte ich ganz erbärmliche Angst vor den Schatten.« Sie öffnete die Augen und grinste Alissa herausfordernd an. »Das hättest du nicht gedacht, was? Die toughe Kim hat Angst vor Schatten!«

Alissa hing noch dem eben Gehörten nach und war über Kims veränderte Stimmungslage überrascht. »Nein«, sagte sie langsam. »Das hat nichts damit zu tun, ob du heute tough bist oder nicht, das hat damit zu tun, daß man sich nie Gedanken macht, wie das ist, so ein Leben auf der anderen Seite. Bei uns war es immer zu eng, das hat mich, als ich größer wurde, brutal genervt. Eigentlich hatte ich nie einen wirklich ungestörten Platz für mich. Aber als Kind habe ich mich unglaublich geborgen gefühlt. Wahrscheinlich gerade deshalb. Da war immer jemand ganz nah, mein Kinderzimmer habe ich mit meiner älteren Schwester geteilt, wir haben gequatscht und gealbert, und wenn eine von uns Angst hatte, sind wir ganz schnell zusammen ins Bett geschlüpft.«

Sie schwiegen beide und schauten aufs Meer.

»Hast du jetzt Angst?« fragte Alissa schließlich vorsichtig.

»Ja!« sagte Kim schlicht. »Ich habe Angst, daß Dinge passieren, die wir nicht verstehen und nicht mehr kontrollieren können.« Sie strich ihr Haar zurück. »Ich habe die dunkle Ahnung, daß es da einen Zusammenhang gibt. Aber ich erfasse ihn noch nicht, vielleicht bin ich auch zu phantasielos. Ich sehe nur, daß merkwürdige Dinge passieren, die sich mir nicht erschließen.«

Alissa dachte nach und starrte dabei geradeaus, ohne etwas zu registrieren.

»Du meinst, da müßte sich uns etwas erschließen? Irgendwas müßte uns aufgehen?«

Kim nickte.

»Vielleicht sind es aber auch nur dumme Zufälle?«

Kim schaute sie an. Immer wieder fand Alissa ihre Augen faszinierend, diese bernsteinfarbenen Sprenkel im Mokkabraun, fast wie hingetupft.

»Zufällig ist ein Zeitungsfotograf in der Nähe, wenn Franco seinen letzten Tanz tanzt? Und die türkische Polizei weiß auch schon, daß er hier ist? Und sein Schiff wird aufgebrochen? Und mein Vater wird abgeführt? Wenn es nicht so tragisch wäre, würde ich sagen, es ist so ein durchgeknallter Modefuzzi, der meinen Vater für eine Saison aus dem Weg räumen will.«

»Wieso denn jetzt deinen Vater?« Alissa runzelte die Stirn. »Franco ist doch verschwunden. Da müßte es doch einer aus *seiner* Szene sein. In was für einer Szene ist er eigentlich?«

»Ist er?« Kim drehte sich um, so daß sie die Reling im Rükken hatte, und verschränkte die Arme. »Du meinst doch ›war er‹. Oder nicht?« Sie erwartete keine Antwort, sondern fuhr fort: »Seine Szene ist … mein Gott, einfach alles. Überall, wo was los war, war Franco. Rennsport, Mode, Partys, egal. Er war überall dabei. Früher hätte man gesagt, ein Jet-set-Playboy. Heute ist er, na ja, eben Franco.« Sie verstummte. »War er«, fügte sie dann langsam hinzu.

Marc fühlte sich wie in einem schlechten Witz. Er saß auf der Rückbank eines stickigen Polizeiautos und wurde zu einem Gebäude gefahren, das ihm von außen nicht wie ein Polizeirevier vorkam.

»Bitte«, sagte der Polizist, als er ihm die Tür öffnete, und Marc antwortete gewohnheitsmäßig mit »danke«, als er ausstieg.

Dann folgte er ihm in das Haus, das schlicht und viereckig war und zwei Stockwerke besaß, mit dem obligaten Wasserspeicher auf dem Dach. Zwei Fenster gingen auf die Straße, eines davon hatte keine Scheiben und gähnte ihn an. Marc registrierte es, machte sich aber keine Gedanken darüber. Er folgte dem deutschsprechenden Polizisten ins Haus. Von einem kleinen Flur ging eine Treppe nach oben, rechter Hand führte eine Tür in einen kleinen Raum. Grau getünchte Wände, ein Fenster, ein Tisch mit je zwei Stühlen an jeder Seite, das war alles. Der Polizist setzte sich, Marc nahm ihm gegenüber Platz. Der zweite Polizist blieb hinter Marc an der Tür stehen.

»So«, sagte Marc und lehnte sich auf seinem Stuhl vor. »Jetzt bin ich gespannt!«

»Sie sind gespannt?« Der Polizist hob verwundert eine Augenbraue. »Worauf sind Sie gespannt?«

»Was jetzt passiert. Warum ich hier bin. Was das soll!«

»Sie sind hier, weil ein Freund von Ihnen unter mysteriösen Umständen verschwunden ist und offensichtlich mehr war als nur ein Freund. Schließlich hat er etwas in seinem Rennboot transportiert. War er ein Bote?«

»Ein Bote?« Marc verzog das Gesicht. »Mir bringen Boten höchstens Stoffmuster. Was sollte Franco mir also bringen?«

»Wie wäre es mit Kokain?«

Seine dunklen Augen lagen im Schatten der Schirmmütze, aber Marc konnte den lauernden Ausdruck darin förmlich spüren.

»Daß ich nicht lache! Ich bin ein absoluter Gegner von diesem Zeugs. Keines unserer Models hat sich je mit so etwas in meine Nähe gewagt!«

Die Polizisten schwiegen, und das machte Marc wachsam.

»Wir haben in den aufgeschlitzten Seitenwänden des Bootes Spuren von Kokain gefunden!«

Er sagte es betont langsam, um Marcs Reaktion genau studieren zu können. Marc war sich dessen bewußt und verzog keine Miene.

»Das Boot gehört Franco und hat mit mir nicht das mindeste zu tun.« Marc fixierte die Stelle unter der Schirmmütze. Er wollte dem Polizisten direkt in die Augen sehen, um seine Glaubwürdigkeit zu unterstreichen.

»Wo ist das Rauschgift hin?«

»Mein Gott, woher soll ich das wissen?« Marc zuckte die Schultern. Franco war ein Idiot. Wie konnte er sie in eine solche Situation bringen. Fuhr in der Türkei Kokain spazieren, der hatte sich sein bißchen Grips offensichtlich schon weggeschnupft.

»Sie wußten aber, daß Ihr Freund Kokain nahm?«

»Er war ein Bekannter«, erklärte er langsam und betont. »Ein Bekannter, wie man in meinem Gewerbe viele hat. Er war kein Freund, mit dem man seine Geheimnisse teilt. Ich wußte es nicht!«

»Ist Kokain in Ihrer Branche nicht üblich? Eine Modedroge?«

Der Polizist stippte seine Schirmmütze mit dem Zeigefinger etwas nach oben. Jetzt waren seine Augen zu sehen.

Marc bohrte seinen Blick darin fest. »Ich sagte es schon. Keiner hat sich je damit in meine Nähe gewagt. Ich bin ein absoluter Drogengegner – jeder Art!«

»Alkohol eingeschlossen?«

Vorsicht, sagte sich Marc. Der will dich aufs Kreuz legen. »In Maßen ist Alkohol keine Droge, sondern ein Genußmittel«, entgegnete er. »Hier in der Türkei trinken wir nur Lâl, einen leichten Rosé, der Ihnen bekannt sein dürfte. Ich denke, der gilt schwerlich als Droge.«

»Kommt auf die Menge an ...«

Der Polizist schwieg, Marc auch. Nach einer Weile wurde er unruhig. Der Polizist saß wie angenagelt und schaute ihn an, ohne mit der Wimper zu zucken. Marc versuchte sich abzulenken. Er studierte den scharfen Lichtkegel, den die Sonne durch das Fenster warf. Wie abgeschnitten lief die helle Bahn über die Betonwand. Wie im Leben, dachte Marc. Licht und Schatten stehen direkt nebeneinander. Manchmal genügt ein kleiner Schritt ...

Er suchte mit den Augen die Wand nach einer Ameise oder Spinne ab. Das wäre doch jetzt ein interessantes Versuchsobjekt. Vom Licht in den Schatten. Und was dann? Absturz? Nein, die Ameise würde ganz normal weiterlaufen. Es würde sie nicht interessieren. Aber interessierte ihn dieses Theater hier?

»Kann ich jetzt gehen?« durchschnitt er die Stille. »Ich mache in der Türkei Urlaub, keine Räubergeschichten. Und ich mache nur einmal im Jahr Urlaub, weil ich viel arbeite. Mein türkischer Zulieferer, der mit seinen dreihundert Angestellten fast ausschließlich für mich und meine Firma arbeitet, kann Ihnen das bestätigen. Und ich würde gern meinen Urlaub auf dem Schiff verbringen, für das eine türkische Firma gutes Geld bekommt und einigen Leuten Arbeit gibt, und nicht hier in diesem Zimmer.«

»Interessant«, sagte der Polizist nur, lehnte sich in seinem Stuhl nach hinten und verschränkte die Arme.

»Interessant?« Marc runzelte die Stirn. »Was, bitte, ist interessant daran, wenn ich Ihren Landsleuten Brot und Arbeit gebe?«

»Ihre Einstellung«, sagte er. »Nur Ihre Einstellung. Sie denken also, ohne Sie müßte die Türkei verhungern ...«

Marc spürte, wie ihm das Blut in den Kopf schoß. Jetzt mußte er die Ruhe bewahren.

»Ich will Ihnen nur klarmachen, daß ich etwas für Ihr Land tue. Ich verteile kein Rauschgift in der Türkei, sondern Arbeit. Das ist alles, was ich damit ausdrücken will.«

Unvermittelt stand sein Gegenüber auf.

»Was ist jetzt?« Fast war Marc über die plötzliche Veränderung erschrocken.

»Ich hole jetzt Papier und Kuli, und Sie schreiben mir alles auf. Ihre Personalien, wo Sie arbeiten, mit wem Sie arbeiten, wie Ihre Ansprechpartner in der Türkei heißen, wieviel Umsatz diese Firma mit Ihnen macht.«

Marc wußte nicht, wie er reagieren sollte. Hatte dieser Mensch ein Recht dazu? Auf den Umsatz seiner türkischen Handelspartner sicherlich nicht. Wenn nur Pia da wäre, sie war in solchen Dingen immer so praktisch. Sie hätte wahrscheinlich als erstes nach seinem Vorgesetzten verlangt. Das konnte er auch.

»Wer ist denn Ihr Vorgesetzter?« fragte Marc und drehte sich nach dem Polizisten um, der gerade an ihm vorbei zur Tür gegangen war. Der blieb stehen und schaute zu ihm zurück.

»Mein Vorgesetzter bin ich!« sagte sein Gesprächspartner mit einem unergründlichen Lächeln, und sein Kollege, der neben der Tür gewacht hatte, schlug die Hacken zusammen.

Die Untätigkeit lähmte alle an Bord, und die Ungewißheit setzte ihnen zu. Gegen Abend wurde die Stimmung immer gereizter. Pia hatte ihren Anwalt angerufen, aber der konnte so schnell auch nichts bewegen. Er mußte sich erst einmal »kundig« machen, mit der türkischen Polizei hatte er noch nie etwas zu tun gehabt.

»Vielleicht kannst du ja einen Kollegen auftreiben, der Erfahrung mit der Türkei hat. Möglichst einen türkischen, der dürfte sich mit so etwas doch wohl auskennen. Jedenfalls haben sie meinen Mann mitgenommen, ich weiß weder wohin noch warum, noch wann er wieder zurückkommt. Das ist doch unfaßbar!«

Ihr Anwalt gab ihr recht. Doch dann dauerte es bis zum Abend, bevor sie wieder etwas von ihm hörte. Ob Marc schon zurück sei? Nein, und dieser Umstand mache sie alle an Bord schier wahnsinnig. Es könne doch nicht sein, daß man einen Menschen mitnähme und weiter nichts erführe.

Er habe einen deutschsprachigen Anwalt in Ankara ausfindig gemacht, der sich um die Sache kümmern würde. Mehr könne er von Deutschland aus leider nicht tun. Er gab Pia die Telefonnummer seines türkischen Kollegen und wünschte ihr viel Glück.

»Danke, das kann ich gebrauchen«, sagte Pia, legte auf und wählte sofort die besagte Nummer. Ein Band erklärte ihr etwas auf türkisch, und mit einem Blick auf die Uhr war ihr klar, daß es schon zu spät war. Die Kanzlei war geschlossen, der Anwalt im Feierabend.

Sie ging zum Bug des Schiffes und setzte sich auf das breite Bugspriet. Sie wollte alleine sein mit sich und ihren Gedanken, vor allem mit ihren Sorgen um Marc und die Situation. Unter ihr glitzerte das Wasser, und es sah alles so friedlich aus. Sie spürte, daß sie den Tränen nah war. Wie konnte eine Situation nur von heute auf morgen so gnadenlos kippen? Warum hatten sie Franco mit seiner blöden Rennzigarre nicht gleich wieder zum Teufel gejagt, seine Jungbrunnenstatisten eingeschlossen? Sie hatten beide den gleichen Impuls gehabt. Hätten sie nur danach gehandelt!

Aber jetzt war es zu spät. Nun schwamm Franco hier irgendwo herum und brachte Ärger, den sie noch gar nicht richtig einschätzen konnte. Sie schlang die Arme um die Knie und legte den Kopf darauf. An wen konnte sie sich wenden? Für den türkischen Anwalt war das kein Fall, der nach höchster Dringlichkeitsstufe roch, das war klar.

Alissa hatte sich ebenfalls zurückgezogen. Die »Dogukan« hatte den ganzen Tag über an derselben Stelle gelegen, weil Pia das Polizeiboot mit Marc nicht verpassen wollte. Der Kapitän hatte sie zwar beruhigt, sie könnten überall aufgespürt werden, aber Pia wollte für den Fall der Fälle trotzdem sofort erreichbar sein.

Kim lag mit vier anderen auf der großen Liegematratze im Heck, sie spielten Backgammon, Karten oder zerstreuten sich mit Modemagazinen. Zwischendurch schwammen sie oder holten sich einen Drink. Alissa hatte den leisen Verdacht, die vier fanden ihr momentanes Leben recht angenehm, und der Rest war ihnen egal. Aus Kim wurde sie dagegen nicht so ganz schlau. Sie an ihrer Stelle wäre an der Seite der Mutter gewesen. Aber Kim tat, als sei nichts weiter Aufregendes vorgefallen. »Der kommt schon wieder«, hatte sie am Nachmittag gesagt, als sie alle am großen Tisch saßen, Tee tranken und zum x-ten Mal die Sachlage besprachen. Sie hatte dafür einen nachdenklichen Blick ihrer Mutter geerntet. Fast kam es Alissa so vor, daß sich Kim ihr gegenüber schämte und ihre Offenheit vom Vormittag durch burschikoses Gehabe überdecken wollte. Aber was war schon gewesen? Sie hatten über Kims Kindheit, ihre Ängste gesprochen. Sie hatte ihr einen Blick hinter die Kulissen des reichen, verwöhnten Mädchens gestattet. Aber dafür waren sie doch Freundinnen, das lag bei Alissa sicher verwahrt. Hatte Kim Angst, sie könnte das als Schwäche auslegen? Ihre Ängste gegen sie verwenden? Sie mußte dringend mit ihr sprechen, aber sie kam nicht an sie heran. Alissa hatte sich an der Vorderseite des Deckhauses auf eine der Liegematratzen gesetzt, als sie plötzlich Pia entdeckte, die wie ein Kind auf dem Bugspriet saß, die Beine umklammert, den Kopf auf die Knie gestützt. Sie tat ihr leid, wie sie dort so alleine saß. Sie verstand wirklich nicht, warum sich Kim ihrer Mutter gegenüber so seltsam benahm.

Sie wollte gerade aufstehen und zu Pia hingehen, als ihr Handy neben ihr piepste. Sie öffnete die Nachricht, dann spürte sie, wie aufgeregt sie wurde: Falk! Sie hatte auf seine letzte SMS nicht geantwortet, obwohl es ihr in den Fingern gejuckt hatte. Dafür hatte sie sie ein ums andere Mal gelesen: »War schön mit dir, Dank für alles, melde mich wieder, Falk.« Sie wollte sich nicht aufdrängen, sie wollte, daß der Ball bei ihm lag. Jetzt also war es soweit. Sollte sie es gleich lesen oder das Warten noch ein bißchen zelebrieren? Vielleicht doch erst mit Pia sprechen oder sich wenigstens zuerst ein Getränk holen? Nein, heute war nicht der Tag, um sich lange auf die

Folter zu spannen, heute brauchte sie keinen zusätzlichen Nervenkitzel.

»Was ist denn bei euch los?« las sie. »Stimmt es, was die Zeitung schreibt? Ein Todesfall? Wie geht es dir dabei? Was macht ihr?«

Es war so schön, daß sich jemand nach ihr erkundigte, jemand mitfühlte. Sie fühlte eine heiße Woge der Dankbarkeit. Ihre Eltern hatten zwar heute morgen ebenfalls angerufen, aber das Telefonat war zu teuer, sowohl für die in Deutschland als auch für Alissa, die das Gespräch im Ausland ja mitbezahlen mußte. So versprach sie, ihre Schwestern per SMS zu informieren, falls etwas Dramatisches passieren würde. Aber war es nun dramatisch, daß Marc abgeführt worden war, oder war das in der Türkei reine Routinearbeit und Marc nur der erste von ihnen? Sie hatte keine Ahnung, also wartete sie erst mal ab.

Trotzdem, das hier war etwas ganz anderes. Falk, der Mann mit den wissenden Augen und dem Lächeln um die Mundwinkel, erkundigte sich nach ihr. Nach ihr, nicht nach Kim, was ja auch möglich gewesen wäre. Alissa rutschte über die Matratzen zu einem der Masten, sah dabei aus den Augenwinkeln, wie der Kapitän zu Pia ging, lehnte sich bequem gegen das glatte, runde Eichenholz und fing an zu tippen.

Marc hatte zwei Stunden an seinem Text geschrieben, dann mußte er dringend auf die Toilette und machte das seinem Bewacher deutlich, der neu hinzugekommen war und unbeweglich wie ein Mitglied der englischen Königsgarde an der Tür stand. Der führte ihn in einen übelriechenden kleinen Raum mit einem Loch im Boden und blieb wartend hinter ihm stehen. Jetzt erst wurde Marc seine Situation so richtig bewußt.

»Hören Sie«, sagte er und drehte sich nach seinem Bewacher um, ohne seine Hose geöffnet zu haben. »Ich bin nicht gewohnt, daß man mir beim Pinkeln zuschaut! Ich will das weder in Deutschland noch hier in der Türkei. Also machen Sie gefälligst die Tür zu!«

Er schaute in ein Gesicht, das völlig teilnahmslos blieb. Es hatte keinen Sinn, er verstand ihn nicht. Marc machte mit der Hand eine Bewegung, als würde er eine Tür schließen, aber für den Polizisten schien es wohl der Griff einer japanischen Kampfsportart: Seine Hand glitt zum Pistolenhalfter.

Marc schüttelte den Kopf, dann drehte er sich um, öffnete seine Hose und versuchte, in das kleine, dunkle Loch zu zielen, damit es nicht auch noch an seine hellen Leinenschuhe spritzte. Es schüttelte ihn vor Ekel, als er wieder hinaustrat. Aber immerhin hing ein kleines Handwaschbecken in einer Ecke des Ganges, das versöhnte ihn fast schon wieder. Während er sich die Hände an seiner Leinenhose trockenrieb, tauchte der deutschsprechende Polizist auf und fragte sogleich nach seinen Aufzeichnungen.

»Liegen auf dem Tisch.«

Marc überlegte, ob er es geschickt genug abgefaßt hatte. Harmloses wie seinen Arbeitsplatz in Deutschland hatte er ausschweifend beschrieben, seine türkischen Geschäftsbeziehungen pathetisch geschildert, aber keine konkreten Zahlen genannt. Wie sollte er auch, er war Designer und kein Buchhalter.

»Kann ich jetzt gehen?«

Sein Bewacher bekam durch ein kurzes Kopfnicken einen Befehl, den Marc nicht verstand.

»Wir werden das erst prüfen«, bekam er zur Antwort. »Sie können sich so lange etwas ausruhen.«

Vor ihm öffnete sich eine Tür, und er wurde in einen Raum mit einer Pritsche und einer nackten Glühbirne geführt. Kein Fenster, kein Tisch, nichts.

»Das ist doch wohl nicht Ihr Ernst!« Jetzt hatte er genug. »Sie glauben doch wohl nicht, daß ich mich in ein solches Loch lege!«

»Es ist unser schönstes Zimmer«, bekam er süffisant zur Antwort. »Ein besseres haben wir nicht zu bieten!«

»Und ich laß mir das nicht gefallen! Ich will auf der Stelle einen Anwalt sprechen!«

»Sie sind unser Gast, daran wird auch ein Anwalt nichts auszusetzen haben.«

Als es zu dämmern begann, fuhr die »Dogukan« in eine nahe Bucht zum Ankern. Die Crew hatte sich benommen, als sei alles wie sonst, es gab mehrere Gänge als Nachtmahl und zum Abschluß eine Pyramide aus Obst, die effektvoll flambiert wurde. Zum Espresso setzte sich der Kapitän dazu.

»Meine Gesellschaft hat mir gekündigt«, sagte er leise. »Eigentlich müßte ich morgen ersetzt werden, wenn es einen Ersatz gäbe. Es sind im Moment aber alle im Einsatz.« Er zuckte mit den Schultern. »Ferienzeit«, fügte er hinzu, so als ginge es um zu volle Strände.

»Oh, nein«, sagte Pia. »Das tut mir aber leid! Sie können nun doch wirklich nichts dafür!«

»Ein Toter auf einem Ferienschiff muß Konsequenzen haben – für die Zeitungen und die Touristen.« Er zuckte abermals mit den Schultern. »Ganz klar!«

»Ganz klar?« Uli hatte seine Tasse abgestellt. »Das ist doch überhaupt nicht klar! Sie haben ja keinen aufgefordert, kopfüber ins Wasser zu springen und sich an ein Seil zu hängen …« Seine Augen suchten Kim, die trotzig das Kinn reckte.

»Ja, finde ich auch«, sagte Pia langsam. »Da werden wir Widerspruch einlegen.«

Ferhat schaute sie traurig an. Seine Kapitänsmütze hatte er abgelegt und mit ihr sein Sunnyboy-Lächeln. Es zeichneten sich Falten ab, wo gestern noch keine waren, und unter seinen Augen hatten sich leichte Tränensäcke gebildet. Pia betrachtete ihn forschend.

»Haben Sie Kinder?« fragte sie.

»Welcher Mann in meinem Alter hat keine Kinder?«

»Wir haben keine«, gab Nadine zur Antwort.

Pia schaute sie überrascht an. Es war Nadines erster Satz seit Stunden.

»Das tut mir leid für Sie.« Der Kapitän bedachte sie mit einem Blick, als ob ihre Zukunft auf dem Spiel stünde und nicht seine.

»Ist nicht so schlimm«, sagte Nadine hastig, merkte aber gleich, daß die Antwort niemanden überzeugte. »Ich will sagen …«, begann sie wieder, aber er war mit seinen Gedanken schon weiter. »Kinder sind das Leben«, sagte er und starrte vor sich auf den Tisch.

»O je!« Alissa warf Kim einen Blick zu, aber Inka antwortete. Sie strich sich eine blonde Strähne hinters Ohr und nickte. »Er hat völlig recht! Wo wären wir denn ohne Kinder?« Dabei glühte sie Jens an, als ob sie dieses Problem noch in dieser Stunde ausräumen wollte.

»Haben Sie denn einen Job, wenn Sie hier nicht mehr arbeiten können?« Uli schob die leere Espressotasse weg und schöpfte sich aus dem silbernen Kühler Eiswürfel in sein Glas, um Lâl darüberzugießen.

»Ich bin Kapitän. Das habe ich gelernt, das mache ich seit zehn Jahren, und früher habe ich auch schon auf Schiffen gearbeitet. Ich lebe auf dem Wasser!«

»Und Ihre Familie?« Jetzt wollte es Alissa genau wissen. Der Mann auf dem Wasser? Das ganze Jahr über?

Er mußte lächeln. Fast sah er aus wie früher. »Wir haben eine große Familie, wissen Sie, da ist niemand alleine. Und außerdem bin ich im Winter ja zu Hause.«

»Sei's, wie's will, jedenfalls müssen wir uns bei Ihrer Gesellschaft für Sie verwenden. Schließlich fahren wir schon seit etlichen Jahren mit der ›Dogukan‹ – und das wollen wir auch weiterhin!« Uli hob sein Glas. »Trinken wir darauf!«

Nicht alle hatten etwas in ihren Gläsern, aber alle stießen mit ihm an.

»Und vielleicht sollten wir auch auf Marc trinken und ihm unsere guten Gedanken schicken.« Anja stand auf und hob ihr Glas zum zweitenmal. »Damit er weiß, egal, wo er die heutige Nacht verbringen muß, daß wir ihn vermissen.« Wie sie so dastand und ihr Weinglas hielt, sah sie für Alissa in ihrem weißen, fast durchsichtigen Leinenkleid wie ein zartes, überirdisches Wesen aus. Vor ihr züngelten die Flammen ersterbend über das Obst, und hinter ihr versank die Welt in Dunkelheit.

Alissa starrte Anja an und mußte die Gedanken abschütteln, die sie dabei überkamen. Aber ganz deutlich meinte sie zu hören, wie Kim ihr Kinderlied summte.

Der nächste Tag begann mit einem Paukenschlag. Pias Handy klingelte frühmorgens, was ihr nichts ausmachte. Sie hatte in dieser Nacht sowieso kein Auge zugemacht. Ihr deutscher Anwalt war dran.

»Halt dich fest!«

»Warum?«

»Oder trink besser erst einen Raki!«

»Sag, was los ist! Ich hasse solche Spielchen!«

»Es sind keine Spielchen, ich weiß nur nicht, wie ich es dir sagen soll!«

»Sag's einfach!«

Aber jetzt hatte sie sich schon aufgerichtet und saß mit klopfendem Herzen im Bett. Was konnte kommen? War Marc etwas zugestoßen?

»Die Zeitung macht mit einem Foto von Marc auf. Abgeführt von zwei Polizisten. Wegen Mordverdacht, steht da. Mord an Franco!«

»Nein!« Jetzt raste ihr Herz, und ihre Stimme versagte. Sie starrte den Schrank an, dessen eine Tür mit der Wellenbewegung quietschend auf- und zuging, auf und zu.

»Pia?« hörte sie vom anderen Ende der Leitung, so weit entfernt, als käme es vom Mond. Sie hörte ihr Blut rauschen und spürte nur, daß gleich etwas passieren würde – hoffentlich eine gnädige Ohnmacht. Aber es kam keine. Sie saß und starrte noch immer die quietschende Tür an, die im Rhythmus der Wellen auf- und zuschlug.

»Pia?« hörte sie wieder.

»Abgeführt? Ein Foto?«

»Ja, leider. Sogar zwei. Er geht zwischen zwei Polizisten von eurem Segelschiff herunter auf das Polizeiboot. Eine Nahaufnahme von seinem Gesicht und eine Totale.«

»Wer ist dieses Schwein …«

»Wie meinst du?«

»Ich frage dich, wer dieses Schwein ist! Das kann doch nicht sein! Was steht für ein Name unter den Fotos?«

»Wie gestern schon – eine Fotoagentur.«

»Und? Kein Fotograf?«

»Lassen die nicht raus.«

»Aber Michael! Bei so was! Bei Verleumdung, da muß man sich doch wehren können!«

»Ist er von zwei Polizisten abgeführt worden?«

»Ja, ja, natürlich, aber ...«

»Wegen Mordverdacht?«

»Keine Ahnung, uns hat man hier ja kein Wort gesagt! Marc ist ja noch nicht einmal zurück ...« Sie hielt inne. »Mein, Gott, Michael. Er ist noch nicht da! Ich habe das für ärgerlich, aber nicht für gefährlich gehalten. Meinst du, sie denken tatsächlich, daß ...« Sie brach ab. Zu ungeheuerlich war der Gedanke.

»Jetzt werde ich erst mal unserem türkischen Anwalt Beine machen. Gestern war's noch Spaß, aber heute ...«

»Den wirst du nicht erreichen. In seiner Kanzlei läuft ein Band, ich nehme an, vor zehn hast du dort keine Chance!« Pia holte tief Luft. »Oh, Michael, was können wir nur tun?«

Es war kurz still. »Soll ich kommen?«

Pia überlegte. »Ich glaube nicht, daß du hier viel bewerkstelligen kannst, ich weiß noch nicht einmal, ob sie dich aufs Schiff lassen würden. Außerdem kannst du die Sprache nicht. Nein, versuch lieber, gegen die Zeitung vorzugehen oder sonst was. Jetzt werden doch alle nachziehen – oh, mein Gott, ich darf gar nicht daran denken, was das für eine Schlammschlacht wird. Wenn Marc das erfährt ... er ist doch erledigt, wie soll er das wieder ... weißt du was, Michael, biete dem ›Spiegel‹ ein Exklusivinterview mit mir an, oder ›Focus‹ oder ›Stern‹ ... obwohl, ich weiß ja selbst noch nichts, außer daß hier keiner jemanden umgebracht hat ...«

»Weißt du das so genau?«

»Was willst du damit sagen?«

»Nun, es hingen ja offenbar noch mehr Leute an diesem Seil ...«

Marc hatte die halbe Nacht sitzend verbracht, weil er der Militärdecke nicht traute und sich keine Flöhe einfangen wollte, aber irgendwann war er dann doch auf die harte Matratze gesunken. Er wachte mit schmerzendem Rücken und Nacken auf, als der Schlüssel im Türschloß gedreht wurde.

Der deutschsprachige Polizist stand mit Marcs Aufzeichnungen in der Tür.

»Der Umsatz würde uns noch interessieren«, sagte er.

»Wer *uns*?« fragte Marc zurück und rieb sich sein Genick.

»Die türkische Polizei!«

»Die türkische Polizei interessiert sich für den Umsatz eines türkischen Tuchhändlers? Das will mir nicht so recht einleuchten! Beim türkischen Finanzamt könnte ich das noch verstehen ...« Er war sauer und hatte nicht vor, sich von diesem kleinen Idioten weiterhin drangsalieren zu lassen.

»Wir arbeiten natürlich zusammen.«

»Und ich glaube kein Wort!« Marc stand langsam auf, wobei er jeden einzelnen Muskel spürte. Das würde ein Nachspiel haben. Er wußte nur noch nicht, wie und welches.

Der Polizist blieb unbeweglich mitten in der Tür stehen, breitbeinig, die Mütze beschattete seine Augen.

»Auch die Türkei ist ein Rechtsstaat!« behauptete Marc.

»Das hat doch nichts mit Ihrem Umsatz zu tun!«

Marc dachte wieder an Pia. Er war einfach zu phantasielos in solchen Dingen.

»Dann schreiben Sie eben 100 000 Euro auf«, sagte er und verschränkte die Arme.

»100 000? Für ein so großes Unternehmen wie das Ihrige?«

»Das ist recht viel für einen Zulieferer«, sagte Marc unbewegt, »damit gehören wir schon zu den großen Arbeitgebern in der Türkei!«

»Sie machen Witze!« Er stippte seine Schirmmütze mit dem Zeigefinger etwas nach oben, ansonsten blieb er regungslos stehen.

Marc überlegte. Hat der etwa in Deutschland Betriebswirtschaft studiert?

»Unser größter Partner sitzt in China!« log Marc. »Und wenn Sie so gute Verbindungen zum türkischen Finanzamt haben, können Sie dort ja nachfragen und sich meine Zahlen bestätigen lassen!«

Der Polizist blieb noch kurz stehen, dann gab er die Tür frei. »Kommen Sie mit.«

Als Pia am Morgen mit ihrer erneuten Hiobsbotschaft von dem katastrophalen Aufmacher der Zeitung an Deck gekommen war, wurde sie von Anja und Uli bereits erwartet. »Wir wissen es schon«, empfing Anja sie niedergeschlagen, und die beiden Frauen nahmen sich in die Arme.

»Ist dein türkischer Anwalt jetzt endlich aufgewacht?« Ulis Stirn war umwölkt, und sein Unterkiefer arbeitete, was seinem jungenhaften Gesicht etwas ungewohnt Männliches gab.

»Ich nehme an, er frühstückt noch ...« Pia deutete auf ihre Uhr. »Vor zehn läuft da nichts!«

»Man möchte ins Wasser springen, ans Ufer schwimmen und alles selbst in die Hand nehmen!«

»Ich glaube, du könntest sogar das Beiboot nehmen«, Pia rang sich ein müdes Lächeln ab, »und es würde nichts ändern. Was willst du an Land tun? Marc finden? Und dann? Entführen? Aus dem Polizeigewahrsam befreien? Wir können nur auf diesen gottverfluchten Anwalt warten und hoffen, daß er eine Idee oder – noch besser – Macht hat!«

Nadine trat hinzu und mit ihr nach und nach alle Jugendlichen. Ob geduscht oder ungeduscht, heute war Pia das egal. Während des Frühstücks folgte sie der Diskussion nur mit halber Aufmerksamkeit. Egal, was hier gesagt wurde, es konnte ihr nicht helfen. Pia machte sich Sorgen, und die konnte ihr keiner abnehmen.

So bald wie möglich stahl sie sich mit ihrem Handy vom Frühstückstisch weg, setzte sich unter das Sonnensegel auf eine der Matratzen des Vordecks und schaute regungslos in die Ferne.

Alissa war kurz nach ihr aufgestanden, aber sie hatte Pia erst eine Weile von weitem beobachtet, bevor sie Mut faßte, hinging und sich einfach neben ihr niederließ.

»Wenn ich irgendwas für dich tun kann?«

Pia hatte sie nicht angeschaut, aber einen Arm um sie gelegt und weiter geschwiegen. Gemeinsam schauten sie eine Weile aufs Meer.

»Das Dumme ist«, sagte sie endlich, »daß man überhaupt nichts tun kann! Wir diskutieren und reden und diskutieren und reden, so wie gerade beim Frühstück, aber letztendlich sind es eben doch nur Worte. Wir sitzen hier wie die Fliegen im Netz einer Spinne! Unfähig, etwas gegen sie zu tun!«

»Und das aus deinem Mund! Wo du doch immer Rat weißt!«

Pia schenkte Alissa ein Lächeln und drückte sie kurz an sich.

Dann saßen sie wieder schweigend nebeneinander, Pia mit dem Handy in der Hand, dessen Wiederholungstaste sie alle zehn Minuten drückte, was Alissa an die Holzperlenketten der Türken erinnerte, die sie auch rhythmisch und immerfort durch Zeigefinger und Daumen gleiten lassen.

Schließlich hatte Pia Erfolg. Sie sprang auf, und als sie den türkischen Anwalt endlich am Ohr hatte, erklärte sie ihm, was gestern passiert war, und daß die Dimension mit dem heutigen Zeitungsaufmacher eine noch größere sei.

Anscheinend fand der Anwalt das auch. Möglicherweise rechnete er auch bereits.

Alissa beobachtete Pia, die eine Weile nur zuhörte und immer wieder nickte. Und dann fiel ihr Blick an Pia vorbei auf ein Schiff, das sich ihnen mit hoher Geschwindigkeit näherte. »Pia«, sagte sie aufgeregt, erntete aber nur einen zurechtweisenden Blick und die Geste, still zu sein. »Das Polizeiboot kommt«, rief sie trotzdem. Pias Augen folgten ihrem ausgestreckten Zeigefinger, und jetzt unterbrach sie die Ausführungen des Anwalts.

»Augenblick bitte«, sagte sie, nun ebenfalls aufgeregt, »ich sehe gerade, daß sich das Polizeiboot nähert. Wer weiß, vielleicht bringen sie ihn ja zurück …« Sie lauschte kurz. »Fotograf? Es ist einiges los«, sie ließ ihren Blick schweifen, aber ihre Augen kehrten gleich wieder zu dem mausgrauen Schiff zurück, das sich mit hoher Geschwindigkeit näherte. »Kann jeder auf jedem Schiff sein. Aber wenn sie ihn jetzt fotografieren, wäre es doch eher gut! Das könnte dann die heutige Geschichte wieder etwas ausbügeln …« Und dann verabschiedete sie sich hastig mit dem Versprechen, gleich wieder anzurufen.

Der Kapitän kam zu Pia gelaufen, und mit ihm alle anderen.

»Was kriegt man eigentlich, wenn man einem türkischen Polizisten eine auf die Fresse haut?« wollte Uli von Ferhat wissen.

Ferhat warf Uli, der drahtig, aber schmal neben ihm stand, einen kurzen Blick zu. »Einem türkischen Polizisten kann man nur dann eins draufgeben, wenn man allein mit ihm ist und sich sicher sein kann, daß man keinen zweiten

Schlag braucht ...« Er grinste schräg. »Ansonsten sollte man es besser sein lassen!«

»Aber es muß ja schließlich jemanden geben, an den man sich wenden kann, wenn man schlecht oder unfair behandelt wird!«

Ferhat zuckte die Achseln. »Zunächst muß man beweisen, daß man schlecht oder unfair behandelt wurde.« Er rief Shabaz ein kurzes Kommando zu, damit er dem Polizeiboot beim Anlegen half.

Alissa sah, wie Pia ihre Fäuste schloß und dabei ihre Fingernägel in die Handballen preßte. Sie konnte es nachvollziehen. Wer weiß, welche Nachricht jetzt kam.

Sie standen alle aufgereiht an der Reling, und keiner sagte ein Wort, bis Kim ein befreiendes »Papa!« rief. Tatsächlich, sie hatte ihn als erste gesehen, er kam aus dem Deckshaus heraus und winkte herüber.

»Gott sei Dank«, flüsterte Pia und wischte sich mit dem Handrücken die Tränen weg, die ihr vor Erleichterung in die Augen schossen. In der gleichen Reihenfolge, wie sie ihn mitgenommen hatten, brachten sie ihn auch wieder zurück. Voraus ging der deutschsprachige Polizist, dem sie stumm Platz machten, dann kam Marc, über den sie sofort alle herfielen. Allen voran Pia. Sie hing an seinem Hals, und er schloß lächelnd die Arme um sie. »Keine Sorge«, sagte er. »Ich bin noch heil.« Und er fügte laut hinzu: »Schließlich wollen die Freunde aus der Türkei doch ein demokratischer Rechtsstaat werden ...«

Der Polizist sagte nichts dazu, sondern wandte sich an die vier jungen Leute, die neben Nadine und Anja standen. Kim hatte sich währenddessen ebenfalls an Marc geschmiegt, und so stand er mit seinen beiden Frauen und hatte jeder von ihnen einen Arm um den Rücken gelegt. Alissa hätte sich gern dazugesellt, aber sie gehörte nicht zur Familie; so blieb sie stehen, bis sich die drei voneinander lösten. Erst dann ging sie hin und küßte ihn rechts und links auf die Wange.

»Alles wieder gut?« fragte sie.

»Bis auf die Flöhe, die ich mitgebracht habe, ja«, antwortete er und mußte lachen, weil Kim und Alissa spontan zurückfuhren. Zu Pia sagte er halblaut: »Ich weiß nicht, diese ganze Sache stinkt zum Himmel!«

»Hauptsache, du bist heil zurück!« Sie umarmte ihn erneut. »Alles andere ist mir so was von egal!«

»Auch die Flöhe?« fragte er und kratzte sich demonstrativ hinter dem Ohr.

»Es sind bestimmt die schönsten Flöhe der Welt«, gab sie zur Antwort, und sie küßten sich, bis Ulis Stimme sie auseinanderfahren ließ.

»Nein, jetzt reicht's aber!« rief er.

»Was reicht?« fragte Pia und drehte sich nach ihm um.

»Da, schaut«, rief er und deutete auf die beiden Polizisten, »jetzt wollen sie Francos Freunde mitnehmen!«

»Wieso denn das?« Marc hatte sich von Pia gelöst und ging auf den Polizisten zu. »Die Pässe der vier haben Sie doch schon, was wollen Sie also noch von denen?«

Das kleine Lächeln im Gesicht des Türken kannte er schon, und es reizte ihn maßlos.

»Vier schöne Aussagen, unabhängig voneinander«, sagte er langsam und betont. »Auf Papier. Jeder für sich alleine.« Sein Lächeln verstärkte sich. »Sie wissen doch schon, wie das geht, Herr Richard ...«

»Was kann man dagegen machen?« Pias Flüstern war nicht leise genug.

»Nichts«, antwortete der Polizist lächelnd und gab seinem Kollegen eine schnelle Anweisung auf türkisch. Der nickte und erklärte den vieren gestenreich, daß sie sich etwas überziehen und dann mitkommen sollten. Zwanzig Minuten später legte das Boot ab, und Pia hing wieder an ihrem Handy. Sobald sie den türkischen Anwalt an der Strippe hatte, übergab sie das Telefon ihrem Mann und lauschte selbst, denn Marc war noch zu keiner ausführlichen Erzählung gekommen. Den anderen bedeutete sie, schon mal eine Flasche Lâl richten zu lassen. Sie hatte ihren Marc wieder, dafür gab sie gern vier Halbwüchsige in Zahlung – zumal es nicht wirklich gefährlich zu sein schien und Kim und Alissa noch bei ihnen an Bord waren.

Marc drückte ihr das Handy in die Hand, damit sie es ausschaltete. Er konnte Handys nicht leiden, hatte nie ein eigenes haben wollen und telefonierte nur im Notfall mit dem von Pia.

»Was sagt er?« wollte Pia wissen.

»Daß er 500 Euro Beratungshonorar bekommt und ansonsten die Sache für abgeschlossen hält. Die Polizisten haben mich wieder hergebracht, sie haben mir kein Haar gekrümmt, also was soll's. Ich hatte Wasser, ein Bett und eine Toilette, bin nicht gefoltert worden.«

Pia lachte auf. »Aber immerhin die Rechnung. Die hat er schon parat ...«

Marc strich ihr kurz übers Gesicht. »Laß doch. Vielleicht brauchen wir ihn ja noch einmal, wer weiß das schon!« Er schaute zu den ungeduldigen Gesichtern hin, die ihn am Tisch erwarteten. »Augenblick«, rief er, »aber jetzt muß ich erst mal ...«, und er sprang in voller Montur mit einem Kopfsprung über die Reling ins Wasser, »... Flöhe ertränken!« vollendete er seinen Satz, nachdem er wieder aufgetaucht war.

Die Zeitung zeigten sie ihm erst, nachdem er sein erstes Glas getrunken hatte. Marc hatte sich schnell geduscht und rasiert und fühlte sich schon wieder so, als sei überhaupt nichts gewesen.

Fürs Mittagessen war es noch zu früh, so tischte Hussein zur zweiten Flasche Wein in heißem Öl gebackene kleine Blätterteigpasteten auf. Alle griffen zu, saßen dabei um Marc herum, lauschten seiner Erzählung und schauderten beim Gedanken an die Zelle und die kratzige Militärdecke, die er am ausführlichsten beschrieb.

»In der Zwischenzeit ist die Zeitung von gestern da«, begann schließlich Pia.

»Ach, schon ...«, Marc nickte. »Sollte die nicht schon gestern kommen?«

»Ferhat hat sie herbeigezaubert. Zwanzig Minuten nachdem du weg warst, war sie da!«

»Aha?« Marc war erstaunt. »Das ging ja wirklich schnell!«

»Die lassen hier in der Türkei drucken«, klärte ihn Uli auf, »darum!«

»Da kannst du mal sehen!«

»Aber leider auch diese Ausgabe hier«, Pia zögerte noch kurz, dann legte sie ihm das aktuelle Blatt hin. »Ich nehme an, die Polizisten haben dich nicht darüber informiert.«

Marc verschluckte sich an seinem Wein, Nadine, die links von ihm saß, klopfte ihm kräftig auf den Rücken.

»Das ist doch ...« Er nahm das Blatt in beide Hände und hielt es so vor sich, als ob es eine Fälschung sei. Dann erst legte er die Zeitung vor sich auf den Tisch und beugte sich darüber.

»Mordverdacht ...«, murmelte er, »die sind doch total übergeschnappt!« Er schaute Pia an. »Hast du schon mit Michael telefoniert?«

»Eigentlich durchgehend ...«, sagte sie und verzog das Gesicht. »Aber zu diesem Zeitpunkt war mir noch wichtiger, dich wieder heil zurückzubekommen. Ich wußte ja nicht, was die mit dir anstellen würden. Michael hat mir diesen deutschsprachigen Anwalt in Ankara vermittelt, mit dem du vorhin gesprochen hast. Und er versucht gerade herauszufinden, wer hinter diesen Fotos steckt. Und außerdem will er natürlich eine Gegendarstellung bewirken.«

»Kleingedruckt, letzte Seite, das kannst du haken, wenn du nicht Caroline von Monaco heißt!«

»Ich habe ihm vorgeschlagen, uns ein Exklusivinterview mit ›Stern‹, ›Focus‹ oder ›Spiegel‹ zu verschaffen.«

»Hm.« Marc studierte noch immer die beiden Fotos. »Hast du nicht gefilmt oder fotografiert, als mich die beiden Polizisten mitgenommen haben? Dann hätten wir vielleicht das betreffende Schiff mit dem Fotografen irgendwo im Hintergrund.«

Pia schüttelte den Kopf. »Türkische Polizisten im Dienst fotografieren? Und auch noch gleich ihr Schiff mit diesem Dingsda, dem Maschinengewehr drauf? Ich befürchte, das wäre mir nicht so gut bekommen.«

»Das sind diesmal besonders schöne Ferien.« Marc schenkte sich das Glas voll und hielt es in die Runde: »Auf unseren Urlaub!«

Später wollte Marc segeln. »Wenn wir schon von diesem Kahn nicht herunterkommen, dann sollen sie sich bei ihrer Observierung wenigstens anstrengen müssen. Ferhat, ich kann diese Bucht nicht mehr sehen!«

Ferhat und die ganze Mannschaft waren froh darüber. Die Untätigkeit schürte Aggressionen, das ewige Herumsitzen ging allen auf die Nerven. Sie lichteten den Anker, und als sie auf dem offenen Meer waren, bauten sie die Sonnensegel ab und begannen, Segel zu setzen. Dazu hängten sich alle vier Crewmitglieder an eine Trosse und setzten wie beim Glokkengeläut ihr gemeinsames Körpergewicht gleichzeitig ein, um die schweren Segel nach oben zu ziehen.

Es war immer wieder ein tolles Schauspiel, und Alissa genoß es auch heute, obwohl sie dabei ein schlechtes Gewissen hatte. Alles war so furchtbar, und trotzdem war sie entschlossen, den Urlaub zu genießen. Wer wußte schon, ob sie jemals wieder in den Genuß eines Segeltörns kommen würde?

Sie hatte sich mit Kim auf die hintere Liegefläche dicht an die wulstigen Rückenlehnen gesetzt, um niemandem im Weg zu sein. Kim hielt ein Glas frisch gepreßten Orangensaft in der Hand und trank in kleinen Schlucken. Das Fruchtfleisch, das ihr an der Lippe hängenblieb, angelte sie mit der Zungenspitze. Sie sah so nachdenklich aus, daß Alissa ebenfalls schwieg. Sie wollte sie nicht stören.

Und sie fand auch, daß irgend etwas zwischen ihnen war. Die Ungezwungenheit, die in der Schule dagewesen war, dieses stille Einvernehmen in vielen Dingen, das gemeinsame spontane Lachen, alles war einer seltsamen Gezwungenheit gewichen, von der sie nicht wußte, wie sie sie ausräumen sollte.

»Du hast meiner Mutter das Händchen gehalten«, sagte Kim plötzlich. »Das war nett von dir!«

Alissa sah sie überrascht an. Das war es also. Sie war ins falsche Lager gerutscht, in das Mutterlager, während Kim auf der Seite der unbekümmerten Teenies stand.

»Es war nicht leicht für sie. Ich fand, etwas Beistand konnte sie gebrauchen. Es war ja nicht abzusehen, daß Marc heute schon wieder zurückkommen würde.« Sie zögerte. »Sie tat mir leid!«

Kim nahm einen kleinen, schnellen Schluck. »Ich nicht? Marc ist mein Vater, ich hätte auch Beistand gebrauchen können!«

Alissa war irritiert. »Ich weiß. Aber nachdem wir zusammen an der Reling gestanden hatten und du mir von früher, von deinen Ängsten und von deinen Vermutungen, erzählt hast, warst du für mich doch plötzlich unerreichbar. Ich kam überhaupt nicht mehr an dich ran, es war ja fast, als ob dir deine Ehrlichkeit mir gegenüber leid getan hätte!«

Kim stellte ihr leeres Glas neben sich und umschlang ihre Knie, ganz so, wie ihre Mutter es gestern auf dem Bugspriet getan hatte. »Nicht das, was man tut, ist ausschlaggebend, sondern das, was man fühlt!«

»Woher soll ich wissen, was du fühlst, wenn du was ganz anderes tust?«

Sie dachten beide nach.

»Irgendwie scheint es doch wohl mit deiner Mutter zusammenzuhängen.«

Kim seufzte und legte ihren Kopf schräg auf ihre Knie. »Ich hab da eine Blockade«, sagte sie leise. »Ich weiß auch nicht, warum. Ich kann meine Mutter einfach nicht in den Arm nehmen. Sie nervt mich, wenn ich sie nur sehe.« Sie schaute unvermittelt auf und Alissa direkt in die Augen. »Ist das normal?«

»Ich kann mit deiner Mutter auch besser als mit meiner!«

Es war kurz still, dann mußten sie beide lachen. Der Bann war gebrochen, Alissa atmete auf.

»Jetzt bin ich aber froh«, sagte sie. »Ich habe schon befürchtet, du hättest was gegen mich!«

»Nur, weil du mit meiner Mutter flirtest?« Sie lachten wieder, und Kim legte ihren Arm um Alissas Schultern.

»Apropos flirten – Riccardo war ganz schön scharf auf dich, was?«

Alissa zuckte die Achseln. »Ist aber nicht mein Typ. Zu schön, zu draufgängerisch, zu cool, zu selbstherrlich. Kein richtiger Mann.«

»Ach?« Kim horchte auf. »Wie muß ein richtiger Mann für dich aussehen?«

»Also einer ohne viel Chichi, einer, der einfach nur er selber ist und nicht ständig irgendeine Rolle spielen muß. Eigentlich glaube ich, daß Riccardo ein ganz unsicherer Kerl ist, und das zwingt ihn dazu, immer groß zu tun.«

»Hm«, Kim überlegte. »Das ist mir gar nicht aufgefallen. Ich fand ihn nur witzig – ja, und doch schon ziemlich männlich. Hast du dir seinen Body angeschaut? Männlicher geht's doch gar nicht!«

Alissa grinste schräg. »Ja, Sixpacks und 'ne Hasenpfote in der Badehose, schon klar! Italiener halt!«

»Und Jens?«

»Sieht besser aus und ist lieber!«

»Ohh!«

»Nichts ›ohh‹! Du hast mich gefragt. Und außerdem hat er wunderschöne Zähne und ein sehr gefährliches Lächeln!«

»Doch ohh!«

Alissa schüttelte den Kopf. »Trotzdem nicht mein Typ. Zu schöne Männer sind mir suspekt, die teilt man immer, hat ...«

»... deine Mutti gesagt ...«

»Richtig!«

Sie lachten wieder.

»Ach, Alissa, es ist schön mit dir!« Kim hielt sie umschlungen, und sie wiegten sich im Rhythmus der Wellen.

»Wenn nur das mit deinem Vater nicht wäre. In Deutschland laufen deswegen sicherlich die Telefone heiß!«

»Ja, in Deutschland schon. Aber mein Vater will nichts davon wissen, er blockt alles ab. Meine Mutter sagte mir vorhin, er hätte ihr sogar verboten, mit seiner Firma zu telefonieren. Dort stehen alle kopf, kannst du dir ja vorstellen.«

»Deiner Mutter verboten ...?« Alissa zog ihre Augenbrauen und Mundwinkel hoch.

»Ja, manchmal versucht er so was. Allerdings ...«

»... ohne Erfolg!«

»Sowieso! Du kennst ja meine Mutter!«

Sie kreuzten vor der Küste, der Wind war stetig und stark, und als sie am frühen Abend eine Bucht suchten, hatte Alissa keine Ahnung mehr, wo sie waren.

»Gar nicht so weit von unserem gestrigen Platz«, klärte Uli sie auf. »Francos vermaledeites Rennboot liegt nur eine Landzunge weiter.«

Alissa zuckte die Schulter. »Es kann ja nicht wirklich was dafür ...«

Sie saß mit ihm am Bug des Schiffes auf den Planken, das Backgammon-Brett hatten sie auf einen umgestülpten Eimer gestellt, und Uli stand kurz vor seinem ersten Sieg.

»Meinst du, sie bringen Chara und die anderen noch heute abend zurück?« wollte Alissa wissen.

»Von mir aus können sie noch eine Nacht außer Haus bleiben«, erklärte Uli und zwinkerte ihr zu. »Ich vermisse sie nicht!«

»Aber die bringen der türkischen Polizei doch nichts ...«

»Wer weiß, worum es denen überhaupt geht. Marc hat ihnen ja auch nicht wirklich was gebracht!« Er nahm seinen Stein hoch. »Siehst du das?« Er grinste. »Alissa, was bekommt der Sieger?«

»Nichts. Das hätten wir vor dem Spiel ausmachen müssen!« Sie betrachtete ihre verbliebenen Steine nachdenklich. »Scheint, daß du ausgemachtes Glück gehabt hast – aber trotzdem, wozu wollten die den Umsatz von Marcs Geschäftspartnern wissen, das geht doch die Polizei überhaupt nichts an.«

»Keine Ahnung! Sie werden sich schon was dabei gedacht haben – und jetzt würfle, damit ich endlich den Sieg verkünden kann, mir schlafen schon die Beine ein!«

Alissa verfiel in eine Denkerpose und grinste ihn schließlich von unten nach oben an. »Ich kann schnell oder langsam machen. Was ist dir das wert?«

Uli streckte sein linkes Bein aus und massierte das Knie. »He, was meinst du?«

»Wer will Wasserski fahren?« Kim lief über das Schiff, die Hände wie einen Trichter um den Mund gelegt. »Wasserski-Time«, rief sie und blieb vor Uli und Alissa stehen.

»Los«, sagte sie. »Auf! Ihr könnt nachher weiterspielen!«

»Gott behüte!« Uli stand langsam auf und streckte sich. »Wenn du jetzt ziehst, können wir gehen.« Er beugte sich leicht zu Alissa hinunter. »Jetzt ist das Meer glatt, wer weiß, wie es in einer halben Stunde ist.«

»Du meinst, ich brauche eine halbe Stunde?«

Sie zog. »Et voilà, der Sieg sei dein!«

Auf dem Weg in ihre Kabine sah sie Nadine und den Kapitän an der kleinen Bar des Deckhauses sitzen. Sie unterhielten sich angeregt, und Nadine sah ungewohnt entspannt aus. Ob sie ein Loser, der den Job gerade verloren hatte, mehr anmachte als ein Erfolgshengst, der er als Kapitän war, Typ Immerobenauf, Marke Friedrich?

Alissa lief die Treppen hinunter, an der winzigen Kombüse vorbei, aus der es schon wieder verführerisch duftete, in die rechte Heckkabine, die sie mit Alissa teilte und die neben der von Pia und Marc lag. Sie liebte diesen holzvertäfelten Raum, das zartrosa bezogene Bett und den Widerschein des bewegten Wassers, der durch die Sprossenfenster hereinfiel und sich an der gegenüberliegenden Wand auf dem hellen Schrank spiegelte. Es war ihr kleines Paradies, mehr hätte sie gar nicht gebraucht.

Sie zog die Schublade heraus, um ihren Bikini gegen einen Badeanzug zu tauschen, da piepste es. Sofort ließ sie den Badeanzug Badeanzug sein und suchte ihr Handy. Es lag auf dem kleinen Nachttischchen neben einem Buch, von dem sie noch keine einzige Zeile gelesen hatte.

Falk! Es war zu schön. Sie nahm das Handy in die Hand. Und nicht seine erste SMS, wie sie jetzt sehen konnte. Warum hatte sie das Handy nicht mit nach oben genommen? Sie hatte es über der Aufregung des Tages schlichtweg vergessen.

»Ich würde dich gern mal wiedersehen«, schrieb er in seiner ersten Nachricht. »Wo steckst du denn? Und – geht es euch gut?«

In der zweiten stand: »Muß ich mir Sorgen machen? Kann ich etwas tun? Seid ihr noch in der Nähe?«

In der dritten: »Ohne Anhaltspunkt ist die türkische Küste einfach zu groß. Trotzdem – für einen Kaffee mit dir würde ich mich aufschwingen. Allerdings muß ich wissen, wohin. Vielleicht mach ich mir jetzt doch Sorgen, melde dich doch, Falk!«

Ihr Herz pochte, und sie setzte sich aufs Bett. Das war einfach überwältigend. Er warb um sie. Ganz eindeutig. Sie fühlte sich leicht und emporgehoben und außergewöhnlich. Ein herrliches Gefühl, sie lächelte vor sich hin, und als ihr das auffiel und sie sich deshalb dämlich vorkam, begann sie zu schreiben.

»Lieber Falk, haben den ganzen Tag gesegelt, um den Streß abzubauen. Marc hat es mit dieser Zeitungsgeschichte ziemlich erwischt, auch wenn er so tut, als ob ihm das nichts anhaben könnte. Aber er läßt die Dinge auf sich zukommen und macht sich im voraus kein Kopfzerbrechen. Das ist eine beneidenswerte Eigenschaft, finde ich. Ich denke über alles viel zuviel nach. Aber ich freu mich, daß du dich gemeldet hast, und ich würde dich auch gern wiedersehen. Wir sind gar nicht so weit weg, nur eine Bucht weiter oder, wie ein Mitfahrer hier sagt, nur eine Landzunge vom Rennboot entfernt. Weiß zwar nicht genau, wo das jetzt exakt ist, aber ich denke, daß wir uns die nächsten Tage mal in Fethiye treffen können, wenn sich alles entspannt hat und du dann noch da bist – was ich hoffe. LG Alissa«

Die Nachricht wurde in mehreren Teilen gesendet, und Alissa lauschte dem jeweiligen Signal andächtig. Am liebsten wäre sie mitgeflogen. Einmal Satellit und zurück. Versonnen zog sie ihren Bikini aus und streifte sich den Badeanzug über. Wasserski. Sie war noch immer nicht im Wasser gewesen, der Gedanke an einen tot herumschwimmenden Franco war noch zu übermächtig. Vor allem fielen ihr seither ständig Filme mit Wasserleichen ein, und sie hatte eine gute Phantasie. Aber auf Wasserskiern war man schnell, da kam keine Wasserleiche hinterher.

Sie nahm einen Haargummi mit und ging aus der Kabine. In der Tür drehte sie wieder um. Wer weiß schon, wie neugierig Kim war. Schließlich wohnten sie hier zusammen, da war die Verlockung groß. Sie versteckte ihr Handy unter ihrem Kopfkissen und ging hoch, an der kleinen Bar vorbei.

Nadine lachte laut und herzlich, und Ferhat war auch schon gelöster, als man sich das bei einem eben entlassenen Kapitän vorstellen würde. Es ging beiden schlecht, sollten sich die beiden guttun! Alissa grinste beim Hinausgehen. Wie gut sie das verstehen konnte. Es gab doch einfach nichts Schöneres, als sich zu verlieben. Adrenalin in kurzen Schüben durch den ganzen Körper, oben drauf 'ne heiße Birne und innen drin den übermächtigen Wunsch, die Welt auszuschließen und sich im winzigsten Zimmer einzuschließen mit nichts als einem riesigen Bett, einer Badewanne und vielen, vielen Kerzen. Champagner vielleicht noch. Aber nicht nötig. Bei richtig heißer Liebe genügt auch Mineralwasser. Oder eine Gallone Kalterer See.

Kim saß schon in eine Schwimmweste eingepackt auf der untersten Stufe der Schiffstreppe, hatte die Füße in den Gummilatschen des Monoskis versenkt und klebte sich eben die Handschuhe zu. Shabaz hatte das Schnellboot in Stellung gebracht und die Leine ausgeworfen, die träge auf Kim zukam.

»Oh, Kim, ich drück dir die Daumen!« rief Alissa. Pia war die unumfochtene Meisterin auf dem Monoski, gefolgt von Uli, der sich stets durch sie herausgefordert fühlte. Aber heute hatte Pia keine Lust. Marc verkündete zwar, daß er mal wieder Mono versuchen würde, aber heute nicht, und außerdem fehlte ihm sowieso der rechte Wille zur sportlichen Höchstleistung. Er fand es gemütlicher, sich in der Hausfrauenstellung, wie er sagte, auf zwei Skiern hinterherziehen zu lassen. So achteten jetzt alle auf Kim, und Alissa ahnte, daß es für sie eine Zitterpartie war. Sie wollte auf alle Fälle beim ersten Mal rauskommen, das war sie sich und ihrer Jugend schuldig.

Sie hatte das Trapez ergriffen und die Leine auf die richtige Seite ihres Skis gelegt. Shabaz fuhr langsam in Richtung des offenen Meeres, das Seil spannte sich, und in dem Moment, als Kim »go!« schrie, gab er Gas. Ein Ruck, der Ski zog an, sie kam aus ihrer Hockstellung hoch und stand. Alissa atmete auf. Wenn sie selbst fuhr, war ihr das egal, auch wenn es sie fünfmal reinhaute, aber für Kim war ein gelungener Start wichtig. Es sicherte ihr ein Erfolgserlebnis und somit einen konfliktfreien Abend, dessen war sich Alissa sicher.

Alle beobachteten, wie Kim gegen das Licht übers Wasser schwebte, elegant die Wellen des Motorboots kreuzte und schließlich, nach der zweiten Runde, von Shabaz in nächster Nähe zur »Dogukan« mit einer souveränen kleinen Kurve entlassen wurde. Sie kam bis fast vor die Treppe gefahren, bevor sie langsam, aber effektvoll unterging.

»Klasse!« schrie Alissa, und alle klatschten. Das gehörte dazu. Im Vorfeld wilde Anfeuerungen, Beschimpfungen, Diffamierungen, Prophezeiungen, die ganze Palette, um dem Kandidaten den Start zu erschweren, ihn möglichst gleich kopfüber untertauchen zu sehen, zum Schluß dann uneingeschränkter Jubel, absolute Begeisterung, selbst wenn jemand ohne Skier zurückgeschwommen kam oder den Kopf unter dem Arm trug. Es war ein Ritual, durch die Jahre gefestigt, das Einläuten des Abends. Dann noch duschen, umziehen und sich auf das Abendessen und die Stunden danach freuen. Zusammensitzen, reden, sich menschlich nah und wohl fühlen.

Nach dem Abendessen holten sie die Fragen wieder ein.

»Was wollen die jetzt bloß mit Inka und den anderen. Die wurden von Franco aufgegabelt, die haben sich gefreut, auf so einem tollen Schiff mitfahren zu können, die wollten die Party, mehr nicht.« Kim schaute in die Runde.

»Gehen sie dir ab?« Uli schenkte sich das Glas noch einmal voll. »Mir nicht!« Er stellte die Flasche hart auf den Tisch zurück.

»Darum geht's doch gar nicht!« Kim verzog das Gesicht. »Die sitzen jetzt in diesem Loch, und keiner weiß, wofür. Ist doch idiotisch!«

»Das ist es«, bestätigte Marc. »Aber es wird ihnen nichts passieren. Sie schreiben ihre Geschichte auf, und dann ist es gut. Morgen sind sie wieder da. Eine neue Erfahrung in einem jungen Leben ...« Er grinste.

»Wie bei dir, was?« Uli boxte ihn leicht in die Seite.

»Ja, wenn Franco nicht tot wäre und man mich nicht gerade in den Headlines killen würde, könnte ich tatsächlich darüber lachen!« Er gähnte verstohlen. »Aber heute bin ich ein bißchen angeschlagen, fürchte ich!«

Pia legte ihre Hand auf seine. Sie saßen dicht beieinander in die Sitzpolster der Nische geschmiegt.

»Ich denke, wir machen es wie in den Flitterwochen und gehen einfach früher«, sagte sie mit einem schelmischen Lächeln, das ihr gleich darauf entgleiste. Sie riß entsetzt die Augen auf, und alle, die eben noch mitgelächelt hatten, starrten erst sie an und folgten dann ihrem Blick. Alissa saß mit dem Rücken zum Heck, und ihr Blut gefror. Stand Francos Leiche hinter ihr?

Bevor sie sich umdrehen konnte, hörte sie Kims Aufschrei und spürte etwas Metallisches, Kaltes an ihrem Hinterkopf. Ein Rohr. Alissa erstarrte.

»Und jetzt wollen wir wissen, wo Franco das Zeug versteckt hat!«

Die Stimme war genau hinter ihr, sie glaubte den Atem an ihrem Ohr zu spüren. Sämtliche Härchen stellten sich ihr auf, sie wagte sich nicht zu rühren.

»Los!« hörte sie, und der Druck gegen ihren Kopf wurde stärker.

»Ich ... weiß nichts«, stammelte sie.

Die anderen sagten kein Wort.

»Aufstehen!« Eine Hand legte sich auf ihre Schulter, sie sah schwarze Handschuhe, und es wurde ihr auf der Stelle schlecht. »Los!« Die Stimme klang gepreßt.

Alissa stand langsam auf.

Ihr gegenüber hatte sich Pia gefaßt. Sie stand ebenfalls auf. »Was soll das?« fragte sie barsch. »Verschwinden Sie von diesem Schiff, was fällt Ihnen ein?!«

»Schnauze!« hörte Alissa hinter sich zischen, dann wurde sie von der schwarzen Hand grob herumgedreht. Sie schaute direkt in die Mündung einer Pistole, dahinter zwei dunkle Augen, die sie durch die Löcher einer schwarzen Strumpfmaske hindurch fixierten. Sie schwankte.

»Was wollen Sie? Was soll der Unsinn?« fragte jetzt auch Marc, und im Befehlston: »Lassen Sie das Mädchen los!«

Aber jetzt sah Alissa den anderen Mann, der breitbeinig vor dem Steuerrad stand, eine Maschinenpistole in den Händen.

»Franco war hier an Bord«, begann der Mann hinter Alissa wieder, jedes Wort eigentümlich betonend. »Was hat er gebracht?«

Pia stand noch immer. »Was hat er gebracht? Was soll er gebracht haben?! Nehmen Sie die Pistole von dem Mädchen, sie hat doch Angst, sehen Sie das nicht?«

»Setz dich!« Er nahm die Waffe kurz von Alissas Gesicht und deutete damit auf Pia. Marc zog sie herunter, sie ließ sich widerstrebend sinken.

»Wir verstehen nicht, was Sie wollen!« Uli saß Alissa am nächsten. Es war seinem Gesicht anzusehen, daß er über einen Angriff nachdachte. »Franco hat uns besucht, das ist alles. Er hatte eine Badehose an und vier junge Freunde dabei, mehr nicht.«

»Wo war er?«

»Wo er war? Hier, an Bord. An diesem Tisch.«

»Aufstehen! Langsam raus!« Sein Kumpan richtete die Waffe auf sie. »Einzeln«, sagte er. »Hier hinsetzen!« Er wies mit dem Kopf auf die Liegefläche am Heck des Schiffes. »Langsam!!«

Alissa blieb stehen, bis sich alle, einer neben dem anderen, wie die Hühner aufgereiht auf das dicke Polster gesetzt hatten. Zum Schluß bekam auch sie einen Wink. Sie zögerte noch, weil sie noch immer die Pistole auf sich gerichtet sah, aber er nickte und schaute ihr nach, bis sie bei den anderen war. Dann nahm er die Polster von den Sitzen, stapelte sie auf dem Tisch, tastete die Bank und die Holzvertäfelung dahinter mit schnellen, sachkundigen Griffen ab und leuchtete mit einer starken Taschenlampe unter die Bank. Von dort aus tauchte er wieder auf, untersuchte die auf dem Tisch liegenden Polster, riß die Reißverschlüsse auf und zog die Schaumstoffkissen heraus.

»Wenn Sie uns sagen, was Sie suchen, können wir vielleicht helfen«, schlug Kim vor.

Er hielt kurz inne und musterte sie. Kim sah ihn herausfordernd an. »Nichts, was ihr uns geben würdet, wenn ihr es hättet!«

Wieder hackte er die Silben ab, und Pia musterte ihn nachdenklich. War er ein Ausländer, oder tat er nur so? Beide hatten schwarze Hosen und schwarze T-Shirts an, schwarze Sportschuhe und schwarze Mützen über das Gesicht gezogen. Ihre Staturen glichen sich: Beide waren mittelgroß, breitschultrig, durchtrainiert.

»Wo war Franco noch?« Er winkte mit der Pistole zu Pia hin.

»Keine Ahnung, ich habe nicht ständig auf ihn geachtet. Aber er hat definitiv nichts an Bord gebracht, das wüßte ich!«

»Und seine Begleiter?«

Pia schaute Kim an, die mit den Achseln zuckte. »Höchstens Getränke. Cocktails vielleicht. Was hätten sie denn bringen sollen?«

Er scheuchte alle an den Tisch zurück und untersuchte die Liegefläche. Mein Gott, dachte Pia. Sonst gibt es immer viel zu viele Boote um uns herum, und ausgerechnet heute sind wir alleine auf Gottes weitem Meer.

In der Tat hatte Ferhat eine schöne, einsame Bucht gefunden. Die bewölkte Nacht ließ die nahen Felsen, an denen die Leinen des Schiffes befestigt waren, nur ahnen. Zwischendurch schimmerte der Mond auf dem bewegten Meer, ansonsten war es um sie herum völlig dunkel und windstill. Die Zikaden und die Wellen, die gegen das Boot schlugen, waren die einzigen Geräusche, und Pia wunderte sich, warum keiner die ankommenden Männer gehört hatte. Sie mußten doch mit einem Motorboot gekommen sein. Pia war vor allem unverständlich, warum der Kapitän und seine Mannschaft nichts wahrgenommen hatten. Wobei sich noch die große Frage stellte, wo sie überhaupt waren.

»Du kommst mit!« Als auch die Polster der Liegesitze nicht das hergaben, was der Fremde suchte, deutete er mit seiner Pistole auf Kim.

»Und was soll ich?« fragte sie mißtrauisch und blieb sitzen.

»Mitkommen!«

Kim warf Pia einen fragenden Blick zu, aber Pia zuckte nur die Achseln. Solange der Junge friedlich blieb, würde wohl nichts passieren.

»Geh ruhig«, sagte sie deshalb und beobachtete seinen Kumpan, der mit einer Maschinenpistole vor ihnen stand. Ob er mit so einem großen Ding überhaupt in der Lage war, schnell zu reagieren? Sie wußte es nicht, wollte es aber auch auf keinen Versuch ankommen lassen – und wer hätte es auch versuchen sollen? Marc war kein Draufgänger, er würde eher eine bequemere Lösung des Problems suchen. Uli spielte zwar gern den Helden, aber im Ernstfall wußte auch er, wo der Spaß aufhörte. Blieb also nur eine der Frauen, im Zweifel sie selbst. Aber warum sollte sie ihn anspringen, wenn sie noch nicht einmal wußte, was er eigentlich wollte?

Kim ging voraus und fühlte sich seltsam unwirklich mit der Pistole im Rücken. Sie überlegte, wie sie ihm eine Falle stellen, ihm die Pistole aus der Hand schlagen könnte. Aber es waren alles tolle Actionfilme, die ihr dazu einfielen und die mit ihrer Situation und ihren Möglichkeiten nichts zu tun hatten. Auf der anderen Seite: Vielleicht bereute man es später, wenn man sich nicht frühzeitig wehrte? Wer wußte schon, was diese Männer mit ihnen vorhatten?

Sie mußte ihm die einzelnen Kabinen zeigen, und er begann alle schnell und gründlich zu durchsuchen, nachdem er die jeweiligen Türen abgeschlossen hatte. Kim stand in einer Ecke und sah ihm dabei zu. Was konnte sie sonst schon tun? Sich im Hechtsprung auf ihn zu stürzen wäre lächerlich, denn er war stärker und zudem bewaffnet. Fliehen konnte sie nicht, da er den Schlüssel in seiner Hosentasche verwahrte. So blieb sie stehen und wartete einfach, bis er fertig war.

Als sie zu den beiden Heckkabinen hinunterstiegen, wurde ihr klar, wo die Mannschaft abgeblieben war. Ein weiterer bewaffneter Mann stand vor der Kombüsentür. Sie waren also zu dritt gekommen, hatten zunächst den Kapitän und die Crew überrascht und alle in die winzige Kombüse gepfercht, bevor sie die Aktion an Deck durchführten. Hoffentlich hatte da drin einer die Möglichkeit, Hilfe herbeizurufen.

»Und jetzt?« fragte sie.

»Weiter!« hörte sie und ging auf den dritten Maskierten zu, der breitbeinig im Weg stand und sie durch die Augenlöcher seiner schwarzen Maske hindurch musterte. Sie spürte seinen Blick fast körperlich und fühlte sich unwohl in ihrem kurzen Strandkleid.

»Dann muß er mich schon vorbeilassen«, sagte sie und blieb kurz vor ihm stehen.

Entweder verstand er deutsch, oder ihr Bewacher hatte ihm hinter ihrem Rücken ein Zeichen gegeben, jedenfalls drehte er sich zur Seite und stand nun mit dem Rücken zur Kombüsentür. Kim ging mit gemischten Gefühlen an ihm vorbei. Warum gerade er ihr körperlich so zuwider war, konnte sie sich selbst nicht erklären. Sie war nur froh, als sich die Kabinentür hinter ihr schloß und er draußen stand.

»Das ist die Kajüte von mir und meiner Freundin, da ist sicherlich nichts«, erklärte sie, aber er wies ihr wiederum eine Ecke zu. Von dort aus mußte sie zusehen, wie er die Schubladen mit ihrer Wäsche herausriß, sie einfach umstülpte, so daß alles auf den Fußboden flog, und den Schrank dahinter abklopfte. Er durchwühlte ihr Bett und riß die Matratze heraus. Ihr Handy fiel ihr auf, das auf dem Nachttisch lag. Wenn sie es nur irgendwie an sich nehmen könnte. Oben an Bord hatte keiner von ihnen ein Handy dabei, für die Mahlzeiten war das die Regel. Und jetzt, wo Marc zurück war, hatte auch Pia ihr Telefon wieder in der Kabine gelassen. Wenn sie ihn nur irgendwie ablenken könnte. Er müßte nur schnell rausgehen, das müßte reichen.

»Was ist denn da draußen los?« versuchte sie es und hielt den Kopf schief, als würde sie in Richtung Kombüse lauschen. Aber er klopfte weiter die Paneele ab und sah nicht einmal auf.

»Da ist doch was«, versuchte sie es noch einmal, erntete aber nur einen kurzen, unwilligen Blick. Er trug edle Turnschuhe aus schwarzem Wildleder – das sollte sie sich merken. Und sein Eau de toilette mußte sie sich auch einprägen – vielleicht konnte es irgendwann mal den entscheidenden Hinweis liefern. Sein schwarzes T-Shirt klebte ihm am Körper. Er hatte beachtliche Muskeln, ein durchtrainierter Typ mit Stil, denn auch sein Gürtel war ein Markenprodukt. Was hier aber nicht viel hieß, sagte sie sich gleich darauf, im Land der Designerfälschungen konnte billig sein, was teuer aussah.

Jetzt war er dabei, das Zusatzbett, das an der Wand befestigt war, auseinanderzunehmen.

Sie verschränkte die Arme und setzte ein gelangweiltes Gesicht auf.

»Was soll Franco denn so wahnsinnig Wertvolles in unserem Zimmer versteckt haben?« fragte sie schließlich. »Schmuck? Geld?«

Er hielt kurz inne und warf ihr einen Blick zu, und dann war es ihr mit einem Mal klar. »Scheiße!« flüsterte sie, und eine heiße Welle raste ihr durch den Körper, breitete sich in ihrem Kopf aus, so daß sie ihre brennenden Wangen spürte. Ihre Schultern suchten Halt an der Wand. Sie starrte ihn an, aber er suchte weiter.

Die vermuteten hier Rauschgift an Bord. Da war es ja fast besser, diese Kerle fanden es vor der Polizei. Drogen in der Türkei. Sofort fielen ihr Zeitungsberichte über verhaftete Deutsche ein, die mit nur wenigen Gramm am Flughafen oder sonstwo erwischt worden waren. Und in einem dieser Gefängnisse landeten, die unsäglich sein mußten. Sie spürte, wie ihr unter den Achseln der Schweiß ausbrach und sie gleichzeitig eine Gänsehaut bekam. Was war hier nur los?

»Ihr sucht Drogen!« sagte sie leise. »Aber wir haben nichts! Keiner von uns nimmt so was!«

Er richtete sich auf.

»Andere Kabine«, sagte er nur und wies mit dem Kopf zum Ausgang. Sie wartete, bis er die Tür aufgeschlossen hatte, und überlegte, was sie ihm über den Kopf donnern könnte. Aber es waren keine harten Gegenstände in ihrer Reichweite, und draußen stand sein Kumpan. Sie ging an ihm vorbei auf den Gang hinaus und von dort aus in die Nachbarkajüte. Wieder verfolgten sie die Augen des bewaffneten Kerls vor der Kombüsentür. Auch hier die gleiche Aktion, nur mit dem Unterschied, daß sich ihre Phantasie jetzt überschlug. Die Berlinerin Andrea fiel ihr ein, die bei der Ausreise mit sechs Kilo Heroin erwischt worden war. Zwölf bis dreißig Jahre Gefängnis hatten für die Achtzehnjährige auf dem Spiel gestanden, obwohl es das Gepäckstück ihrer Freundin war, die sie zu dem Türkeiurlaub eingeladen hatte. Sie hatten den Fall damals in der Schule diskutiert, aber er war so weit weg von jeder Realität, daß sie Andrea einfach für doof gehalten hatten. Und sie erinnerte sich auch an Alissas Referat, in dem sie erklärt hatte, daß Andrea noch Glück gehabt hätte, denn in Malaysia, Thailand oder Singapur drohe für das gleiche Vergehen die Todesstrafe – in Singapur gar durch Erhängen. Glück gehabt. Du lieber Himmel, sie war jetzt zwanzig Jahre alt. Zwölf Jahre Knast, da wäre sie uralt. Dreißig Jahre hinter Gittern konnte sie sich schon gar nicht ausmalen. Sie beobachtete den schwarz gekleideten Typen bei seiner Suche und leistete Andrea nachträglich Abbitte. Hoffentlich nützte das was für ihre eigene Situation.

»Wo ist es?« Er hatte sich aufgerichtet und starrte sie an. Er schwitzte, und unter seiner Strickmütze mußte er fast vergehen.

»Wenn ich es wüßte, würde ich es sagen! Ich glaube nur nicht, daß Franco so etwas getan haben soll!«

»Wo kann es noch sein?« gab er nur knapp zurück.

»Ich weiß nicht. In der Kombüse? Im Maschinenraum? In der Kajüte des Kapitäns?«

»Wo ist die?«

Er kam näher. Für Kim war er ihr schon viel zu nahe gekommen. Sie roch ihn. Eine Mischung aus frischem Schweiß und einem Eau de toilette, das ihr bekannt vorkam. Die Mischung war widerlich.

Sie trat einen Schritt zurück, aber er wollte nichts von ihr. Er wollte nur zur Tür. Erleichtert wich sie zur Seite aus, damit er aufschließen konnte. Dann ging sie ihm voraus zur Kajüte des Kapitäns. Sie lag gegenüber der Kombüse, war winzigklein und nur mit einem schmalen Fenster versehen.

Er deutete ihr an, draußen auf ihn zu warten.

Sie wäre lieber mit ihm in die enge Kabine gegangen. Die Augen des Typs, der noch immer breitbeinig vor der Kombüsentür stand, waren ihr unheimlich. Noch schlimmer war es, daß sie sein Gesicht, seine Mimik nicht sehen konnte. Sie blieb stocksteif stehen und verschränkte die Arme vor der Brust. Sein Brustkorb hob und senkte sich beim Atmen, sie befahl sich, nicht hinzusehen, gleichzeitig wollte sie aber irgend etwas an ihm entdecken, das ihr weiterhelfen könnte. Wer waren die Männer? Nicht einmal die Nationalität war klar. Der eine sprach deutsch, aber so seltsam, daß er gut auch Türke sein konnte.

In der Kombüse wurden Stimmen laut, anscheinend hatten sie da drin eine Meinungsverschiedenheit. Der Schwarze knallte mit dem Ellenbogen kurz gegen die Tür und bellte einen kurzen Laut, augenblicklich war es wieder still. Kim hatte nichts verstanden. Was hatte er da gesagt? War das Türkisch? Mußte es wohl sein.

In der Kapitänskajüte rumpelte es einige Male, dann kam der andere Maskierte wieder heraus. Kim atmete auf. Er hatte nichts gefunden, also hatte der Spuk jetzt ein Ende. Sie wollte ihm zur Treppe vorausgehen, aber er hielt sie am Oberarm fest und dirigierte sie in die Kajüte.

»Du bleibst hier!« Seine Wollmütze legte sich beim Reden um seinen Mund. Es sah seltsam aus, so ein gesichtsloser Kopf. Sie riß sich von diesem Anblick los.

»Warum?«

Er gab keine Antwort, sondern nahm den Schlüssel aus dem Schloß, um von außen abzuschließen.

»Du kannst offenlassen, ich passe auf!«

Jetzt bekam sie wirklich Angst. »Laß mir den Schlüssel«, bat sie. »Er ist mir unheimlich!«

Wie konnte sie einem Gangster mehr trauen als dem anderen? Es war ihr selbst unverständlich, und es nützte auch nichts. Er zog die Tür hinter sich zu und ließ sie allein. Sie stand in einem unbeschreiblichen Chaos, um sie herum war alles herausgerissen worden, am Kopfende des Bettes klaffte ein Loch im Holz. Automatisch suchten ihre Augen eine Fluchtmöglichkeit, aber das Fenster war nur eine schmale Öffnung nach draußen, dazu noch ein Schiebefenster. Es würde noch nicht einmal ihr Kopf durchpassen. Aber vielleicht ihre winkende Hand mit einem Tuch? Bloß, wohin sollte sie winken? Sie waren in der Bucht alleine, es gab höchstens ein paar Ziegen auf den Felsen, die sie sehen würden. Aber vielleicht hatte der Kapitän hier irgendwo ein Handy? Ein Funkgerät oder sonst etwas in der Richtung? Sie begann den Raum systematisch von links nach rechts abzusuchen, aber es nützte nichts. Außer Kleidung, Wäsche, Büchern und einer Flasche halb geleertem Raki gab es nichts. Sie ließ sich auf das Bett sinken und starrte die Tür an.

Oben saßen alle eng beieinander am Tisch. Sie sprachen kaum, jeder machte sich seine eigenen Gedanken.

»Ist doch lächerlich«, sagte Uli leise, »wir sind hier zu sechst, er ist alleine. Das wird doch zu schaffen sein!«

Ein unwilliger Wortschwall ergoß sich daraufhin über ihn, dieses Mal eindeutig türkisch. Ihr Bewacher spielte mit seiner Maschinenpistole.

Keiner sagte mehr was. Alle hatten vor einer unbeherrschten Reaktion Angst. »Besser nicht provozieren«, flüsterte Pia, ohne die Lippen zu bewegen. Sie war besorgt, Kim war schon zu lange weg. Was trieben die da unten? Und wie konnten sie die Kerle am schnellsten wieder loswerden?

Als der Mann, der mit Kim nach unten gegangen war, wiederauftauchte, atmete sie erleichtert auf. Sie wartete, daß Kim hinter ihm herkommen würde; als das aber nicht geschah, fragte sie laut: »Wo ist meine Tochter?«

Der Neuankömmling hatte sich leise mit ihrem Bewacher ausgetauscht, jetzt drehte er sich zu Pia um.

»Wir haben noch jemanden unten. Er paßt auf den Kapitän und die Crew auf. Er wird auch mit Ihrer Tochter fertig!«

»Was soll das heißen?« Diesmal kam Marc seiner Frau zuvor.

»Franco hatte eine Lieferung dabei. In seinem Rennboot war nichts. Also muß er es hier versteckt haben!«

»Warum sollte er?« fragte Marc.

»Und was für eine Lieferung?« wollte Pia im gleichen Atemzug wissen.

Er stand vor dem Tisch, die Arme verschränkt, seine Augen glitten langsam von einem zum anderen.

»Einer hier wird schon wissen, worum es geht ...«, sagte er langsam. Pia spürte, wie es ihr eiskalt den Rücken herunterlief. »Es wäre gut, wenn wir es jetzt erfahren würden!« fuhr er fort. Und dann schaute er Pia in die Augen: »Auch für Ihre Tochter!«

»Was hat meine Tochter damit zu tun?« brauste sie auf und wollte aufspringen, aber Marc drückte sie an der Schulter herunter.

»Weiß einer von euch über diese dubiose Lieferung Bescheid?« Keiner rührte sich. Marc drehte sich zu Alissa, die links von ihm am Kopfende des Tisches saß. »Alissa, diese jungen Leute, die mit Franco kamen. Haben die was erzählt?«

Alissa schüttelte entschieden den Kopf. »Mir nicht!« Sie dachte kurz nach. »Und ich glaube auch nicht, daß die von irgendwas eine Ahnung haben, die sind da ja auch nur einfach so reingeschlittert!«

»So! Glaubst du!« Seine Augen hatten sich durch die schmalen Sehschlitze der Maske auf sie gerichtet.

Sie gab seinen Blick zurück. »Das haben sie jedenfalls gesagt!«

»Nur dir? Oder dem anderen Mädchen auch?«

»Kim hätte mir gesagt, wenn da was gewesen wäre. Wir sind Freundinnen!« Sie reckte das Kinn trotzig vor.

Er ließ noch kurz den Blick auf ihr ruhen, dann wandte er sich abrupt an Marc. »Er hat es an Bord gebracht, wir sind sicher! Und Sie überlegen jetzt mal ganz genau, welche Chancen er gehabt hätte, einen zwanzig Kilo schweren Sack hier zu verstecken!« Er ließ seine Finger in den schwarzen Handschuhen knacken. »Sonst muß ich Ihre Tochter fragen!«

Pia spürte Panik aufsteigen. »Was nützt es, meine Tochter zu fragen, wenn sie nichts weiß?«

»Sie ist in der Kapitänskajüte ...« Er ließ den Satz in der Schwebe hängen. »Man könnte sie hier oben hören.« Wieder machte er eine bedeutungsvolle Pause. »Vielleicht fällt dann jemandem was ein!«

Er scherzte nicht. Pia spürte es.

Anja meldete sich zu Wort: »Was hätte das für einen Sinn, ein junges Mädchen zu quälen, wenn hier niemand etwas weiß? Wir waren ja noch nicht einmal an Bord, als das alles passiert ist!«

»Wer war nicht an Bord?«

Alissa spürte auf ihrem Oberschenkel plötzlich ein Vibrieren. Sie tastete nach der aufgenähten Tasche ihrer Hose. Mein Gott, sie hatte sich beim Umziehen ihr Handy eingesteckt. Klar, sie wollte Falks Antwort nicht verpassen. Hoffentlich fiel das keinem von denen auf. Das war ihre große Chance! Sie fingerte vorsichtig danach und hörte nur mit halbem Ohr, wie Marc dem schwarz gekleideten Typen vorschlug, das Schiff noch einmal gemeinsam Zentimeter für Zentimeter abzugehen. »Vielleicht sollten wir den Kapitän mitnehmen?« fügte er noch hinzu. »Der kennt sein Schiff ja wohl am besten.«

»Und genau der wird am wenigsten sagen!«

Aber er willigte ein, und am Tisch atmeten alle auf. Nadine war vor Erleichterung einem Heulkrampf nah. »Die Schlacht ist noch nicht gewonnen«, dämpfte Anja leise.

Nadine nahm ihre Hände vom Gesicht, strich ihr gepflegtes kinnlanges Haar mit einer langsamen Geste nach hinten und sagte aus vollem Herzen: »Wenn nur Friedrich da wäre!«

»Und Friedrich würde uns jetzt retten?« Pias Stimme war ungewohnt sarkastisch. »Weil er eine Pistole im Wadenhalfter trägt, oder wie?«

»Weil er Stärke hat!« Nadine nickte bekräftigend, ihre Augen hatten einen seltsamen Glanz.

»Bist du betrunken, oder was?« Das war Anja. Alle schauten sie an, weil gerade sie, körperlich zart wie eine Elfe und stets bemüht, niemanden zu verletzen, einen solchen Satz, vor allem in *dem* Ton, nie über ihre Lippen gebracht hätte. Sie dachte stets reiflich über alles nach, bezog jedes Wenn und Aber in ihre Meinung mit ein, war ein philosophischer, tiefgründiger Mensch.

Selbst Nadine hob den Kopf. »Was meinst du?« fragte sie nach.

Aber Anja winkte ab. »Wenn Friedrich so ein Held ist, kann er uns ja vielleicht aus der Luft retten. Bisher konnte er nur fremdgehen!«

»Was bist du nur für eine dumme Kuh!« explodierte Nadine.

»Seid ihr noch …«, wollte Pia dazwischengehen, aber ihr Bewacher kam ihr zuvor. Er brüllte etwas, das sie nicht verstanden, aber seine Geste mit der Pistole war deutlich.

Alissa hatte Angst, das Handy könne ihr aus der Hand fallen, so sehr zitterte sie. Sie hatte es ein Stück an ihrem Oberschenkel entlang nach oben gezogen, jetzt vertraute sie darauf, daß sie die Tastatur blind beherrschte. Sie ging über Mitteilungen zur ersten SMS, es war die von Falk, das wußte sie. Er würde Hilfe holen können. Sie mußte jetzt nur aufpassen, daß niemand ihr ansah, was sie da unten trieb. Mit dem linken Arm stützte sie sich auf dem Tisch auf, tat, als lausche sie dem Gespräch, und rechts tippte sie Buchstabe für Buchstabe. Hoffentlich schrieb sie nicht den totalen Unsinn zusammen: »Falk, Hilfe! Gangster an Bord, Bucht hinter Francos Rennboot!«

Ihr Herz schlug wie wahnsinnig, auf ihren Unterarmen hatte sich ein leichter Schweißfilm gebildet, sie spürte, wie ihr Rücken feucht wurde. Sie hatte panische Angst, das Handy könnte ihr aus der verschwitzten Hand fallen und auf den Boden poltern. Sie schaute zu ihrem Bewacher. Er hatte sie alle im Blick, aber offensichtlich war ihm noch nichts aufgefallen. Schließlich drückte sie einfach auf »Senden«, und die

SMS ging raus. Vor Aufregung hatte sie die Luft angehalten. Jetzt atmete sie tief aus und ließ das Handy vorsichtig in ihre Hose zurückgleiten.

Marc und der sehnige Typ, offensichtlich der Anführer der Truppe, bogen gerade um die Ecke, als es genau in diesem Moment zweimal piepste. Der Schwarzgekleidete faßte in seine Hosentasche, zog sein Mobiltelefon heraus, warf einen Blick darauf und ließ es wieder in die Hosentasche zurückgleiten. Alissa erstarrte. Sie traute sich kaum noch, ihn anzuschauen. Was hatte das zu bedeuten? War er vielleicht Falk? Ihre Gedanken überstürzten sich, und als sie seinen Blick auf sich spürte, wäre sie am liebsten im Boden versunken.

Marc begegnete Pias fragendem Blick. »Erfolglos …«, sagte er. »Wenn Franco hier wirklich was versteckt hat, wüßte ich nicht, wo. Wir waren überall!«

Sie schauten sich alle ratlos an. Der Schwarze wartete ab.

»Das Beiboot!« rief Uli plötzlich und beugte sich vor. »Habt ihr dort schon nachgeschaut?«

Die beiden Männer wechselten einen Blick und tauschten sich dann leise aus. »Wo ist das Beiboot?« wollte der Anführer wissen.

Uli deutete zum Heck. »Es hängt dort hinten am Schiff!«

Er schüttelte langsam den Kopf.

»Dort hängt nichts!«

Jetzt waren sie wirklich sprachlos.

»Aber heute abend hing es noch dort«, erklärte Uli aufgebracht. »Es muß da hängen! Wir sind alle hier, wo sollte es hin sein?!«

Der Schwarze zuckte die Schultern und machte eine einladende Geste zu Uli und dem Heck der »Dogukan« hin. Uli stürzte hin und hing gleich darauf über der Reling.

»Und?« fragte der Anführer.

Uli drehte sich ratlos um. »Das kann doch gar nicht sein!«

»Kann nicht?«

»Nein!«

Alissa beobachtete ihn. Sie versuchte, sich an Falk zurückzuerinnern, an seine Statur, seine Bewegungen, seine Sprache. Konnte es möglich sein, daß er – siedendheiß fiel ihr ein, daß sie Falk quasi eine Wegbeschreibung gegeben hatte: ›... nur eine Landzunge vom Rennboot entfernt...‹ Hatte er sie benutzt? Wollte er in Fethiye Kim abpassen, und war sie das Dummerchen, das ihm ins Netz gelaufen war? Und wenn ja, wie könnte sie das jemals den anderen erzählen? Sie beobachtete ihn und war sich nicht sicher. Aber wie konnte sein Handy piepsen, wenn sie eine Nachricht wegschickte? Zufall? Und sein Blick danach?

Uli riß sie aus ihren Gedanken. »Vielleicht hat es sich losgerissen – ich brauch mal eine Taschenlampe!«

Der Schwarze hatte eine Stablampe im Gürtel klemmen, er warf sie Uli mit einer geschickten Handbewegung zu.

»Da bin ich aber gespannt«, sagte er, und sein Ton klang sarkastisch.

Uli leuchtete die Küste ab, und tatsächlich tauchte im Lichtkegel das Beiboot auf. Es war an eine winzige Bucht zwischen zwei Felsen gespült worden und lag dort offensichtlich fest.

»Bravo!« sagte der Schwarze. Dann zeigte er auf Anja. »Ist das Ihre Frau?«

Anja erschrak, und Uli sah ihn mißtrauisch an. »Was hat das jetzt damit zu tun?«

»Nur, damit Sie dran denken, wenn Sie das Beiboot jetzt holen.« Er machte eine wegwerfende Handbewegung.

Uli nickte, schaute noch einmal zurück in die Runde, suchte sich einen geeigneten Platz zum Absprung und schnellte dann mit einem Kopfsprung über Bord. Sie hörten ihn ins Wasser klatschen und gleich darauf seine gleichmäßigen Schwimmzüge.

Uli kraulte, und seine Gedanken überschlugen sich. Was konnte er jetzt tun? Wie konnte er Hilfe holen? Andererseits war der Spuk vielleicht vorüber, wenn die Beute tatsächlich im Beiboot verstaut war. Er versuchte, so lange wie möglich zu schwimmen, weil er barfuß war und Angst vor Seeigeln hatte. Kurz vor dem Beiboot trat er kurz auf den Meeresgrund, hatte aber Glück – er bestand aus reinem Kies und nicht aus Felsen – und zog sich an der Seitenwand des Bootes hoch. Im Bug griff er nach der Festmacherleine und ließ ein Ende durch die Finger gleiten, das Boot hatte sich tatsächlich von selbst losgerissen, die Leine war nicht durchschnitten worden. Er überlegte gerade, wie er das Boot jetzt zur »Dogukan« bringen könnte, denn die Ruder waren nicht an Bord, und einen Schlüssel zum Außenbordmotor hatte er auch nicht, als er ein leises Geräusch hörte, das ihn aufhorchen ließ. Er schaute schnell zur »Dogukan«, die wie ein altes Piratenschiff vor ihm lag, groß und schwer, von hinten durch den gerade durch die Wolken brechenden Mond schwach beleuchtet. Auf ihrer Backbordseite erkannte er jetzt, womit die Männer sich so lautlos angenähert hatten. An der heruntergelassenen Treppe lag mittschiffs ein schwarzes Schlauchboot, eines von diesen wendigen, hochmotorisierten Booten, die fast überall einsetzbar waren. Sein Blick glitt an der »Dogukan« hoch, und er sah die Silhouette des Schwarzgekleideten an der Reling. Er wartete. Uli seufzte. Wenn ihm nur etwas einfallen würde!

Er stemmte sich mit beiden Händen gegen den Felsen, um das Boot vom Ufer abzustoßen. Er würde sich mit dem Kahn an den Festmacherleinen der »Dogukan« entlanghangeln, und wenn das zu mühsam war, konnte er immer noch ins Wasser springen und ihn hinter sich herziehen.

Er versuchte die Leine zu ergreifen, die an einem der Felsen befestigt war, aber der Schwung, den er dem Boot verpaßte, reichte nicht ganz aus. Es trieb in die andere Richtung ab. Verdammter Mist, hier wollte er nicht hineinspringen, das war ihm zu flach. Das letzte, was er jetzt brauchen konnte, waren Stacheln in seinem Fuß. Er mußte irgendwie in tieferes Gewässer kommen. Er schaukelte, um Fahrt zu machen, warf aber doch einen besorgten Blick zum Schiff, ob dieser Kerl seine Aktionen auch verstand. Was er sah, ließ ihn vor Schreck erstarren.

Am Ende der Bucht schob sich rechter Hand um die Felsen herum ein unbeleuchtetes Etwas, groß, grau, in der Dunkelheit furchterregend. Uli kniff die Augen zusammen, aber obwohl der Mond schon wieder hinter den Wolken verschwunden war, war es eindeutig ein Schiff, das sich auf die »Dogukan« zubewegte. Uli hielt den Atem an, offensichtlich hatte es dort an Bord noch niemand bemerkt. Er saß unbeweglich und schaute nur noch. Jetzt drehte sich das Schiff leicht, und Uli meinte, ein montiertes Maschinengewehr zu erkennen, und gleichzeitig wurde ihm klar, daß hier die Rettung kam: Das war das Polizeiboot! Sofort fing er wieder an zu schaukeln, um den Kerl dort oben abzulenken.

Ein Schrei an Bord, ein Suchscheinwerfer flammte auf, tauchte das steingraue Boot in grelles Licht, gleichzeitig gingen auch dort sämtliche Lichter an. Uli duckte sich in seinem Boot. Ein Lautsprecher stieß unverständliche Laute aus, aber die Antwort war – das konnte er von seiner Position aus gut sehen, und es ließ ihn sein Blut in den Adern gefrieren – das Vorführen von Anja. Der Schwarze hielt sie sich wie einen Schutzschild vor die Brust und zeigte mit einer Pistole gegen ihre Schläfe. Uli sprang ins Wasser. Irgendwie mußte er an Bord kommen und Anja von diesem Widerling befreien. Aber er hörte, wie der Diesel der »Dogukan« angelassen wurde, spürte das aufwirbelnde Wasser der großen Schrauben, die dicken Taue wurden gekappt, fielen knapp neben ihm ins Wasser, und die »Dogukan« fuhr los, mit Anja im gleißenden Scheinwerferlicht, den Pistolenlauf an ihrer Stirn. Uli kraulte, so schnell er konnte, aber er kam nicht näher, die »Dogukan« schob sich von ihm fort in Richtung offenes Meer, flankiert von dem Polizeiboot, das das Maschinengewehr auf Anja und den Gangster gerichtet hatte und von dem unablässig durch ein Megaphon Befehle zur »Dogukan« herüberschallten.

Uli blieb zurück. Er heulte vor Angst und Wut und vor allem vor Hilflosigkeit. Schließlich kehrte er um, um das Beiboot zu suchen und eine Lösung zu finden.

Anja zitterte am ganzen Leib. Sie wirkte so dünn und zierlich vor diesem breiten Körper. Hoffentlich versuchten die türkischen Polizisten nicht, an ihr vorbeizuschießen, um ihren Kidnapper zu treffen. Sie hatte fast mehr Angst vor dem Maschinengewehr als vor der Pistole, deren Lauf sie an ihrem Kopf spürte. Es war einfach nicht wirklich, was hier passierte, sagte sie sich, die Augen weit aufgerissen, weil das Scheinwerferlicht so blendete, daß sie nur Sternchen sah. Uli hatten sie zurückgelassen, das war ihr klar, aber seltsamerweise erfüllte sie das eher mit Dankbarkeit als mit Angst. Er konnte etwas tun, er war frei, ihm konnte nichts mehr passieren. Und im schlimmsten Fall wären ihre Kinder wenigstens keine Waisen. Der Gedanke brachte sie zum Weinen.

»Nimm dich zusammen!« schnauzte sie der Mann an, der sie fest an sich gepreßt hielt.

»Ich habe Kinder«, brachte sie weinend heraus. Sie fuhr sich mit dem Handrücken unter der Nase entlang.

»Ich habe Angst«, fügte sie hinzu. Dann sagte sie nichts mehr und schloß die Augen.

Alissa saß wie versteinert in ihrer Ecke. Sie suchte Pias Blickkontakt. Komischerweise sah sie in ihr die Rettung. Wenn jemand eine gute Idee hatte, dann sicherlich sie. Aber Pia schien sich völlig in sich selbst zurückgezogen zu haben. Sie hatte ihre Hand mit der von Marc verschränkt und stierte ohne einen Wimpernschlag auf einen Punkt. Marc war rot im Gesicht, offensichtlich befand er sich an der Grenze dessen, was er als Boß eines großen Unternehmens ertragen konnte. Ihn gängelte normalerweise keiner, und nun mußte er sich dem Willen einiger Gangster beugen. Seine Tochter weggesperrt, Anja als Kugelfang, er platzte schier, wußte sich aber gleichzeitig keinen Rat. Vor ihm stand der Typ mit seiner Maschinenpistole, der nun nicht nur die Leute am Tisch, sondern auch den Kapitän am Ruderstand in Schach hielt. Er war sicherlich nervös, und Marc wollte keine vorschnelle Reaktion herausfordern. Doch plötzlich kam ihm der seltsame Gedanke, Pia könnte sich von ihm trennen, wenn er nun nicht irgendwie handelte. Marc schaute sie von der Seite an. Sie stierte noch immer geradeaus, völlig blicklos, ohne Leben. Er sah auf die andere Seite des Tisches, wo sich Nadine in der Ecke der Sitzbank zusammengekauert hatte. Ihre Haare fielen über ihr Gesicht und verdeckten ihre Gesichtszüge, und auch ihre sonstige Körperhaltung zeigte, daß sie mit nichts etwas zu tun haben wollte. Marc vermutete, daß sie mit ihren Gedanken bei Friedrich war und sich gerade ausmalte, wie er die Dinge hier schnellstens gemeistert hätte – vielleicht stellte sie sich aber auch gerade vor, wie er mit der anderen zusammenlag. Marcs Blick wanderte und fiel auf Alissa, die seinen Blick erwiderte.

Er schaute noch einmal hin – ja, sie sah ihn auffordernd an.

Was wollte sie ihm sagen?

»Es kann eigentlich nichts passieren«, sagte sie halblaut. »Spätestens in ein paar Stunden wimmelt es hier von Polizei. Die werden aufgeben müssen.«

»Sus be!« brüllte der Kerl mit seinem Gewehr und schaute sie böse an.

Marc sagte nichts, aber er glaubte nicht daran. Er hatte überhaupt ein seltsames Gefühl, was die ganze Sache betraf. Sie waren da in eine Geschichte hineingeraten, bei der andere die Fäden zogen. Und Franco dafür zu verprügeln, dazu war es zu spät. Wäre sein blödes Rennboot doch vor der türkischen Küste zerschellt, dann würde er selbst nicht als angehender Mörder durch Deutschlands Gazetten geistern und säße hier nicht auf einem Geiselnehmerschiff. Das Wort machte ihn schwindelig. Ihm fielen sofort einige Fälle ein, und er sah sie fast plastisch vor sich, schwerbewaffnete Geiselnahmen auf Schiffen, gestürmt durch Spezialeinheiten der Polizei, Blut und Schrecken, aber er hätte nicht zu sagen gewußt, ob das Bilder aus den Nachrichten waren oder ob es sich um einen Thriller handelte. Er war in vielem eben doch zu realitätsfremd, Pia hatte schon recht. Marc sah nachdenklich zu ihr hinüber. Er, der langjährige eingefleischte Junggeselle, konnte sich ein Leben ohne sie nicht mehr vorstellen.

Uli war zum Beiboot zurückgeschwommen und hatte sich hochgezogen. Eine leichte Strömung erfaßte das Boot und trieb es langsam die Felsen entlang. Vielleicht hatte er ja Glück und begegnete einem anderen Schiff. Bloß, was sollte er dort sagen? Holen Sie die Polizei? Die war ja schon da.

Er saß auf der Ruderbank und schaute zu dem hellen Lichtkegel des Polizeiboots, das sich noch immer entfernte. Hoffentlich ging das gut aus. Seine kurze Sommerhose und sein T-Shirt klebten ihm am Leib. Es war eine warme Nacht, und trotzdem begann er zu frösteln. Er zog seine Kleider aus, um sie auf der Ruderbank trocknen zu lassen. Das Boot schwankte leicht unter seinen Füßen, aber das Meer war glatt, und es wehte ein leichter, warmer Wind. Er begann das Boot zu untersuchen. In den Bug war, wie bei vielen Booten dieser Größe, eine breite Sitzbank gezimmert worden, die von oben zu öffnen war. Sie war ein trockenes Behältnis für alles, was man auf dem Wasser so brauchte. An dieser Klappe hing jedoch ein neues Vorhängeschloß. Uli zerrte daran, aber es war zu stark, um nachzugeben. Er fluchte. War er jetzt tatsächlich auf das Versteck dieses ominösen Zeugs gestoßen? Zwanzig Kilo Heroin? Dann fuhr er mit mehreren Millionen spazieren, aber auch mit einem Freifahrtschein in den Himmel. Er mußte dieses Schloß aufkriegen. Um seinen Hals trug er einen gefaßten Haifischzahn. Den hatte Anja ihm einmal geschenkt in leichter Anspielung darauf, daß er mit manchen Dingen wenig diplomatisch umgehe. Er hatte sich trotzdem kindlich gefreut und ihn auch ständig getragen, obwohl Anja das nicht immer als passend empfand. Vielleicht hatte es ihm auch einfach Freude bereitet, sie damit ein bißchen zu ärgern, jetzt jedenfalls konnte der Zahn mit etwas Glück hilfreich sein. Uli öffnete den Verschluß der dünnen Silberkette, nahm den Zahn vorsichtig zwischen Daumen und Zeigefinger, kniete vor der Sitzbank nieder und versuchte, mit seiner zackigen Spitze das Schloß zu knacken. Er konnte nicht sehen, wie das Schlüsselloch beschaffen war, dazu war es einfach zu dunkel, aber er probierte es immer wieder. Es tat sich nichts. Voller Zorn versuchte er schließlich, das Schloß mit all seiner Kraft herauszureißen, doch auch das gelang ihm nicht. Ärgerlich und ratlos schaute er wieder auf das Meer. Am Horizont sah er noch einen hellen Punkt, wenn sie das überhaupt waren. Er war tatsächlich allein.

Dann fuhr er hoch. Ein Zweitschlüssel! Vielleicht war in diesem Kahn ja ein Zweitschlüssel versteckt, dann konnte er zumindest den Motor starten und nach Fethiye fahren. Und dort würde ihm schon etwas einfallen, da war er sich sicher.

Kim war über jede Aufregung froh, die diesen Menschen vor ihrer Tür von ihr ablenkte. Sie hatte es von Anfang an geahnt, und es war auch gleich eingetroffen, nachdem sie der offensichtliche Anführer in dem Zimmer alleingelassen hatte. Kaum waren seine Schritte nach oben verhallt, hatte dieser Kerl die Tür zu ihr geöffnet und sie unverwandt angesehen.

Kim war sitzengeblieben und starrte einfach zurück. Sie kniff die Augen feindselig zusammen und zog den Mund nach unten. Daß sie ihn nicht toll fand, mußte der dümmste Bauer merken. Sie regte sich nicht, obwohl sie sich liebend gern ausgestreckt hätte, denn langsam begannen die Schultern und das Kreuz zu schmerzen. Irgendwann wanderte sein Gewehr in die linke Hand und seine Rechte in die Hosentasche. Sie konnte sich vorstellen, was er dort trieb, aber es interessierte sie nicht, solange er auf Abstand blieb. Vielmehr dachte sie angestrengt darüber nach, inwieweit er sich jetzt noch wehren könnte. Bis er seine Hand heraus hätte, wäre sie ihm mit einem Satz doch schon an die Gurgel gesprungen. Oder könnte ihm sogar das Gewehr entreißen, denn daß er Rechtshänder war, war mehr als offensichtlich. Sollte sie, oder sollte sie nicht ..., sie gelangte zu keiner Entscheidung, weil ihr zu viele Gedanken durch den Kopf jagten. Nun zog er die Hand auch schon wieder heraus. Sie war verdutzt, aber er lehnte seine Maschinenpistole an die Kombüsentür und trat auf sie zu. Auf ihrer Türschwelle begann er seinen Gürtel zu öffnen.

»Laß das!« sagte sie scharf, und gleichzeitig dachte sie, daß sie jetzt wirklich handeln mußte. Sollte sie schreien? Das würden sie oben hören. Aber vielleicht gehörte es ja zum Programm? Eine schreiende Kim, die die anderen erweichen, zu einer Aussage zwingen sollte, die sie gar nicht machen konnten, weil sie überhaupt nichts wußten. Sie würde nicht schreien, sie mußte sich etwas anderes überlegen. Ein Fußtritt in die Eier! Sollte er nur näher kommen! Nur schade, daß sie keine High-heels trug, damit hätte sie ihn perforieren können.

Er öffnete langsam seinen Hosenknopf, und Kim war sich sicher, daß er hinter seiner Maske grinste. Wollte er ihr angst machen oder sich nur einen Spaß erlauben? Sie verzog keine Miene, sondern wartete ab. Noch stand er in der Tür, etwa eineinhalb Meter von ihr entfernt. Langsam öffnete er seinen Reißverschluß, und jetzt machte er einen Schritt nach vorn. Im selben Moment trat Kim mit aller Kraft zu. Er klappte kurz zusammen und taumelte nach hinten, richtete sich aber wieder auf und wollte sich auf sie stürzen, als ein Schrei ihn zurückriß. Er lauschte kurz, brachte seine Hose in Ordnung, während schnelle Schritte die Treppe herunterkamen. Es war der Anführer, der die Kombüsentür hastig aufschloß und den Kapitän herauswinkte. Kim nutzte den Moment der allgemeinen Aufregung, schlich hinter den Rücken der Männer aus der Kapitänskajüte, zog die Tür hinter sich zu und flüchtete in die große Heckkabine. Es war die linke, sie gehörte Pia und Marc. Sie lehnte sich von innen gegen die Tür, während sie leise und vorsichtig abschloß. Dann atmete sie auf. Diese hier hatte ein großes Fenster, im Notfall konnte sie von hier türmen. Doch im gleichen Moment spürte sie ein Vibrieren durch das Schiff gehen, die Motoren waren angeworfen worden, die Leinen fielen ins Wasser, und jetzt glaubte sie noch etwas anderes zu sehen: einen Mann in einem kleinen Boot, dem Beiboot. Er schaukelte hin und her, aber sie konnte nicht erkennen, um wen es sich handelte, es war zu dunkel.

Die »Dogukan« nahm Fahrt auf, Kim lief in das kleine Badezimmer, und durch das winzige Bullauge konnte sie auch erkennen, warum sie so hastig aufgebrochen waren. Das Polizeiboot war neben ihnen. Gott sei Dank, dachte sie, jetzt konnte nichts mehr passieren, nur noch eine Frage der Zeit, bis die drei Gangster aufgeben würden. Sie erkannte die Silhouette des Maschinengewehrs, das auf die »Dogukan« gerichtet war, und plötzlich flammte gleißendes Licht auf. Die Polizisten hatten einen Suchscheinwerfer eingeschaltet, irgend etwas hatten sie im Visier. Vor ihrer Kabine hörte sie Lärm, und sie überlegte sich, ob sie durch das Kabinenfenster ins Wasser springen sollte, aber sie hatte Angst vor der Schraube und davor, bei Nacht alleine mitten im Meer zu schwimmen. Was, wenn keiner der Polizisten sie bemerkte und sie ertrank?

Sie fuhren weit hinaus, belauerten sich gegenseitig, aber nichts geschah. Marc überlegte, ob sie wohl Verstärkung angefordert hatten. Aber solange sie hier alle als Geiseln festsaßen, würden sie wohl nichts unternehmen, und ein zweites Boot würde auch nichts daran ändern. Sie saßen zusammengepfercht in ihrer Nische, geschickter konnte es für einen einzigen Bewacher kaum sein. Der Kapitän stand regungslos an seinem

Steuer. Was sollte er auch tun, dachte Marc, er konnte ja nicht wegfliegen. Aber das Tischwasser wurde knapp, beide Glaskrüge waren fast leer. Und ewig konnten sie hier auch nicht sitzen bleiben, er für seinen Teil spürte sein Kreuz, aber was war das gegen Kim, die alleine dort unten saß, und gegen Anja mit diesem Kerl, von dem man nicht wußte, wie zurechnungsfähig er war. Marc stöhnte. Wahrscheinlich ging es ihm noch gut.

Alissa hob den Kopf, schaute ihn kurz an und winkte ihrem Bewacher.

»Ich muß auf die Toilette«, sagte sie auf deutsch, und gleich darauf auf englisch: »I have to use the toilet.«

Es erfolgte keine Reaktion.

Es verstrichen einige Sekunden, nur das Stampfen des Diesels war zu hören, sonst nichts.

Alissa wiederholte den Satz und auch die Geste, aber nichts geschah. Der Maskierte stand breitbeinig mit seiner Maschinenpistole da, seitlich zu ihnen, damit er auch den Kapitän unter Kontrolle hatte.

Ferhat schaute ihn nicht an, sagte aber einen kurzen Satz auf türkisch. Anscheinend hatte er Alissas Bitte übersetzt, denn jetzt erntete sie einen Blick aus schwarzen Sehschlitzen.

Der Kerl nahm ein Funkgerät aus seiner Tasche und stieß einige Laute aus. Kurz darauf bog der Anführer um die Ecke. Er schob Anja vor sich her. Mit einem Blick erfaßte er die Situation, sagte kurz etwas zu seinem Kumpan und dann zu Alissa. »Er geht mir dir!«

Alissa schob sich von der Bank am Tisch hinaus. Er ließ seinen Blick an ihr hinuntergleiten. »Halt!« befahl er, und sie blieb erschrocken vor dem Tisch stehen. »Was ist das?« Er deutete auf ihren Oberschenkel. Sie sah nach unten. In ihrer Tasche zeichnete sich ihr Handy ab. Es blieb kurz still.

»Wirf das ins Meer!« sagte er hart. Aber er wußte doch, daß sie ihr Handy benutzt hatte. Hatte er nicht ihre SMS empfangen? Alissa zögerte. »Mach schon!« sagte er und warf einen Blick hinter sich zum Polizeiboot. Das änderte gerade seine Position und kreuzte in ihrem Kielwasser auf die andere Seite.

Der Anführer drehte sich entsprechend mit Anja, Ferhat warf einen kurzen Blick nach hinten, Marc riß beide Hände in die Höhe.

»Warum schießen die Idioten nicht, sie hätten zwei auf einen Streich erledigen können!« rief er aufgebracht.

»Vielleicht Sie auch?« fragte der Anführer kühl.

»Lassen Sie Anja los, sie hat Ihnen nichts getan!« schrie er jetzt, rot vor Zorn.

»Ich ihr auch nicht«, bekam er zur Antwort, bevor er sich an Alissa wandte.

»Wirf!«

Schweren Herzens nestelte sie es aus ihrer Tasche. Sie hatte es zum Abitur von ihren Eltern bekommen, endlich das Modell, das sie sich so sehnlich gewünscht hatte. Sollte sie es ihm an den Kopf pfeffern? Aber was würde das bewirken?

»Los!«

»Es ist ...«, begann sie, aber er unterbrach sie harsch: »Wirf!«

Sie warf. Dann faßte ihr Bewacher sie am Arm und stieß sie den Gang entlang zum Eingang, wies ihr den Weg hinunter in Richtung Kombüse und damit zu ihrer eigenen Kabine. Ob er wohl mit hinein wollte? Er stieß sie aber in die rechte Tür und blieb auf einen kurzen Austausch mit seinem Kollegen stehen.

»Aua!« protestierte Alissa laut, war aber froh, ihn los zu sein. Hier irgendwo mußte auch Kim stecken. Sie ging in ihre Kajüte und schaute sich schnell um. Welch ein Glück, auf dem Nachttisch lag Kims Handy. Sie ging schnell auf die Toilette, steckte es sich beim Anziehen in den Slip und kam gerade heraus, als sie ein leises »Hallo« hörte. Mit einem Satz war sie am angelehnten Sprossenfenster und schob es so weit wie möglich auf. Sie schaute genau in Kims Gesicht.

»Wow, jetzt bin ich aber froh. Geht's dir gut?«

»Siehst du das?« hörte sie statt einer Antwort. Kim zeigte auf die Backbordseite der »Dogukan«, und Alissa folgte ihrem Zeigefinger. In der Gischt der Welle sah man den hinteren Teil eines dunklen Schlauchboots, das von der »Dogukan« mitgezogen wurde.

»Kommst du da hin?« wollte Kim wissen.

Alissa war eine gute Sportlerin, sie würde sich durch das Fenster quetschen und dann irgendwie an der »Dogukan« entlanghangeln müssen, um genau in das Schlauchboot springen zu können.

»Und dann?«

»Holst du mich!«

»Und dann?«

»Holen wir Hilfe!«

»Wir haben doch Hilfe!«

»Traust du denen?«

Daran hatte sie noch gar nicht gedacht. War es möglich, daß man der Polizei nicht trauen konnte?

»Wo ist das Polizeiboot?«

»Auf meiner Seite! Wenn du hinkommst und das Boot abhängst, merkt das kein Mensch!«

»Und wenn ich nicht hinkomme?«

»Du machst das schon! Aber steck dir unsere beiden Ausweise und Geld ein! Liegt alles in der kleinen Schublade vom Nachtkästchen, man kann nie wissen!«

»Ich hab kein Geld mehr!«

»Nimm einfach alles mit, und hol mich dann!«

Nadine bekam plötzlich einen Weinkrampf. Sie schüttelte sich, zitterte und schluchzte so laut, daß Pia über die Bank zu ihr hinüberstieg und sie in den Arm nahm. Eine Weile schien das zu funktionieren, doch dann stieß Nadine sie plötzlich mit Gewalt von sich.

»Was müssen wir uns hier mit solchen Verbrechern abgeben!« schrie sie mit sich überschlagender Stimme, und die Augen quollen aus ihrem Gesicht, das voller roter Flecken war. »Sie sollen weg! Sie sollen uns in Ruhe lassen! Sie sollen zum Teufel fahren!«

Pia redete leise auf sie ein, aber sie wollte sich nicht beruhigen lassen. »Lauter Memmen hier, kein Mann, der sich stellt! Der eine haut ab, der andere sitzt hier in der Ecke und macht sich in die Hosen vor Angst!«

Sie wollte aufstehen, Pia drückte sie wieder auf die Bank zurück. Sie zeigte anklagend mit dem Zeigefinger auf den Anführer.

»Feige! Mit Maske! Und die Schwächste als Geisel! Verschwindet doch, haut einfach ab!«

Wieder versuchte sie, sich am Tisch entlang nach vorn zu ziehen, aber Pia hielt sie an den Schultern fest.

»Lassen Sie nur.« Der Anführer drehte sich von der Reling weg, von wo aus er mit Anja im Arm das Polizeiboot beobachtete. »Die Dame darf gern aussteigen, wenn sie will.« Er wies in die Dunkelheit hinaus. »Platz ist genug!«

»Seien Sie nicht so sarkastisch!« wies Pia ihn zurecht. »Diese Situation ist für keinen von uns zum Lachen!«

»Für mich auch nicht!« Er nickte ihr zu. »Ich habe auch schon angenehmere Situationen erlebt!«

»Warum machen Sie das dann?«

»Weil mich Ihr Freund Franco aufs Kreuz legen wollte und weil ich mich so ungern aufs Kreuz legen lasse!«

»Aber Franco ist tot!«

»Das ändert nichts an der Situation!«

Alissa hing halb aus dem Fenster hinaus. Es war schwieriger als erwartet, zwischen den scharfkantigen Rahmen des Fensters hindurchzurutschen, das nur nach außen hin aufzustellen war. Und vor allem mußte sie ja irgendwo Halt finden, damit sie nicht einfach in die Tiefe rauschte. Kim sah ihr angespannt zu. »Wenn du es schaffst, irgendwie an der Seite herauszukommen, dann bist du in der Nähe der breiten Zierleiste. Weißt du? Die führt übers ganze Heck! Wenn du die zu fassen kriegst, hast du gewonnen!«

»Ich kann sie nicht einmal sehen!«

»Ich kenn sie aber, sie ist knapp über dem Fenster!«

»Und warum machst du das Ganze nicht selbst?«

»Weil dieses Schlauchboot auf der falschen Seite hängt – ich komm nicht hin!«

Alissa schob sich in die äußerste Ecke des Fensters und drehte sich dabei auf den Rücken. Irgendwie mußte sie an dem ausgestellten Fenster vorbei nach oben greifen, wobei sie befürchtete, daß eine größere Welle sie einfach ins Wasser fegen könnte.

Kim gab ihr Anweisungen. »Bleib dran. Ja, schieb dich hoch! Verdammt, beeil dich! Nicht, daß dieser Idiot nach dir schauen will!«

Alissa hörte nur noch das Wasser rauschen, sah die Gischt unter sich und spürte die Bewegungen des Schiffes. Sie hing jetzt wirklich halb schräg aus dem Fenster heraus, den Rahmen hatte sie noch unter ihrem linken Po, wo er heftig einschnitt, das rechte Bein war schon auf der Kante; wenn sie jetzt für die Finger einen Halt fände, könnte sie sich am Heck entlangziehen. Sie rutschte noch einige Zentimeter aus dem Fenster heraus, bis sie befürchtete, das Gleichgewicht zu verlieren, doch im gleichen Moment fanden ihre Fingerspitzen die Holzleiste. Sie war breit genug und oben tief eingeschnitten, Kim hatte recht, sie bot den Händen guten Halt. Sie durfte nur nicht abbrechen. Alissa hatte keine Ahnung, ob Zierleisten nicht einfach nur aufgeklebt waren.

Sie schaute kurz zu Kim, konnte sie aber nicht mehr sehen, ihr eigenes Fenster versperrte die Sicht. Gut, sie stieß sich ab. Das Training an der Kletterwand kam ihr jetzt zugute, die vielen Male, da sie die künstliche Felswand an der Außenseite ihres Gymnasiums hochgeklettert war, die kleinsten Felsvorsprünge und Risse ertastend und für sich nutzend. Die Kraft hatte sie, das wußte sie, jetzt kam es nur auf ihr Selbstvertrauen an. Hier hing sie ohne Sicherungsseil. Sie schlug sich den Gedanken sofort aus dem Kopf. Eins, zwei, eins, zwei, zählte sie leise vor sich hin, während sie die Hände nebeneinandersetzte und mit den Füßen am glatten Holz des Hecks Halt suchte. Sie fand keinen, brauchte ihn aber auch nicht, ihre Arme waren stark genug. An einer Stelle des Hecks gab es aber dann einen vorspringenden Holzkeil, groß genug, um mit den Fußballen Halt zu finden, und verankert genug, um sie zu tragen.

Sie legte eine Pause ein, um die Lage zu überblicken. Jetzt durfte sie keinen Fehler machen. Schräg unter ihr rauschte das Schlauchboot neben der »Dogukan« her. Mal stieß es an das Schiff, mal driftete es wieder weg. Wenn sie sprang, mußte sie sicher sein, daß sie gut landete. Es lagen etwa drei Meter zwischen ihr und dem Boot. Alissa überlegte, ob es Sinn machen könnte, sich an der Längsseite des Schiffes weiterzuhangeln, aber sie konnte keine Leiste oder einen Vorsprung ertasten. Es war tatsächlich nur eine Heckzierde. Vielleicht sollte sie tiefer gehen, sich an den Keil hängen, den sie jetzt für ihre Füße benutzte. Aber die Idee ließ sich nicht umsetzen, sie mußte den Sprung einfach riskieren. Am günstigsten war der Zeitpunkt wohl, wenn das Boot von außen hereinkam, in Richtung Schiffsrumpf der »Dogukan«. Sie mußte nur den Zeitpunkt erwischen, bevor es durch den Aufprall wie ein Jojo durch die Wellen wieder nach draußen befördert wurde. Alissa beobachtete die Bewegungen und versuchte eine Regelmäßigkeit zu erkennen, die es aber nicht gab. Langsam brannten ihre Hände, und auch ihre Füße taten weh. Sie beobachtete die Bewegung nach draußen und zählte mit. Gleich würde das Boot wieder hereinkommen, und kurz bevor es ganz unter ihr war, mußte sie springen.

Sie sprang, knallte auf dem prallen Schlauch auf, stürzte aber nach innen und schlug sich den Fuß am Steuerstand in der Mitte des Bootes an. Es tat kurz mörderisch weh, aber die Freude darüber, daß sie es geschafft hatte, überwog. Sie blieb ruhig liegen, bis sie sicher war, daß niemand etwas bemerkt hatte, dann tastete sie den Aufbau rund um das Lenkrad ab. Das war nun die zweite Frage, aber sie konnte gleich darauf erleichtert aufatmen: Der Schlüssel steckte. Was für ein Fluchtfahrzeug ja eigentlich auch klar war, nur daß es ursprünglich nicht um ihre Flucht ging. Sie riskierte ein leichtes Grinsen, tastete dann den Ganghebel ab und schließlich die Leine, mit der das Schlauchboot an der »Dogukan« befestigt war. Sie verzichtete darauf, die Leine an der »Dogukan« zu lösen, sondern wollte dies am Schlauchboot tun. Sie mußte aber feststellen, daß durch die Fahrt so viel Spannung darauf war, daß sie den Knoten nicht lösen konnte. Alissa schloß die Augen. Sie war kurz vor dem Ziel, ihr mußte etwas einfallen. Sollte sie jetzt entdeckt werden, war alles umsonst.

Sie tastete den Plastiksteuerstand ab und fand eine kleine Einbuchtung ähnlich einem offenen Handschuhfach. Beim Hineingreifen schnitt sie sich, zog schnell die Finger zurück, glitt aber sofort mit der ganzen Hand wieder hinein. Ein extrem scharfes Messer, das eigentlich in eine Scheide gehörte. Klein und kompakt lag es in ihrer Hand, und sie überlegte, wie sie es einstecken könnte, sollte sie erst an Land sein. Aber sie verwarf den Gedanken wieder und begann, das Seil durchzusäbeln. Es dauerte trotz allem eine Weile, und die Ungeduld zerrte an ihren Nerven. Wenn das Polizeischiff auf ihre Seite käme, wenn einer über Bord schaute, wenn ihr Fehlen in der Kabine bemerkt würde – es gab viele Möglichkeiten, die in letzter Minute noch alles vereiteln konnten.

Als die letzte Faser riß, hätte sie sich fast überschlagen, so heftig war der Ruck. Sie war froh, daß sich das Messer nicht direkt in den Luftschlauch gebohrt hatte, aber es war ihr aus der Hand gefahren und lag jetzt irgendwo im Boot. Alissa schaute nach der »Dogukan«, sah das breite, hohe Heck mit Kim am erleuchteten Fenster, sah das mausgraue Polizeischiff nebenherfahren und sah, wie sich alles rasch entfernte. Jetzt war die Situation auf der »Dogukan« bereits unwirklich wie auf einem Geisterschiff.

Kim hatte ihr nachgeschaut, bis sie das dunkle Boot aus den Augen verlor. Hoffentlich steckte ein Schlüssel, dachte sie, sonst sitzt Alissa mit dieser Schiffsschaukel mitten auf dem Meer, und ich bin schuld. Aber eigentlich glaubte sie an ihr angeborenes Glück und hebelte das Fenster so weit wie möglich auf. Wenn Alissa angebrettert käme, wollte sie sprungbereit sein.

Krach und Geschrei nebenan ließen sie den Kopf zurückziehen. Sie hatten Alissas Flucht entdeckt. Mist! Hätten sie damit nicht noch fünf Minuten warten können? Sie spielte mit dem Gedanken, sich jetzt ebenfalls schnell hinauszuziehen und draußen abzuwarten, bis sich der Sturm gelegt hätte, aber sie war kein Kletteras wie Alissa. Außerdem schreckte sie die Möglichkeit, doch noch im Wasser zu landen. Es wurde heftig an ihrer Türklinke gerüttelt. Das Rütteln wurde immer stärker, jetzt knallte eine Schulter mehrmals mit voller Wucht gegen die Tür und wurde von lauten Rufen und Verwünschungen begleitet. Sie ging schnell hinter die Tür, schloß leise auf, und beim nächsten Anprall öffnete sie mit Schwung. Mit lautem Gepolter schoß der Kerl durch den Raum und landete auf dem Bett, während Kim hinauswitschte und die Treppen nach oben rannte. Dort lief sie geradewegs dem Anführer in die Arme.

»Lieben wir Spielchen, ja?«

Er stand im Durchgang des Aufbaus, die Pistole in der Hand, Anja saß auf der Bank.

»Aber Sie doch auch?« Kim deutete auf das Polizeiboot, das als großer grauer Schatten nebenherfuhr. »Das ist doch scheiße!« sagte sie. »Wie soll das denn ausgehen? Alle tot? Und wofür?«

»Das habt ihr eurem Freund Franco zu verdanken!«

»Gut! Dafür würde ich ihn auch umbringen, aber ist er nicht schon tot? Und was haben wir damit zu tun?«

»Ihr bringt uns hier wieder heil raus!«

»Daß ich nicht lache!«

»Sus be!«

»Was heißt das?«

»Halt die Klappe!«

Kim setzte sich neben Anja.

»Und noch was. Mit den Typen, mit denen Sie zusammenarbeiten, ist sowieso kein Blumentopf zu gewinnen. Der eine hat seinen Verstand in der Hose, und der andere ...«

»Sus be!«

Sie atmete hörbar aus, runzelte die Stirn und schaute Anja an. »Gut, das habe ich jetzt verstanden!«

»Wir schmeißen die jetzt einfach über Bord!« Pia verlor die Geduld. Die heulende Nadine wurde ihr zunehmend unerträglich. Wie waren sie nur auf die Idee gekommen, sie überhaupt einzuladen? Und Marc war ihr zu lethargisch. Uli hatten sie verloren, Kim war verschollen, Alissa auch, Anja hatte ständig eine Pistole am Kopf. Mußte man sich so etwas gefallen lassen?

Sie schaute zu Ferhat. »Haben Sie nirgends eine Waffe herumliegen?« rief sie zu ihm hinüber, wohl wissend, daß ihr Bewacher kein Deutsch verstand. Trotzdem protestierte er und fuchtelte böse mit seiner Maschinenpistole herum. Aber der erste Schock war überwunden. Pia hatte schlicht keine Lust mehr, sich von schwarz gekleideten Hampelmännern herumkommandieren zu lassen. Sie stand auf.

»Laß das«, sagte Marc erschrocken. Er kannte Pia und wußte, daß es kein Halten mehr gab, wenn sie erst einmal losstürmte. »Das hier ist kein Spiel!«

Aber sie ging vor zu dem Schwarzgekleideten, der jetzt direkt auf sie zielte. Pia blieb stehen.

»Und?« sagte sie zu ihm. »Was jetzt?«

Er schrie etwas auf türkisch, das sie nicht verstand.

»Mir ist das hier zu blöd!« gab sie scharf zurück.

Er hob die Waffe höher, da traf ihn ein Schlag von hinten. Er fiel nach vorn, zuerst auf seine Hände, dann sackte er seitwärts zu Boden. Die Waffe hielt er noch immer fest.

»Danke«, sagte Pia kühl und betrachtete den Mann vor ihr.

»Und was jetzt?« fragte Ferhat, dem nach dieser Tat ganz offensichtlich nicht wohl in seiner Haut war.

»Jetzt haben wir eine Waffe!« Pia entwandt dem Bewußtlosen die Maschinenpistole und schaute Ferhat an. »Können Sie mit so was umgehen?«

»Ich habe damit nichts zu tun.« Er hob abwehrend beide Hände. »Ich habe Familie«, und damit ging er zu seinem Steuerstand zurück.

Pia verstand, was er meinte, und fragte Marc, der sie erschrocken anschaute. »Aber du doch, oder nicht? Du warst doch beim Militär!«

Er stand auf, kam vor und nahm ihr die Maschinenpistole ab.

»Und jetzt kugeln wir diesen Idioten über Bord!« Pia beugte sich nach vorn, um Marc ins Gesicht sehen zu können. »... bevor er wieder aufwacht!«

»Das werden wir nicht tun!« Marc schüttelte den Kopf. »Pia, das wäre Mord!«

»Aber irgendwo müssen wir ja schließlich anfangen, oder willst du ihm das Schießeisen wieder zurückgeben?«

Alissa hatte sich zunächst mit dem Schlauchboot vertraut gemacht, dann setzte sie sich auf den Jockeysitz, der mit der Steuerkonsole verbunden war, startete und legte den Gashebel langsam vor. Es ging alles einwandfrei. Sie drückte stärker aufs Gas, woraufhin das Boot einen Satz machte und losschoß. Donnerwetter, das Ding hier war stark motorisiert, da mußte man direkt aufpassen, daß es einen nicht abwarf. Ob es auch rückwärts funktionierte? Sie ging auf den Leerlauf zurück und schob den Gashebel nach hinten. Gut. Das mußte sie wissen, wenn sie unter dem Heckfenster der »Dogukan« herumkurvte oder Kim möglicherweise auffischen mußte.

Jetzt konnte sie es wagen.

Das Schlauchboot war so flott, daß sie recht schnell bei der »Dogukan« war. Aber von Kim war nichts zu sehen. Sie fuhr eine Weile abwartend hinter dem Schiff her, blieb immer im Schutz der Dunkelheit und außerhalb des Lichtkegels des Polizeischiffs, aber es war klar, daß sie Kim geholt hatten. So waren sie jetzt beide auf sich selbst gestellt.

Alissa nahm das Gas zurück und dümpelte auf den sanften Wellen. Sie hatte nur Glück, daß das Meer es heute nacht so gut mit ihr meinte. Aber etwas mehr Licht wäre auch nicht schlecht gewesen, dachte sie, sie sah nur unendliche Finsternis um sich herum, keine Ahnung, wo sie sich befand und wo die Küste lag. Sie konnte versuchen, einfach zurückzufahren. Aber drehten sich Orientierungslose nicht immerzu im Kreis? Andererseits mußte es auf so einem teuren Boot doch irgendwelche Instrumente geben. Und Licht. Dazu mußte sie aber noch etwas Abstand gewinnen. Sie beschloß, zunächst einmal in die entgegengesetzte Richtung zu fahren. Sie fuhr halbe Kraft. Zwischendurch erwischten sie ein paar härtere Wellen, aber das Gefühl in der warmen Nacht, mit dem Wind in den Haaren und der salzigen Gischt auf den Lippen war so schön, daß sie sich fast dafür schämte. Sie hatte eine Aufgabe zu erfüllen.

Bloß welche?

Licht einschalten! gab sie sich selbst die Antwort. GPS suchen oder wenigstens eine Landkarte oder einen Kompaß. Irgend etwas in der Art. Und dann in Richtung Rennboot, Uli aufspüren. Irgendwo dort mußte er ja mit seinem Bötchen herumdümpeln. Und dann würde ihnen gemeinsam etwas Schlagkräftiges einfallen, um dieses Räubernest auszuheben und ihre Freunde zu befreien. Sie tastete sämtliche Kippschalter und Knöpfe ab, erwischte die Hupe, die erschreckend laut losplärrte, aber plötzlich gingen die Positionslampen an. Na, bravo! Auch die Instrumente waren jetzt beleuchtet. Ein Drehzahlmesser und ein eingebauter Kompaß. Das war doch schon mal was! Jetzt mußte sie nur noch herausfinden, in welche Richtung sie fahren mußte.

Sie versuchte sich die Landkarte vorzustellen. Mist, warum hatte sie die Tage vorher nicht besser aufgepaßt. Seitdem sie das Abitur hinter sich hatte, sperrte sie sich gegen jede Art von Information. Sie wollte ihren Kopf entlüften, von unnötigem Ballast befreien und so locker werden wie Kim, die im Erdkundeunterricht von sich sagte, sie sei eine Weltbürgerin und interessiere sich somit nicht für einzelne Staaten, von einzelnen Landschaften ganz zu schweigen. Basta! Das hatte ihr eine glatte Sechs eingebracht, aber dann hatte sie ja wieder Alissa, die ihr bei der nächsten Arbeit Spickzettel schrieb.

Alissa fuhr sich übers Gesicht, gerade hatte eine Welle sie voll erwischt. Fuhr sie etwa aufs offene Meer hinaus? Und überhaupt, falls sie irgendwo über einen Felsen schrapte, eine Untiefe erwischte, was dann?

Sie mußte sich zusammenreißen, eine Lösung finden.

Du bist Alissa, sagte sie halblaut zu sich selbst, du kriegst das hin! Schreib dir deinen Spickzettel jetzt gefälligst selbst! Gut! Die Küste liegt im Norden. Je nachdem, wohin wir gefahren sind, vielleicht auch nordöstlich. Jedenfalls komme ich auf diesem Weg irgendwo an der Küste heraus, finde eine Bucht, ein ankerndes Schiff und frage nach dem Weg. Ich bin ja schließlich kein Mann!

Der Anführer schaute genau in dem Moment auf, als der Lauf der Waffe in der Türecke zu sehen war. Kim und Anja saßen mit dem Rücken zum Durchgang. Sie sahen nur an der Reaktion seiner Augen, daß etwas im Gange war.

»Was soll jetzt das?« fragte er, als am Ende der Maschinenpistole Pia erschien.

»Wir haben endgültig die Nase voll und sind der Meinung, daß Sie schnellstens verschwinden und uns in Ruhe lassen sollten, schließlich sind wir hier im Urlaub!« Sie sagte es in so erbostem Tonfall, daß er lachen mußte.

Anja und Kim drehten sich ruckartig um. »Mama!« Aus Kims Tonfall sprach Bewunderung, was Pia guttat.

»Und? Wie geht es jetzt weiter? Sollen wir ins Meer springen, oder ist mein Freund schon dort?«

»Wenn Sie diesen Idioten hinten bei uns meinen, der schläft noch. Und was Sie machen, ist mir egal. Ich habe jetzt nur einfach keine Lust mehr!«

»Passen Sie auf, daß die Kollegen vom Polizeiboot Sie nicht sehen! Mit einer Waffe, und das in der Türkei! Haben Sie überhaupt einen Waffenschein?«

»Sind Sie bescheuert?«

Jetzt lachte er wieder, brach aber unvermittelt ab. »Verflucht! Tun Sie das Ding weg! Das ist keine Lösung!«

»Das sagen Sie mir?«

Pia blieb stehen. Ihre dunklen Haare wehten im Wind, mit ihrer khakifarbenen leichten Hose, der olivfarbenen kurzärmeligen Leinenbluse und dem Maschinengewehr im Anschlag sah sie aus wie eine Piratenbraut.

»Wenn es losgeht, sind wir alle hin!« Jetzt klang er beschwörend.

»Legen Sie erst einmal Ihre Pistole aus der Hand!« Sie blieb unbeirrt stehen.

Mit einer schnellen Drehung aus dem Handgelenk setzte er den Lauf an Kims Stirn. Kim zuckte zusammen.

»Und jetzt?« fragte er süffisant.

»Spielen wir Schach, oder was?«

»Wir spielen *mein* Spiel. Wir können zusammen spielen. Aber gegeneinander wird es tödlich!«

Er machte mit dem Kopf eine kleine Geste zum Treppenabgang. Pia erkannte eine Maschinenpistole, die auf sie gerichtet war. Er nickte auffordernd, und der Mann, der bisher vor der Kombüse gestanden hatte, wurde sichtbar. Der Anführer sagte etwas auf türkisch, und sein Kumpan kam die letzten Stufen hoch, ging aber nicht wie erwartet auf Pia zu, sondern wandte sich von ihr ab. Vor der zweiten Tür des Durchgangs bezog er Stellung. Sie hätte ihm bequem in den Rücken schießen können. Was hielten sie von ihr?

»Sind da keine Patronen drin?« fragte sie mißtrauisch und schaute auf ihre Maschinenpistole.

»Patronen?« Er lachte wieder. »Sind wir im Wilden Westen? Ist das ein Repetiergewehr? Lady, Sie haben ein Magazin, und das ist voll. Schießen Sie nur einmal gegen das Polizeischiff, und Sie werden die Wirkung erkennen!«

»Ich hatte eigentlich nicht vor, auf die Polizei zu schießen!«

»Vielleicht tun Sie's noch!«

»Ich wüßte nicht, warum!« Sie blieb stehen und schwor sich, keinen Millimeter nachzugeben.

Marc hatte dem Schwarzgekleideten mit seinem Gürtel die Hände zusammengebunden, und jetzt stand er neben ihm und hoffte, daß er noch eine Weile Ruhe gab. Ferhat schaute stoisch über alles hinweg, und Nadine saß inzwischen teilnahmslos in ihrer Ecke. Zumindest hatte sie mit dem Heulen aufgehört, dachte Marc. Das hier war eben keine Fahrt für schwache Gemüter. Er hätte gern gewußt, wo Pia mit der Maschinenpistole hinwollte. Während er den Kerl da fesselte, war sie einfach losmarschiert. Und er konnte jetzt nicht hinterher, weil er seinen Gefangenen nicht unbewacht liegenlassen wollte. Wenn nur Uli da wäre, dann wäre das eine klare Sache unter Männern. Jeder könnte sich auf den anderen verlassen. Aber so? Seine Frau hatte manchmal exzentrische Einfälle und von männlicher Kameradschaft keine Ahnung.

Der Kerl zu seinen Füßen bewegte sich. Wachte er etwa schon auf? Sollte er sich vorsichtshalber mit einer weiteren Flasche bewaffnen? Aber Marc war nicht der Mensch, der andere niederschlug. Sicherlich hatte der Kerl unter seiner Mütze eine üble Platzwunde. Zumindest fand Marc, daß die Mütze über dem Hinterkopf feucht aussah, aber so ganz genau wollte er das gar nicht wissen, weil ihm von zuviel Blut schlecht wurde. Im Grunde wurde ihm schon übel, wenn er ein Krankenhaus aus der Ferne sah. Vielleicht wäre es nicht schlecht, wenn Ferhat noch einmal… aber der schaute weiterhin geradeaus.

Noch bevor Marc es richtig begriff, knallte ihm ein Schlag die Füße weg, und er lag auf den Brettern. Stöhnend wollte er sich aufrichten, aber etwas hielt ihn davon ab. Es war der Mützenmann. Er hatte Marc eine seiner Pranken hart auf die Schulter gelegt und schaute ihm aus gleicher Höhe durch seine Sehschlitze direkt in die Augen. Marc hielt es für angebracht, sich ruhig zu verhalten, und hob als internationales Friedenszeichen beide Hände. Aus den Augenwinkeln konnte er sehen, daß der Typ neben ihm behende aufsprang. Seine Fessel warf er Marc verächtlich an den Kopf. Die eckige Schnalle traf ihn knapp über dem Ohr und tat höllisch weh. Noch mehr aber schmerzte ihn die Erkenntnis, daß der Designergürtel sein Geld nicht wert war. Die Naht hatte nicht gehalten. Jetzt konnte er nur hoffen, daß Pia nicht in Gefahr war.

Marc war dem Schwarzen gefolgt. Ferhat hatte weiterhin geradeaus geschaut, Nadine war ihm mittlerweile egal. Jetzt wollte er wissen, ob die anderen noch lebten. An der Tür zum Durchgang blieb er stehen, das breite Kreuz der Wollmütze versperrte ihm den Weg.

»Was ist?« fragte er ungeduldig, erntete aber nur ein unwilliges Gemurmel. Aber er gab einige Zentimeter frei, und da stockte Marc der Atem. Vor dem Mützenträger stand seine Frau, das Maschinengewehr im Anschlag, so als ob dieser Barbar nicht direkt hinter ihr stünde. Vor ihr saßen seine Tochter und Anja einträchtig auf der Bank, Kim mit einem Pistolenlauf am Schädel, den dieser andere hielt, Anja offensichtlich recht entspannt.

»Party, was?« sagte er, weil ihm so schnell nichts anderes einfiel.

»Gleich zu Ende«, antwortete der Kerl mit der Pistole, ohne sich die Mühe zu machen, überhaupt nach ihm zu schauen.

Marc hatte das dringende Bedürfnis loszulachen, so wie man bei Beerdigungen plötzlich loslachen kann, weil man von Gefühlen so völlig überwältigt ist, daß sich die Handlungen nicht mehr steuern lassen. Eine Überreizung, analysierte er, aber es nützte nichts. Er stand hier auf seiner schwimmenden Ferieninsel mit irgendwelchen Gangstern, mit einem Polizeischiff vis-à-vis, das nach wie vor seine Bordkanone auf ihre Breitseite gerichtet hatte, und mit der Frau seines Lebens, die gerade »Bonnie and Clyde« spielte. Die Situation war zu abwegig, um real zu sein.

»Klärt mich bitte mal einer auf?« fragte er. In seinem Unternehmen hätte er jetzt losgepoltert, aber seltsamerweise stellten sich jetzt plötzlich die Managerübungen ein, die er damals für sinnlos gehalten hatte: erst fragen, dem anderen eine Chance geben – abwarten.

»Wir haben einen gemeinsamen Feind«, sagte der Typ, der seiner Tochter die Knarre an die Schläfe hielt.

Jetzt erkannte er ihn auch an seinen teuren Schuhen. Es war der Anführer.

»Und der heißt?« fragte Marc und verkniff sich einen zynischen Unterton.

»Die Polizei!« antwortete seine Frau.

»Aha!« sagte er und überlegte kurz. Leg dich nicht mit deiner Frau an, sagte er sich, das ist der verhängnisvollste Fehler, der einem Mann passieren kann. »War die Polizei nicht immer dein Freund und Helfer?«

»Eine Lieferung, zwei Abnehmer, du versteh'n?«

Das war seine Tochter. So rotzig konnte nur seine Tochter daherreden.

Konziliant bleiben, diesen Tip hatte ein Beratungslehrer den ratlosen Eltern pubertierender Töchter gegeben. Pia hatte ihn zu einer Elternsprechstunde geschleppt, und er hatte sie dafür gehaßt.

»Interessant«, sagte er vorsichtig und gleich darauf: »Scheiße!«

Die verwunderte Ermahnung seiner Tochter und seiner Frau hörte er gleichzeitig, dann schob er sich an dem schwarzen Kerl vor sich vorbei, der penetrant nach Schweiß roch. Vielleicht sollte Marc in der Türkei einen Markt für Richard-Parfümartikel erschließen. Ganz offensichtlich war Bedarf.

»Soll das heißen, hier stecken alle unter einer Decke, und wir sind die Blöden? Ich sitze im Knast, und in Deutschland erscheinen idiotische Artikel, weil ihr euch hier um irgendeine Beute kloppt?«

»Kokain, Papi. Darum geht es hier!«

Der aufklärerische Ton seiner Tochter ging ihm auf die Nerven, bevor er erfaßte, was sie gesagt hatte.

»Woher willst denn du das wissen?!« Das war der Anführer.

»Cannabis wird Franco hier nicht gezüchtet haben!«

»Kim, der Mann hält eine Pistole an deinen Kopf!« Marc spürte seinen Blutdruck steigen.

»Okay, Mutti zielt ja auch auf uns!«

»Wenn Ihre Frau die Maschinenpistole abgibt, nehme ich die Pistole weg!«

»Pia!«

»Ich denke nicht daran! Am Schluß landen wir alle in irgendeiner Kajüte und dann auf dem Grund des Meeres. Ich habe noch nie einen Rückflugschein verfallen lassen!«

»Pia!«

»Mir doch egal!«

Sie standen und schwiegen.

Doch plötzlich war der Durchgang in helles Licht getaucht. Die Suchscheinwerfer des Polizeischiffs waren wieder eingeschaltet worden und leuchteten die »Dogukan« an.

»Wollen die jetzt entern?« fragte Marc hoffnungsfroh.

»Vielleicht wollen sie eine Entscheidung erzwingen, weil sie Dienstschluß haben. Oder weil ihnen der Sprit ausgeht.« Der Anführer drehte sich kurz nach dem Boot in seinem Rücken um. »Vielleicht finden sie die Situation hier etwas merkwürdig und wollen sich mal ein genaues Bild machen, vielleicht wollen sie aber auch nur mitspielen. Wer schaut schon in eine türkische Seele ...«

»Ihre ist doch deutsch, oder nicht?« Im Grunde war es Marc egal. Er war beleidigt, weil Pia überhaupt nicht auf ihn hörte. Schließlich war sie ihm anvertraut worden und nicht umgekehrt!

Nadine spürte, daß sie plötzlich alleine war. Sie lockerte ihre Haltung etwas, hob den Kopf und blinzelte zwischen ihren Haaren hindurch. Das war interessant. Außer ihr und Ferhat war offensichtlich niemand mehr im hinteren Teil des Schiffes. Sie überlegte, ob ihr dies Anlaß zur Beunruhigung geben sollte, entschied dann aber, daß es ihr lieber war, die anderen bekriegten sich im vorderen Teil des Schiffes und hielten sie aus allem raus. Es hatte seinen Reiz, so alleine auf einem Piratenschiff zu sitzen – zumal alleine mit Ferhat. Sie musterte ihn. Er sah wie ein verwegener Abenteurer aus, wie er dort stand, braungebrannt in seiner weißen Uniform und seiner Dienstmütze auf dem lockigen Kopf. Vorhin, als sie unten an der Bar waren, hatte sie ernsthaft überlegt, ob sie Friedrich mit Ferhat eins auswischen könnte. Jetzt war sie schon einen Schritt weiter und spielte mit dem Gedanken, ob sie sich selbst etwas Gutes tun könnte. Die Frage war nur, ob sie dazu noch Gelegenheit haben würde, und noch schwieriger, ob Ferhat überhaupt Lust dazu verspürte. Andererseits war sie ja kein häßliches Entlein, nur weil sie ausrangiert worden war. Pfui, dachte sie im gleichen Moment, red nicht von dir wie von einem alten Büfett, du bist ein Mensch, eine Frau in den besten Jahren. Was nützte es, um Friedrich zu heulen? Wenn sie ehrlich war, hätte Friedrich in dieser Situation auch nicht gerade die beste Figur abgegeben. Er war ja eher ein Feigling – wie lange hatte er gebraucht, um ihr sein Verhältnis zu gestehen? Er hatte Angst vor ihr – vor ihr und den Konsequenzen. So einem konnte sie doch nicht nachheulen!

Schau nach vorn, Nadine, sagte sie sich, und sie tat es sofort, und wieder traf ihr Blick Ferhat. Und seiner traf ihren.

Er schenkte ihr ein Lächeln, das sein ohnehin männliches Gesicht in markante Falten legte. Ach, wie konnten Falten ein Gesicht so anziehend machen, dachte sie, und so wild! Nadine strich sich die Haare aus den Augen, um ihn besser sehen zu können. Sie war eine hübsche Frau Anfang Fünfzig, die früh geheiratet und sich danach lange auf ihren Mann verlassen hatte. Sie mußte an seiner Seite nie viel reden, aber immer gut aussehen, die Frau von Welt, die sich hübsch und edel anzuziehen und zu frisieren wußte. Sie war sein Ausstellungsstück, und sie hatte nicht nur sich selbst in dieser Rolle gesehen, sondern auch ihre Wohnung zu einem Ausstellungsareal gemacht. Dreihundert Quadratmeter in der besten Düsseldorfer Gegend, Penthouse mit Blick auf einen gepflegten Park, Marmor, Designermöbel und Seidenrosen, die schweren Vorhänge passend zur Couchgarnitur, sie hatte nichts dem Zufall überlassen, und wenn ihre Putzfrau dagewesen war, hatte sie sich anschließend selbst die Gummihandschuhe übergestreift und den offenen Kamin noch einmal so gewienert, daß er wie neu aussah. Sie liebte es luxuriös und perfekt. Und jetzt hätte sie gern den Kapitän vernascht.

»Jetzt laßt uns doch mal vernünftig reden!« Kim schob sich mit der Hand den Lauf von ihrer Schläfe. »Ich meine, wir alle wollen doch irgendwie aus dieser Sache herauskommen!«

»Wie wahr, wie wahr«, sagte der Anführer versonnen und legte sich die Waffe lässig auf den Oberschenkel. »Und welche vernünftige Idee hat die Erbprinzessin? Auch durchs Fenster türmen?«

»Wieso *auch* durchs Fenster türmen?« fragte Pia und hob die Waffe, die sie bereits hatte sinken lassen. »Wieso *auch*?«

»Meinen Sie, es macht sich gut, wenn Sie so demonstrativ auf mich zielen? Wenn die Polizisten das mitkriegen, denken sie, alles sei in Butter, und kommen rüber!«

»Ja, hoffentlich!« sagte Pia und nickte energisch.

»Und wenn *wir* dann auch schießen?«

»Was heißt *auch*?«

»Hab ich *auch* gesagt? Nun, wenn die Polizisten schießen, schießen wir natürlich *auch*!«

»*Auch* durchs Fenster?!«

»Mutti, du bist mühsam! Alissa ist durchs Fenster abgehauen! Mit dem Schlauchboot der Jungs hier!«

Pia ließ die Pistole sinken und starrte ihre Tochter an.

»Mitten auf dem Meer? Bei Nacht? Alleine? Ist sie wahnsinnig?« Sie drehte sich zu Marc um. »Wer ist denn auf eine solch hirnverbrannte Idee gekommen!?«

Er verschränkte die Arme. »Ich sicherlich nicht, falls du das glaubst!«

»Nun, sie ist fort, und wir brauchen jetzt eine Lösung!« Kim schaute dem Anführer in die Augen. »Und wie sieht die aus?«

»Wir nehmen euer zweites Beiboot, hauen ab, und alles ist, als wäre nie etwas gewesen!«

»Ha!« machte Marc. »Entführung, Freiheitsberaubung, Schußwaffengebrauch – als wäre nie etwas gewesen? Die Kinder werden einen Psychiater zur Bewältigung des Traumas brauchen – und wer sagt uns, ob Alissa das übersteht? Und Uli? Irgendwo dort draußen …«

»Papa! Ich habe kein Trauma! Und Alissa ist erwachsen! Und Uli ist sowieso der Größte, jetzt laß uns doch Nägel mit Köpfen machen!« Sie seufzte im gleichen Tonfall wie Eltern, die stressige Zöglinge haben, was Pia dazu veranlaßte, sich nach Marc umzudrehen.

»Haben wir in unserer Erziehung etwas falsch gemacht?«

»Mein Gott«, raunzte Kim. »Ihr habt mich doch gar nicht erzogen, ihr hattet doch überhaupt keine Zeit dazu. Ich habe mich selbst erzogen, und da müßt ihr jetzt durch!«

»Der Himmel steh mir bei!« Pia hatte die Waffe an ihr Bein gelehnt und beugte sich vor. »So, Fräulein Schlaumeier, und wie geht es jetzt weiter?«

»Wir lassen den Jungs das Beiboot runter, so daß die Polizisten das nicht merken, lassen sie wegschippern, verziehen uns gemeinsam in eine Kabine, und wenn die Polizisten uns dann befreien, gibt es kein Rauschgift, keine Jungs und keine Gefahr. Alles im grünen Bereich!« So einfach ist das, fand zumindest Kim.

»Und warum sollten wir das tun?« Anja rieb sich die Oberarme, Gänsehaut war ihr über den Körper gelaufen.

»Weil wir dann ohne Blutvergießen aus der Sache raus sind. Ich will nicht dazwischenstehen, wenn die anfangen, aufeinander zu ballern!«

»Das tun sie doch gar nicht.« Anja wies mit einer offenen Hand zum Polizeischiff hin. »Wahrscheinlich sind es die besten Freunde unserer Maskierten hier und hatten eigentlich vor, die Beute zu teilen!«

Der Anführer ließ ein kehliges Lachen hören. »Die Beute wollen sie schon haben, das stimmt – aber teilen?« Er drehte sich nach dem Polizeiboot um. »Die warten auf etwas. Entweder auf eine günstige Gelegenheit, die hätten sie aber schon längst gehabt, oder auf irgendeinen Befehl. Vielleicht sollten wir den nicht abwarten!«

»Wenn wir jetzt plötzlich alle zusammenhalten und Ihnen auch noch das Beiboot vom Deck herunterangeln sollen, dann müssen Sie aber auch mal Ihre dämlichen Strickmützen abziehen, damit wir wissen, mit wem wir es zu tun haben!«

Marc hatte sich neben Pia gestellt und leicht den Arm um ihre Hüfte gelegt.

»Wenn wir von Bord gehen, leben Sie länger. Und wenn wir unsere Gesichter nicht zeigen, möglicherweise auch!«

Marc und Pia schauten sich an.

»Im nächsten Jahr fahren wir in den Bayerischen Wald«, sagte Marc bestimmt.

»Aber vorher holen Sie uns das Beiboot!«

Anja wurde vom Anführer auserwählt, um Ferhat die neue Situation zu schildern. Er sollte seine Jungs beauftragen, das Boot im Schatten der »Dogukan« zu Wasser zu lassen, so daß die Männer in die Dunkelheit fliehen könnten. Seine Crew durfte dabei keine Dummheit machen, sonst ginge sicherlich eine Schießerei mit blutigem Ausgang los.

Ferhat hatte keine Lust auf eine Schießerei, er wollte die Kerle so schnell wie möglich von seinem Schiff herunter haben. Schlimm genug, daß es schon so lange dauerte und daß sie so viel verwüstet hatten.

Er nickte Anja zu. »In Ordnung! Aber ich bleibe hier an meinem Steuer, sonst fällt das sofort auf. Und dieser ›Anführer‹ soll meiner Crew in meinem Auftrag erklären, was sie tun sollen. Sie werden das schon hinkriegen, sind ja erprobte Seeleute – und Soldaten!«

»Soldaten?« Erschrocken blieb Anja stehen; dabei glitt ihr Blick zu Nadine, die sich in der Nische kokett halb an den Eßtisch gelehnt, halb darauf gesetzt hatte. Ihr Sommerkleid war hochgerutscht und ließ gebräunte straffe Oberschenkel sehen. Ihre Haare hatten den Taftlook verloren und sich wild um ihr Gesicht gelegt. Sie sah völlig verändert aus.

»Nun, die haben alle ihren Militärdienst absolviert, das sind harte Jungs«, erklärte Ferhat und warf einen Blick zum

Polizeiboot. »Die hätten schon längst stürmen müssen«, fügte er hinzu. »Seltsam genug, daß sie es bis jetzt nicht getan haben!«

»Hoffentlich bleibt es so«, sagte Anja und huschte zu den anderen zurück in das Deckhaus. Ferhat zwinkerte Nadine zu.

»Wenn alles glattgeht, bin ich morgen bei meiner Familie«, sagte er.

Alissa kämpfte gegen bislang ungekannte Ängste. Der Motor lief ruhig, sie fuhr zügig in Richtung Norden. Die Wellen besprühten sie zwischendurch mit ihrer Gischt, aber sie waren keine Gefahr, denn der Wellengang war eher mäßig. Trotzdem fühlte sie sich von Minute zu Minute unwohler. Krieg bloß keine Panik, sagte sie sich und versuchte, ihre Gedanken auf alles mögliche zu lenken. Auf Falk.

Konnte es tatsächlich möglich sein, daß unter der Strickmütze dieses Unbekannten Falk steckte? Sie versuchte, sich sein Gesicht in Erinnerung zu rufen, aber es schoben sich andere Bilder davor. Die Vorstellung, was sich unter ihr abspielte, wie tief und dunkel dieses Meer war, welche Tiere dort lebten, ob vielleicht schon ein Jäger direkt unter ihr schwamm und sie belauerte, ließ sie zittern. Ihre Phantasie spielte ihr einen Streich, ständig sah sie Ausschnitte aus irgendwelchen Filmen, bevorzugt aber aus »Der weiße Hai«, was sie zusammengesunken und regungslos auf ihrem Sitz verharren ließ.

Stell dich nicht so an, sagte sie sich immer wieder, hier gibt es keine weißen Haie, aber dann kam ihr wieder Franco in den Sinn, und sie mußte daran denken, wie er wohl als Wasserleiche aussah. Kaum hatte sie dieses Bild verdrängt, dachte sie wieder darüber nach, was sich wohl direkt unter ihr im

Meer abspielen mochte. Die Tiefe ängstigte sie am meisten, obwohl sie wußte, daß man auch in zwei Meter tiefem Wasser ertrinken konnte, und manch einer hatte es ja schließlich auch schon in einer Pfütze geschafft. Aber es ging ihr nicht um den Schrecken des Ertrinkens, sondern um das Unheimliche, Fremde.

Sie begann Gedichte aufzusagen. Laut vor sich hin, um sich auf die Texte konzentrieren zu müssen. Aber selbst das nützte nichts. Die Bilder standen vor ihr. »Haut ab!« schrie sie, aber in diesem Moment hatte sie ein seltsames Gefühl in ihrem Slip. Sie stutzte, dann mußte sie lachen und öffnete schnell ihren Reißverschluß. Kims Handy vibrierte in ihrem Slip. Ein Glücksgefühl überkam sie: Sie war doch nicht alleine auf der Welt.

Alissa bekam das Handy gerade noch rechtzeitig an ihr Ohr.

»Ja?« sagte sie.

»Kim?«

»Nein, Alissa!«

»Ach, Alissa, hier ist Chara. Ich wollte nur fragen, ob ihr uns holen könnt, die haben uns gehen lassen. Bis auf Riccardo. Keine Ahnung, warum.«

Alissa mußte lachen. Sie spürte selbst, daß es ein irres Lachen war, aber es schüttelte sie durch und durch, und sie war kurz vor einem Heulkrampf. Dann bekam sie Angst, Chara könnte einfach auflegen.

»Entschuldige«, schniefte sie und nahm den Gashebel etwas zurück, um sich besser verständigen zu können. »Wir sind überfallen worden. Ein paar Typen mit schwarzen Mützen. Sie haben das ganze Boot verwüstet und suchen etwas, das Franco dort versteckt haben soll ...«

»Soll ich die Polizei rufen?«

»Die sind schon vor Ort. Die ›Dogukan‹ und das Polizeiboot sind irgendwo auf dem Meer. Ich bin mit dem Schlauchboot der Banditen getürmt und bin jetzt auch ...« sie senkte die Stimme, »... irgendwo auf dem Meer ...«

»Das ist ja entsetzlich! Kann ich was für dich tun?«

»Ich will versuchen, zur Küste zu kommen. Wenn ich dann herauskriege, wo ich bin, kannst du mir ja vielleicht helfen.«

»Was heißt da vielleicht! Natürlich werde ich das tun! Ich rühre mich jetzt nicht vom Fleck. Und du solltest besser deinen Akku schonen!«

Erschrocken schaltete Alissa ab. Chara hatte recht. Wenn der Akku erst mal leer war, würden sie sich nicht finden.

Aber das Gespräch hatte ihr gutgetan. Sie fühlte sich schon nicht mehr so einsam, sondern es war jemand da, der auf sie wartete. Sorgfältig verstaute Alissa das Handy in ihrer Oberschenkeltasche, schloß den Knopf und drückte den Gashebel nach unten. Solange sie Sprit und Akku hatte, stand ihr die Welt offen.

Der Anführer war indessen dabei, seine Idee in die Tat umzusetzen.

»Okay«, sagte er, nachdem Anja zurückgekommen war, »Sie sammeln jetzt alle Handys ein. Schauen Sie in jeder einzelnen Kabine nach, und versuchen Sie bloß nicht, mich zu betrügen. Ich weiß, wo sie liegen und wie viele es sind!«

»Und was soll das?« fragte Marc, als vier Handys auf dem Tisch lagen.

»Das frage ich mich auch – sieben Passagiere an Bord, nur vier Handys?«

»Ich brauche kein eigenes«, erklärte Marc unwirsch. »Und Alissa mußte ihres ja über Bord werfen. Also liegen hier Kims, Pias, Nadines und Ulis Handy. Stimmt doch!«

Der Anführer schob sie ein bißchen hin und her. »Eines fehlt. Verarschen kann ich mich selber!«

»Und?« Marc machte einen kleinen Schritt vor. »Wen interessiert denn das? Was sollen wir denn mit einem Handy – die Polizei um Hilfe rufen? Die ist doch schon da!«

»Ich will sicher sein, daß unser Vorsprung möglichst groß ist. Es müssen fünf Handys sein!« Er schaute Anja durch seine Augenschlitze düster an. »Also! Wo ist das fünfte?«

Kim ließ einen Seufzer hören. »Also gut, Alissa hat meines mitgenommen. Es können nur vier sein!«

Für einen kurzen Augenblick sah es aus, als ob er ihr den Waffengriff über den Schädel hauen wollte, aber er brach die unbeherrschte Bewegung in der Luft ab und schaute zum Polizeischiff hinüber.

»Dann wird's jetzt Zeit! Ich bleibe hier. Marc, Sie gehen zu den Jungs in der Kombüse und sagen ihnen, was zu tun ist. Die müssen sich hinter uns rausschleichen, so daß sie auf keinen Fall vom Polizeischiff aus zu sehen sind. Erst kurz bevor wir drei in das Beiboot steigen, werde ich Sie alle zusammen in eine der Kabinen einschließen. Und dann sind Sie uns los!«

Alle schauten Marc nach, wie er zur Kombüsentür ging und in betont deutlichem Deutsch versuchte, Hussein zu erklären, worum es ging.

»Hoffentlich verstehen die das«, sagte Pia laut, »sonst geht noch alles schief!«

»Das wollen wir nicht hoffen!« Der Anführer stupste Kim an. »So, du und Anja, ihr stellt euch jetzt auch an die Tür, damit ihr einen guten Sichtschutz bietet. Dann kann's losgehen!«

»Sichtschutz oder Schutzschild?« fragte Kim keck, aber er griff nur hart ihren Oberarm und zog sie von der Bank hoch.

»Umbringen könnte ich euch auch selbst, da bräuchte ich keine Polizei dazu, also los, macht schon!«

Alissa war sich nicht sicher, ob sie wirklich etwas sah oder ob es nur ihre Einbildung war. Aber wenn sie die Augen zusammenkniff und ganz schnell wieder aufriß, war am Horizont etwas Dunkles zu sehen, das einer Steilküste ähnelte. Sie versuchte es wieder und wieder, traute ihren Augen aber trotzdem nicht ganz. Es war einfach eine scheußlich dunkle Nacht, und sie sah kaum die Hand vor Augen. Wie wollte sie da eine ferne Küste ausmachen?

Was konnte sie Chara sagen, wenn sie sie traf? Und was sollten sie tun? Mußten sie tun? Alissa hatte keine Ahnung. Gab es neben der Polizei eine andere Macht, der sie trauen konnten? Aber wer sollte das sein? Der Zoll? Das Militär? Und welches Argument hatte sie, daß sie der Polizei *nicht* traute? Das wäre wohl in Deutschland schon schwierig, aber hier in der Fremde?

Ein harter Stoß riß sie von ihrem Sitz, doch sie konnte sich gerade noch rechtzeitig am Lenkrad festhalten, um nicht über Bord zu gehen. Sie zog sofort den Gashebel in den Leerlauf. Das knirschende Geräusch war ohrenbetäubend gewesen, und ihr brach der Angstschweiß aus. Sie war aufgelaufen, wußte aber nicht, worauf. Es mußte ein Felsen vor der Küste sein. Die Tränen schossen ihr in die Augen, und sie traute sich nicht, den Gashebel zu betätigen. Wenn tatsächlich ein Fels unter ihr war, würde sie die Schraube so nur vollends schrotten. Sie griff nach der Taschenlampe, legte sich vorne bäuchlings auf den Gummiwulst und leuchtete direkt ins Wasser. Außer dem eigenen reflektierenden Lichtschein konnte sie aber nichts erkennen. Dann ließ sie den Lichtkegel um das Boot wandern, aber er verlor sich ringsherum in der Dunkelheit. Mist! Hatte sie die einzige Felsnase weit und breit getroffen? Das war dann wohl wie ein Sechser im Lotto!

Sie schob sich zuerst auf der Backbord- und dann auf der Steuerbordseite über den Bootsrand und tauchte die Hand ins Wasser, wobei sie sich fürchterlich gruselte. Als sie nichts fühlte, war es ihr jedoch auch nicht recht. Was jetzt? War sie schon darübergeschrammt und konnte nun weiterfahren? War die Schraube überhaupt noch funktionstüchtig?

Sie schloß die Augen, zählte bis drei und drückte den Gashebel langsam und vorsichtig nach vorn. Es hörte sich alles normal an. Der Motor lief gleichmäßig, und die Schraube schien zumindest noch dran zu sein, denn das Boot bewegte sich vorwärts. Aufatmend ließ sich Alissa auf ihren Sitz sinken, setzte sich dann aber sofort wieder stocksteif hin, alle Sinne geschärft. Sie mußte auf alles gefaßt sein. Vielleicht tauchte vor ihr urplötzlich ein Hindernis auf, dann wollte sie nicht gedankenlos hineinrumpeln.

Das Beiboot der »Dogukan« war zu Wasser gelassen worden, und auf dem Polizeischiff hatte man offensichtlich nichts bemerkt. Pennten die? Pia konnte es kaum glauben. Klar hatten sie sich an Deck kaum von der Stelle bewegt. Anja und Kim standen jetzt zwar bei ihr an der Tür, aber für die Polizei mußte klar sein, daß sie noch immer bedroht wurden. Scharfschützen hätten die schwarzmützigen Jungs längst weggepustet. Wollten die sie am Ende gar nicht retten? War das so eine Art Betriebsausflug? Räuber und Gendarm? Sie schaute Kim an. Die grinste.

»Ob Papa nächstes Jahr wohl wieder segeln will?« fragte sie boshaft.

Pia lächelte zurück. »Was denkst du?«

»Genau was er gesagt hat: eine Almhütte im Bayerischen Wald mit zwanzig Bodyguards und fünf scharfen Hunden …«

»… wo er doch Angst vor großen Hunden hat …« Sie kicherten beide.

»Was gibt's dort?« Der scharfe Ton des Anführers brachte sie ins Hier und Jetzt zurück. Er stellte sich breitbeinig vor ihnen auf, raunte seinem Kumpel kurz etwas zu und ließ dann die Crew wieder hereinkommen und erneut in der Kombüse einschließen.

Dann erschien der dritte Mann mit Nadine. Sie blieb hinter Pia stehen. »Und jetzt?« sagte sie im aufmüpfigen Ton einer Minderjährigen.

»Jetzt können Sie entweder ins Wasser springen oder mit den anderen in die hintere Heckkabine gehen!« Er nickte Kim zu. »Du kennst sie ja schon. Rausklettern hätte jetzt allerdings keinen Sinn mehr …«

Kim sagte nichts.

»Okay.« Der Anführer nickte seinen beiden Kumpanen zu. Der eine verschwand nach hinten zum Kapitän, der andere bezog Stellung im Niedergang.

Plötzlich zog die »Dogukan« an, der Kapitän hatte Gas gegeben. Das Polizeiboot wurde von dem schnellen Anfahren des Segelschiffs überrascht und blieb ein paar Längen zurück. Bis sie aufgeholt hatten, waren Marc, Pia, Kim, Anja und Nadine in der Heckkabine eingeschlossen worden. Die drei Männer saßen bereits im Beiboot und machten sich in der Dunkelheit davon.

»So! Jetzt sitzen wir wie die Mäuse in der Falle!« Pia stand mit verschränkten Armen vor der verschlossenen Tür und musterte sie. »Das kann doch eigentlich kein richtig dickes

Holz sein, oder?« Sie schaute sich nach den anderen um. »Marc, kriegt man so was mit kräftigen Männerschultern auf?«

»Meinst du mich?« Er hatte sich vorsichtig auf das Einzelbett an der Innenwand gesetzt, das fast nur noch aus herausgerissenen Matratzenteilen und aufgeschlagenem Holz bestand.

»Eigentlich ja!« Pia runzelte die Stirn.

»Die Tür geht nach innen auf. Wie, glaubst du, soll ich da mit meinen Tarzanschultern durchbrettern?«

Pia musterte die Tür. »Stimmt! Mist!«

Nadine ließ sich neben Marc sinken. »Wir lassen uns retten«, sagte sie zu ihm und zuckte die Schultern. »Das kann sich doch nur noch um Minuten handeln. Die werden doch gleich merken, daß hier niemand mehr ist!«

»Oder sie glauben an eine Falle und fackeln den Kahn ab!« Kim inspizierte das Fluchtfenster.

»Großartige Idee!« Marc nickte. »Noch so eine, und ich streiche dich aus meinem Testament!«

Anja ließ sich vorsichtig auf das ebenfalls zerstörte Doppelbett sinken. In ihrem leichten Leinenkleid wirkte sie wie ein zarter Schmetterling, der sich mit viel Bedacht eine geeignete Blüte sucht. »Wie wäre es«, begann sie langsam, jedes Wort abwägend, »wenn wir uns einmal Gedanken darüber machen würden, was das hier eigentlich zu bedeuten hat? Warum gerade uns so etwas passiert?«

»Was?« Marc schenkte ihr einen ungläubigen Blick. »Wie meinst du das? Esoterisch oder so?«

»Papa! Zieh's nicht ins Lächerliche ...«

»Also, jetzt bitte, seit wann ist Esoterik lächerlich?« Nadine richtete sich auf. »Es gibt vieles zwischen Himmel und Erde ...«

»Ja, schon! Aber hilft uns das, hier herauszukommen?«

»Papa, Anja will doch nur ergründen, warum wir überhaupt hier drin sind!«

»Ich sag doch, es wird esoterisch!«

Anja schien davon unbeeindruckt und schaute Marc mit einem stillen Lächeln an.

»Warum bringt Franco uns in eine solche Situation?« fuhr sie fort.

»Weil er ein Drecksack ist!«

»Papa!«

»Ist doch wahr!«

»Oder wollte er uns gar nicht in diese Situation bringen? Ist das alles ein großes Mißverständnis?« Anja sinnierte weiter, und ihr Blick wanderte von Marc zu Pia. »Glaubst du, er hat uns benutzt?«

»Wenn er nicht selbst dabei gestorben wäre, könnte man es sich vielleicht gerade noch vorstellen. Aber uns benutzen und selber dabei umkommen, das paßt doch vorn und hinten nicht zusammen!«

»Ja, das denke ich auch.« Anjas Stimme war zart, ihre dunklen Augen glänzten.

»Was denkt ihr? Ich verstehe kein Wort.« Marc schaute zwischen Anja und Pia hin und her.

»Nun«, Anja lächelte ihn an, »es liegt doch auf der Hand: Er hat hier nichts versteckt und ist auch nicht umgekommen!«

»Na!« Marc fuhr sich über seine kurzgeschnittenen weißen Haare. »Das ist eine Theorie von vielen!«

»Aber sie ist so gut wie jede andere.« Anjas Blick versenkte sich in seine Augen.

»Und wie sind die anderen?« Kim hatte das Klappfenster weit nach außen gestellt und lehnte sich jetzt mit dem Rücken gegen die Fensteröffnung.

»Kim, geh doch bitte vom Fenster weg!« Marc machte eine wegscheuchende Handbewegung. »Du verstopfst die Klimaanlage!«

»Ich will nur wissen, wie die anderen Theorien sind!«

Pia rumste mit der Schulter gegen die Tür. »Ich denke, sie haben Franco umgebracht, um an das Zeug zu kommen!«

»Unter Wasser gezogen? Froschmänner?« Kim beugte sich neugierig vor.

»Mit einem Präzisionsgewehr hätte man ihn bequem abschießen können, schließlich reichte es ja auch für ein Teleobjektiv, und wir wissen nicht, woher!«

»Und die Typen, die sein Rennboot durchsucht haben, haben gefunden, was sie suchten, und es war überhaupt nie etwas hier auf der ›Dogukan‹.«

»Wenn sie gefunden hätten, was sie suchen, wären sie doch nicht hierhergekommen!« Pia warf Kim einen nachdenklichen Blick zu. »Oder es sind ganz andere!«

In diesem Moment polterte etwas gegen die Bordwand.

»Nun gut, jetzt kommen sie«, sagte Marc lakonisch.

Alissa fuhr langsamer und leuchtete immer wieder nach vorn, um nur bloß nichts zu übersehen. Als sie plötzlich drei Lichtzeichen als Antwort bekam, wäre sie vor Schreck fast umgefallen. War das ihre eigene Spiegelung? Nein, das konnte nicht sein. Sie schaltete die Taschenlampe aus und blinkte dreimal kurz auf. Es kam das gleiche Signal zurück, und es schien nicht weit zu sein. Aber sie konnte die Entfernung nicht genau einschätzen. Was war jetzt das? Fuhr sie genau in einen Schmugglerring hinein? Was konnte man hier überhaupt schmuggeln? Zigaretten?

Plötzlich wurde das Meer vor ihr hell. Entsetzt legte sie sofort die Hand auf den Gashebel. Im Notfall würde sie zurückziehen und rückwärts abhauen. Dann erkannte sie menschliche Gestalten, die mit Taschenlampen unter Wasser schwammen. Das konnte nichts Gefährliches sein. Sie atmete auf. Die fischten, ja klar! Vor Erleichterung lachte sie und lokkerte ihre verkrampfte Hand auf dem Gashebel. Fischer! Es sah zwar unheimlich aus, aber das war ja nun wirklich harmlos.

Alissa blinkte noch einmal kurz auf und erhielt wiederum Antwort. Sie entschloß sich, direkt dorthin zu fahren, denn schließlich waren es menschliche Wesen, also genau das, was sie gesucht hatte.

Dann hielt sie trotzdem noch einmal kurz inne. Was, wenn das Dynamitfischer waren und sie gleich mit ihrem Boot in die Luft flog? Wenn die geheimnisvollen Lichtzeichen Warnsignale waren und sie sie nur falsch gedeutet hatte? Aufsatz fünfzehn Punkte, dachte sie, schon wieder trieb ihre Phantasie Blüten. Trotzdem griff ihre Hand wieder fester zu. Mußten die Kerle bei stockfinsterer Nacht im Wasser herumpaddeln? Konnten die nicht friedlich irgendwo auf einem erleuchteten Boot sitzen?

Sie hörten, wie sie näher kamen. Die Türen auf dem Weg zu den Heckkabinen wurden rechts und links aufgestoßen, dazu waren laute Stimmen zu hören. Offensichtlich wurde die Crew aus der Kombüse befreit.

»Eigentlich hatte ich keinen Abenteuerurlaub gebucht«, sagte Nadine in die Stille hinein. Das brachte alle zum Lachen, so urkomisch klang es aus ihrem rot geschminkten Mund.

Dann waren sie alle wieder still, denn jemand stand vor ihrer Tür.

Pia nickte entschlossen und nahm die Sache in Angriff.

»Ja, wir sind hier drin«, rief sie und rüttelte an der Klinke. Immerhin wäre es auch komisch gewesen, wenn sie sich von der Polizei nicht hätten retten lassen wollen.

Der Schlüssel drehte sich im Schloß, und kurz darauf stand der deutschsprachige Polizist im Türrahmen. Niemand sprach ein Wort. Er ließ seine Augen über die Menschen und die Verwüstung in der Kabine gleiten.

»Und ich dachte immer, die Deutschen seien ordentlich«, sagte er unter seiner Schirmmütze hervor, verzog dabei aber keine Miene.

Kim zog die Stirn kraus und mußte sich erst einmal sammeln: »Wollen Sie damit sagen, daß *wir* das hier angerichtet haben?«

»Es ist ja sonst wohl niemand an Bord!«

»Und daß wir uns selbst eingeschlossen haben?« Pia stand direkt neben ihm.

»Vielleicht wollte der Kapitän seine Ruhe haben?«

»Ist er ...« Kim sah fragend zu Marc, verkniff sich aber das letzte Wort.

»Wenn Sie uns jetzt bitte folgen würden. Wir müssen hier in Ruhe aufnehmen, was Sie angerichtet haben!«

Er öffnete die Tür und wartete offensichtlich, daß alle hinausgingen.

»Hab ich das jetzt richtig gehört?« fragte Marc. »Sie unterstellen uns, *wir* hätten diesen Kahn so zugerichtet? So eine Art Halbstarkenparty auf einem Urlauberschiff?«

Er zuckte die Achseln. »Mit ein paar tausend Euro dürfte der Schaden behoben sein.« Damit drehte er sich um und ging zur Tür hinaus, blieb aber noch einmal mit einer kurzen, zackigen Drehung stehen. »Wenn Sie so lange auf unserem Polizeiboot warten möchten. Mein Kollege wird Sie dort empfangen! Folgen Sie mir jetzt bitte!«

Nadine lief ihm als erste hinterher, die anderen standen noch ratlos im Raum.

»Paß auf!« sagte Kim und verzog das Gesicht. »Morgen steht in der Boulevardzeitung, daß du ein türkisches Boot bei einem Saufgelage schwer beschädigt hast. Sie werden exklusive Bilder bringen, herausgerissene Betten, durchwühlte Kleider, Wäsche und was weiß ich!«

»Wenn es auf das hinausläuft, dann steckt meine Konkurrenz dahinter!«

»Jetzt komm«, Pia strich mit ihrem Zeigefinger an seinem T-Shirt hinab, »werdet hier bloß nicht hysterisch. Warum die das jetzt so hindrehen, wissen wir nicht. Aber daß sie unrecht haben, wissen sie selbst!«

»Und nützt uns das was, Mama?«

»Kommen Sie jetzt bitte?« kam der Ruf von der Treppe herunter.

»Wir klauen das Polizeiboot«, sagte Anja und grinste. Alle schauten sie entgeistert an.

Alissa traute dem Frieden nicht. *Dein Bauch zeigt den Weg*, dieser Satz war ihr aus irgendeiner großen Lehre in Erinnerung geblieben. Auch wenn sie sich in diesem Moment nicht mehr erinnern konnte, wer das gesagt hatte, so fand sie doch, daß die Aussage stimmte. Sie wollte so schnell wie möglich hier weg. Langsam schob sie den Gashebel nach hinten, als sie von rechts einen Rempler spürte. Ein schneller Blick – und sie wäre fast einem Herzschlag erlegen: Da hing ein schwarzer Gummimann neben ihr über dem Schlauch. Mit beiden Händen hatte er nach innen gefaßt, der Kopf lugte über den Rand. Eine dunkle Taucherbrille, von der Wasser abperlte, glotzte sie an. Mehr wollte sie nicht sehen. Sie riß den Gashebel vollends nach hinten, und das Boot schoß davon.

Der Mann verschwand im Wasserstrudel hinter ihr, was ihr egal war, denn das pure Entsetzen hatte sie ergriffen und hielt sie fest wie ein Schraubstock. Sie donnerte los, ohne zu wissen, wohin. Sie wollte nur diese Schreckgestalt hinter sich lassen und hoffte inständig, auf dem Weg nach vorn keine weitere Felsbekanntschaft zu machen.

Nach einer Weile hatte sie sich wieder so weit im Griff, daß sie das Tempo reduzieren und nach dem Kompaß greifen konnte. Trotzdem mußte sie sich die ganze Zeit umsehen, ständig hatte sie das Gefühl, jemand säße ihr im Nacken.

Sie hatte sich endlich soweit gefaßt und studierte gerade den Kompaß, als sie noch einmal Licht sah. Diesmal schien es tatsächlich ein Schiff zu sein. Sie dämpfte ihren Jubel. Sachte, sachte, wer weiß, was das ist. Trotzdem überkam es sie. Sie gab Gas, und jetzt erkannte sie auch, daß sie nahe an der Küste sein mußte. Trotz der Finsternis zeichnete sich etwas gegen den Himmel ab. Das konnte nur Land sein. Alissa hätte sich jetzt gern mit jemandem gemeinsam gefreut, aber so mußte sie ihre Freude eben für später aufsparen.

»Holen wir nach, holen wir nach«, sang sie und überlegte einen kurzen Augenblick, was derzeit wohl gerade auf der »Dogukan« ablief.

Hoffentlich reichte es noch, um Hilfe zu holen.

Pia war an dem großen Tisch im Durchgang stehengeblieben.

»Wo sind unsere Handys?« fragte sie den türkischen Polizisten, der im Türrahmen auf sie wartete.

»Ihre Handys?«

»Ja, die lagen hier alle auf dem Tisch!« Pia deutete mit dem Zeigefinger auf die Stelle. »Genau hier!«

»Keine gute Stelle für Handys«, sagte der Polizist nur und

zuckte die Achseln. »Eine große Welle, und sie fallen hinunter. Ich würde mein Handy da nicht hinlegen!«

»Aber ...«

Marc zog sie weiter. »Merkst du nicht ...«, sagte er leise und warf ihr einen beschwörenden Blick zu.

»Und? Wer hat sie nun geklaut?« schimpfte Pia halblaut. »Die Gangster oder die Polizisten?«

»Madame?« Der Polizist stand bereits an dem schmalen Steg, über den man zum Polizeiboot gelangte. Er drehte sich nach ihr um. »Gibt es ein Problem? Sind Sie nicht schwindelfrei?«

»Schwindelfrei? Ich schon!« Sie warf ihm einen schrägen Blick zu und ging als erste hinüber. Einer nach dem anderen folgte. Auf dem Polizeiboot erwartete sie am Deckhaus ein weiterer Polizist, der sie anwies, in der schmucklosen Kabine auf einer Holzbank Platz zu nehmen. Sie saßen dicht gedrängt nebeneinander, lehnten sich an die metallene Rückwand und begannen gleich wieder zu reden.

»Ein Elend«, seufzte Nadine und schlug die Beine übereinander.

»Was?« fragte Kim spitz. »Daß du nicht mehr mit Ferhat flirten kannst?«

Entgegen ihrer Erwartung lächelte Nadine. »Er hätte uns retten können!«

»Nicht Friedrich?«

Nadine zuckte nur die Achseln, was so aussah, als ob sie ernsthaft überlege, von wem Kim eigentlich sprach.

»Laß gut sein!« sagte Pia mit einem mahnenden Blick in Richtung Kim. Dann wandte sie sich Nadine zu: »Es ist uns ja nicht wirklich was passiert! Er hätte uns also gar nicht retten müssen!« Aber einen Wimpernschlag später fügte sie hinzu: »Und vielleicht steckt er da ja auch mit drin ...«

»Quatsch!« sagte Nadine bestimmt und äußerte sich nicht weiter.

Aber auch Marc hatte seine Einwände: »Soll er als angestellter Kapitän den großen Maxe spielen?« Er runzelte die Stirn. »Denk doch mal nach – welche Veranlassung hätte er, uns zu retten? Und vor allem: wovor? Vor der Polizei? Wem soll denn *das* einleuchten?«

Keiner antwortete.

So saßen sie schweigend und beobachteten gelangweilt den Polizisten, der auf einem fest montierten Drehstuhl hinter dem Steuerrad saß und abwechselnd zu ihnen und dann wieder zur »Dogukan« schaute.

»Er hat Angst, daß dort drüben die Beute ohne ihn geteilt wird.«

»Schade, daß keiner von uns türkisch spricht, sonst hätten wir ihm ein bißchen einheizen können ...« Kim grinste und kuschelte sich an ihren Vater. »Und wenn's für uns in Deutschland keine Beute mehr gibt, wandern wir halt aus!«

»Wie meinst du das?«

»Vielleicht ist ja tatsächlich deine Firma die Beute und alles andere nur Schauspiel, um uns abzulenken?« Sie strahlte ihn an. »Irgendeine große Übernahme, denn nach diesem Rufmord gehst du pleite und ...«

Er hielt sich die Ohren zu.

»Und vielleicht gehört es auch zum großen Spiel, daß wir diesen Kahn hier tatsächlich klauen«, fiel Anja ein und beugte sich zu Kim hinüber. »Siehst du? Der Schlüssel steckt!«

Alissa schwankte zwischen Freude und Angst. Es war eine weiße Motoryacht, gut fünfzehn Meter lang, sehr gepflegt, sehr luxuriös. Ob die wohl Lust auf späten, ungewöhnlichen Besuch hatten?

Sie fuhr nah an die Yacht heran und suchte nach der Bordleiter, aber sie fand keine. Die war hinaufgezogen worden, ganz klar, die ließen sich nicht so einfach von Gangstern überraschen wie sie auf der »Dogukan«.

Langsam fuhr sie zum Bug und begann zu rufen. »Hallo, ist da jemand?«

Daß jemand an Bord sein mußte, war klar. Das Schiff war hell erleuchtet, und auf Deck spielte Musik. Es war nur die Frage, ob man sie auch hörte. Alissa rief lauter, und tatsächlich: Ein dunkelhaariger junger Mann in weißen Shorts und weißem Polohemd kam zur Reling, beugte sich zu ihr hinunter und rief ihr etwas zu, das sie nicht verstand.

Hieß das nun: »Scher dich weg«, oder wurde da freundlich nach ihren Wünschen gefragt?

Sie versuchte es auf englisch: »Can you help me?« Was hieß nur »verirrt«? Sie rief: »I lost my way« und kam sich dabei blöd vor.

Der junge Mann machte ein Handzeichen, das sie als freundliche Geste deutete, und verschwand. Sie wartete. Es kam ihr entsetzlich lang vor. Hoffentlich war das kein höfliches Abschiedswinken gewesen.

Aber als er wieder auftauchte, bewegte sich wie von Zauberhand ein schmales Teil der Außenwand zur Seite, und eine Treppe kam zum Vorschein. Alissa staunte. Das war nun wirklich komfortabel.

Der junge Mann stieg ihr entgegen, nahm ihr das Schlauchboot ab, befestigte es mit einer neuen Leine an einer Belegklampe und bedeutete ihr, nach oben zu gehen. Sie fühlte sich seltsam, zumal sie außer ihm noch niemanden gesehen hatte.

Sie wartete und folgte ihm dann zum Heck des Schiffes, das luxuriös mit tiefen weißen Polstermöbeln ausgestattet war, wo sich aber kein Mensch aufhielt. War sie auf einem Geisterschiff gelandet? Sie blieb abwartend stehen, aber der junge Mann wies mit der Hand auf einen der Sessel.

Sie bedankte sich, fragte aber im gleichen Atemzug auf englisch, ob er hier alleine sei.

Er lächelte sie freundlich an und entblößte dabei eine Reihe gleichmäßiger weißer Zähne, gab ihr aber keine Antwort. »Drink?« fragte er statt dessen. Alissa bat um Wasser und ließ sich dann in einen der Sessel sinken.

Gütiger Gott, daß es Menschen mit so viel Geld gab. Sie sah dem Jungen nach, wie er in den Innenraum ging, eine Art Salon, in den sie durch eine riesige Fensterfront bequem hineinschauen konnte. Er ging über einen cremefarbenen Teppichboden an eine Bar – sie hätte auf Mahagoni getippt, war sich aber nicht sicher – und stellte etwas auf ein kleines Tablett. Gegenüber der Bar standen Clubsessel in knalligem Rot, kombiniert mit der Art von Sesseln, wie sie gerade selbst in einem saß. Alles sah verschwenderisch aus, besonders die üppigen Blumensträuße in riesigen runden Silbervasen. Wahrscheinlich war es sogar echtes Silber, sagte sich Alissa. Vielleicht war sie ja auf dem Schiff der Drahtzieher dieser ganzen Entführung gelandet, und gleich würde sie gefragt werden, wo sie das Kokain versteckt hatte. Es war ihr nicht einmal klar, ob der junge Türke, der ihr eben das Wasser in einem leicht beschlagenen Silberkrug reichte, ein Angestellter war oder nicht. Dazu servierte er Eiswürfel in einem passenden Gefäß, ein elegantes Wasserglas und eine Auswahl an Nüssen. Auf seinem Poloshirt prangte über der linken Brust ein kleines rot-blaues Wappen, was aber das über seinen Status nichts aussagte. Er sah gut aus, frisch und sehr gepflegt, und Alissa schaute unwillkürlich an sich hinunter. Hoffentlich ließ sie den Sessel in sauberem Zustand zurück. Die Kraxelei an und auf der »Dogukan« hatte doch erhebliche Spuren an ihr hinterlassen. Sie fragte sich, welchen Eindruck sie wohl auf den Mann hier machte. Den einer Bettlerin? Einer Geistesgestörten? Einer jungen Frau auf der Suche nach einem Abenteuer?

»Are you alone here?« versuchte sie es noch einmal. Vielleicht war er ja ein Einsiedler.

Er lächelte ihr freundlich zu, antwortete aber nicht.

Du lieber Himmel, ein Taubstummer. Oder ein willenloser Untergebener. Hatten sie ihm am Ende die Zunge herausgeschnitten? Nein, beruhigte sie sich, *Drink* hatte er ja schon gesagt.

Er wollte nicht reden. Er gehörte wohl zu der Sorte Mann, die den Mund nicht aufbekommen. Denen du wie ein Alleinunterhalter drei Stunden etwas erzählen mußt, damit überhaupt etwas gesagt wird, und die dir nachher vorwerfen, du würdest pausenlos reden und sie kämen nicht zu Wort. Und wenn du dann nichts mehr sagst, bleibt es still. Über Stunden. Entsetzlich.

Sie beäugte ihn.

Vielleicht fiel ihm auch einfach nichts ein? Vielleicht war er schüchtern?

»Where are the other people?« nahm sie einen dritten Anlauf und machte eine alles umfassende Geste. Das mußte der größte Depp kapieren.

Er lächelte, nickte ihr freundlich zu und ließ sie allein. Da saß sie nun. War das nun besser, als mutterseelenallein in einem Gummiboot über die Weltmeere zu schippern?

Uli schreckte hoch. Irgend etwas hatte ihn berührt. Er war zusammengekauert in dem kleinen Boot eingeschlafen, aber jetzt war er hellwach. Er konnte nichts erkennen, aber er wußte, daß er nicht mehr alleine war. Uli hielt den Atem an. Atmete da jemand? Er hörte ein leises Kratzen, war sich aber nicht sicher, woher es kam.

Etwas streifte seine bloßen Zehen, und er fuhr entsetzt hoch.

Das brachte Bewegung in seine Umgebung. Zu seinen Füßen schoß ein schwarzes Bündel hoch und sprang über die Bordwand zu anderen schwarzen Gestalten, die undefinierbar um sein Boot herumstanden. Uli erstarrte, und erst als er ein ängstliches Meckern hörte, dem sehr ähnliche Töne folgten, ließ er sich befreit auf die Ruderbank fallen. Ziegen! Mein Gott, da hätte er gleich drauf kommen können. In dieser Gegend gab es überall Ziegen. Er mußte lachen. Da hatte sich eine kuschelige Ziege zu ihm gelegt, und er hatte sie undankbarerweise mit Füßen getreten.

»Na, du Kleine, komm mal her«, rief er lockend und versuchte, die Tiere in der Finsternis zu erkennen. Sie blieben unbeweglich stehen und beobachteten ihn. Uli lächelte. Ganz offensichtlich war er für Ziegenaugen kein alltäglicher Anblick.

Andererseits: Wo gab es denn Ziegen? Er erinnerte sich, daß sie ihm meistens auf Inseln aufgefallen waren und es ihm schleierhaft war, wie sie an Trinkwasser kamen. Ferhat hatte ihn aufgeklärt, daß die Besitzer ihre Tiere regelmäßig versorgten. Klar, eine Insel war der beste Hütejunge, keine Ziege konnte weglaufen. Das würde aber bedeuten, daß er auf einer Insel festsäße. Und daß er möglicherweise tatsächlich um die Insel herumgefahren und jetzt wieder am Ausgangspunkt angelangt war.

Es blieb ihm wohl wirklich nichts anderes übrig, als die Morgendämmerung abzuwarten, bis er irgend jemanden auf sich aufmerksam machen konnte.

»Na, du Kleine«, lockte er wieder. Dummerweise war er jetzt so hellwach wie sonst selten, wenn Anja mit ihm ausgehen wollte. Jetzt könnte er Bäume ausreißen und hatte keine Gelegenheit dazu. Aber viel Resonanz erhielt er von den Ziegen auch nicht, außer daß ihm jetzt ihr Geruch in die Nase stieg. Da mußte sich ein Bock hinzugesellt haben. Ach du je, dachte Uli und saß ganz still. Hoffentlich empfand er ihn nicht als Konkurrenz. Wie konnte er ihm klarmachen, daß er im Notfall nur das Trinkwasser mit ihm teilen wollte?

Alissa fand, daß sie mit diesem Typen ihre Zeit vergeudete. Da saß sie unbeweglich seit gut einer halben Stunde in ihrem tiefen Sessel, und nichts tat sich. Der Junge schaute immer nur mal kurz heraus, fragte: »Drink?«, und wenn sie den Kopf schüttelte, war er wieder fort. Ihre Bemühungen, ihn nach dem Weg zu fragen, blieben wirkungslos. Er hatte freundlich, aber bedauernd gelächelt und eine kurze Geste angefügt, die sie nicht verstand.

Sollte sie einfach ins Boot hineingehen und nach einem Telefon schauen? Aber selbst wenn sie eines finden würde, was würde sie damit anfangen? Das Verflixte war ja, daß sie selbst nicht wußte, was sie an Land unternehmen konnte, um ihren Freunden zu helfen. Aber Chara hatte ihr versprochen, sie abzuholen, sobald sie eine Position durchgeben könnte. Sie nahm das Handy aus der Hosentasche. Hatte sie schon irgendeine Nachricht, die Chara weiterbringen könnte? Nein. Es kostete nur Saft für nichts. Sie mußte warten, bis sie wirklich etwas Handfestes mitzuteilen hatte.

Alissa sah die Positionslampen, bevor sie den Motor hörte. Augenblicklich stand sie auf und ging an die Reling. Auch der Junge tauchte auf, lächelte ihr zu und ließ die geheimnisvolle Treppe aufschwingen.

Aha, dachte Alissa, jetzt kommt die Rettung, die Herren des Schiffes!

Ein schnittiges Motorboot brauste heran, drehte eine elegante Kurve, verlangsamte und legte zentimetergenau an der Treppe an. Ihr Schlauchboot wurde durch die Ankunftswelle angehoben, hing aber sicher an seiner Leine.

Alissa beugte sich über die Reling, sah, wie ein Mann fragend auf ihr Boot zeigte und der Bordjunge etwas erklärte. Dann schauten sie alle zu ihr hinauf. Vier Männer in schwarzen Taucheranzügen. Alissa glaubte, sofort ohnmächtig werden zu müssen.

Sie trat schnell von der Reling weg und schaute sich um. Zu genau sah sie noch immer den schwarzen Kerl neben sich auf dem Gummiwulst des Schlauchboots. Ihr Herz raste. Sollte sie sich verstecken? Direkt ins Wasser springen und davonfahren? Oder einfach abwarten?

Du bist mutig und beherzt, sagte sie sich. Alissa, du hast das alles im Griff. Was soll schon passieren, du bist unter zivilisierten Menschen!

Aber sie zitterte am ganzen Leib und ließ sich, weil ihr nichts Besseres einfiel, wieder in ihren Sessel sinken. Und da kamen sie auch schon. Zuerst der smarte Junge mit einem Netz voll großer Fische, Gott sei Dank zappelten sie nicht mehr, das hätte sie jetzt gar nicht ertragen, und dann einer mit einer Harpune in der Hand und mit Flossen, Schnorchel und einer schwarzen Kopfhaube. Er schaute ihr forsch in die Augen und kam direkt auf sie zu. Er verzog keine Miene. Die drei anderen folgten ihm und standen jetzt vor ihr.

Alissa wurde unsicher.

Wie waren die Gepflogenheiten auf so einem Schiff? Mußte sie jetzt aufstehen und die Honneurs machen? Mußte sie sich dafür entschuldigen, daß sie ohne Erlaubnis hier an Bord war?

Aber dann lächelte der erste, offensichtlich ein Türke, legte die Harpune und die anderen Sachen auf den Boden und kam mit ausgestreckter Hand auf sie zu. So, das war international. Alissa stand auf und schüttelte seine Hand.

»Entschuldigung«, sagte sie, »daß ich hier so eingedrungen bin ...«

»Sie waren wahrscheinlich auf der Flucht«, sagte er, jede Silbe betonend.

Hatte sie das nicht schon einmal gehört? »Auf der Flucht?« fragte sie nach, mehr, um überhaupt etwas gesagt zu haben.

»Wurden Sie nicht von vier Tauchern verfolgt?«

Jetzt lachte sie. So, wie er das sagte, klang es charmant und witzig und nicht nach einem bösen Harpunenmann.

»Ja, ich habe einen riesigen Schreck bekommen«, bestätigte sie und schüttelte nach und nach die Hände der anderen vier.

»Setzen Sie sich doch, wir kommen gleich«, sagte der erste wieder und zeigte entschuldigend auf seinen Neoprenanzug. »Haben Sie schon etwas zu trinken?«

»Ja, danke!« Sie wies auf ihr Glas.

Er lächelte dünn und rief dem Bordjungen etwas zu, das sie nicht verstand. Dann rafften die vier ihre Sachen zusammen und marschierten hintereinander an der Reling nach vorn. Wenige Minuten später erschien der Junge in Weiß und servierte Alissa ein Glas Champagner.

Jetzt war sie schon viel entspannter. Sie ließ sich in ihren Sessel sinken, nippte an ihrem Glas und betrachtete den Rükken des Jungen, als er zurück zur Bar ging. Er hatte einen knackigen Hintern, schöne, braune Oberschenkel. Die Waden waren vielleicht etwas dünn, aber sonst ... Alissa grinste vor sich hin. Vielleicht wurde jetzt doch noch alles gut.

Sollte sie den Männern erzählen, worum es ging? Sie schätzte sie auf zwischen Vierzig und Fünfzig, wahrscheinlich reiche Geschäftsleute, die sich von ihren Jobs ausruhten. Vier Männer im Boot, sie mußte lachen, so erleichtert war sie.

»Gemeinsam können wir den locker über Bord kegeln«, hatte Kim bestätigt, aber so richtig wollte keiner ran.

»Tolle Idee, dann haben wir ein Polizeiboot und wahrscheinlich die ganze türkische Polizei am Hals«, war Marcs Reaktion. Er schaute auf seine Uhr. »Die wühlen sich jetzt schon seit einer halben Stunde durchs Schiff. Bestandsaufnahme, daß ich nicht lache. Die schauen natürlich, ob ihre Vorgänger etwas übersehen haben.«

»Meinst du das Säckchen in meinem Kleiderschrank?« fragte Nadine unschuldig, und als alle Köpfe zu ihr herumfuhren, lachte sie. »Schön wär's! Dann würde ich Friedrich über einen Mittelsmann die Firma abluchsen und ihn samt seinem Gschpusi rauswerfen!«

»Gut so«, lobte Pia. »Du scheinst über den Berg zu sein!« Ihr Blick fiel auf Marcs Uhr. »Seltsam, daß dir die noch keiner abgenommen hat – wenn das richtige Gangster gewesen wären ...«

Marc schüttelte sein Handgelenk. »Ich möchte wetten, die denken, es sei eine Fälschung. Oder zu mager. Was sind zwanzigtausend Euro gegen ein paar Millionen?«

»Die finden hier keine Millionen«, warf Kim ein. »Also paß auf deine Uhr auf!«

Der deutschsprachige Polizist kam behende von der »Dogukan« über den angestrahlten Steg in das Deckhaus, klärte seinen Kollegen auf türkisch kurz über die Situation auf und trat dann zur Seite. »Sie können jetzt auf Ihr Schiff zurück und Ihren Urlaub fortsetzen.«

Sie schauten sich sprachlos an.

»Unseren Urlaub fortsetzen? Ja, und was passiert jetzt wegen des Überfalls? Wegen Franco?«

»Wenn es einen Überfall gab, können Sie den offiziell bei unserer Dienststelle anzeigen. Und sollte die Leiche des Ertrunkenen irgendwo angeschwemmt werden oder sonstwie auftauchen, geben wir Ihnen selbstverständlich Bescheid. Ihre Personalien haben wir ja. Für uns ist der Fall bis auf weiteres erledigt, es sei denn, die Reederei stellt wegen Sachbeschädigung Strafanzeige gegen Sie. Aber ich nehme an, Sie werden sich einigen können und den Schaden richten lassen.« Er tippte kurz an den Schild seiner Mütze, formulierte ein zackiges »Guten Abend« und ging an ihnen vorbei zu einer schmalen Treppe, die nach unten in den Bauch des Schiffes führte.

Pia stand als erste auf. »Wahrscheinlich ist das hier die neueste Folge von *Vorsicht Kamera*, und gleich tauchen sie aus allen Löchern auf und fallen vor Lachen um.«

Marc stand ebenfalls auf. »Ich befürchte, die Komödie ist eher eine Tragödie!«

Kim drehte sich zu Nadine um. »Und jetzt suchen *wir* mal. Schließlich gibt es immer und überall die lachenden Dritten!«

Marc faßte seiner Tochter in den Nacken. »Hoffentlich werdet ihr fündig – wenn die uns den Schaden tatsächlich anhängen, können wir einen Zuschuß gut gebrauchen!«

»Oder einen Jet«, Pia stand schon in der Tür, »um möglichst schnell außer Landes zu fliehen!«

Chara hatte sich auf eine kleine Steinmauer gesetzt, gut geschützt von dem knorrigen Stamm eines alten Olivenbaums. Sie wartete auf Alissas Anruf und behielt derweil die Polizeistation im Auge.

Das Gespräch mit Alissa ging ihr immer wieder durch den Kopf. Die »Dogukan« war überfallen worden und schwamm jetzt irgendwo auf dem Meer, begleitet von dem türkischen Polizeiboot. War es nicht seltsam, daß sie von Bord geholt worden sind, bevor das passierte? War es Zufall?

Diese ganze Geschichte war eine Farce. Die Papiere hatten sie ja schon eingezogen, und das Verhör war läppisch. Jeder einzelne von ihnen war in einen kahlen Raum mit einem alten Tisch und mit Blick zur Straße geführt worden. Man hatte sie alle dasselbe gefragt: Seit wann sie Franco kannten, wie sie ihn kennengelernt hatten, ob er Rauschgift an Bord hatte, es ihnen kostenlos anbot oder damit dealte. Klar, daß alle das gleiche aussagten, sie hatten ja auch alle das gleiche erlebt. Sie kannten sich untereinander nicht, zumindest nicht vor dem gemeinsamen Fotoshooting, sie kannten Franco nicht, sie hatten sein Rennboot klasse gefunden und waren superglücklich, als er sie zu einer Spritztour einlud. Sie hätten kein Rauschgift gesehen und auch keines genommen.

»Wir sind alle clean«, hatte Chara beteuert.

Und im nächsten Verhör Inka: »Wir sind ja nicht doof! Rauschgift in der Türkei ist doch tödlich!«

Dann hatten sie ihre Papiere zurückbekommen und wurden bald darauf entlassen, nur Riccardo nicht. Eine Weile hatten sie unschlüssig herumgestanden, überlegt, wie lange sie auf ihn warten sollten, schließlich war es schon dunkel, bis Chara auf die Idee kam, Kim anzurufen, und unversehens Alissa an der Strippe hatte. Alle waren über die Vorgänge auf der »Dogukan« erschrocken, aber nur Chara wollte tatsächlich abwarten.

»Du kannst dich ja bei uns melden, wenn sich was tut«, sagte Inka und warf Jens einen vielsagenden Seitenblick zu.

»Wir schauen mal, was in so einem türkischen Fischerdorf nachts noch los ist.«

»Dann schaut mal!«

Chara nickte Jens auffordernd zu, worauf er sich mit allen fünf Fingern durch die Haare fuhr: »Komm doch mit, Alissa kann uns schließlich überall erreichen.«

Chara schüttelte langsam den Kopf. »Nein, ich behalte lieber das hier im Auge. Riccardo ist ja noch nicht raus.«

»Na, gut, dann kommt ihr halt später.« Inka tänzelte davon und zog Jens hinter sich her.

Chara strich ihr schweres schwarzes Haar zurück, sah den beiden kurz nach und suchte sich einen geeigneten Beobachtungsposten vor der Polizeistation. Daß sich Inka für nichts weiter als fürs Dolce vita interessierte, war ihr klar. Sie wollte nur die Sonne genießen und das unbeschwerte Leben fern der Heimat. Jens war verantwortungsbewußter, aber eben auch recht schnell bereit, Unangenehmes zu verdrängen. Von Riccardo hatte sie trotz der vergangenen intensiven Tage noch kein klares Bild. Er gab den typisch italienischen Aufreißer, klar, immer mit aufgestelltem Hahnenkamm und schillerndem Pfauenrad. Ob er auch tatsächlich der Aufreißer war, bezweifelte sie. Seltsam war allerdings, daß sie gerade ihn dabehalten hatten. Gut, er war näher an Franco dran gewesen, durfte sogar manches auf seiner Rennzigarre bedienen, aber ob er deswegen mehr wußte?

Sie stürmten das Deckhaus auf der Suche nach einem Telefon. Ferhat stellte Kontakt mit Kims Handy her, aber es kam nur die Ansage, daß der Teilnehmer momentan nicht zu erreichen sei.

»Mist«, sagte Kim. »Vielleicht ist der Akku schon alle, dann nützt uns das ganze Handy nichts!«

»Und Alissa auch nicht«, setzte Pia nachdenklich hinzu. »Jetzt können wir nur hoffen, daß ihr nichts passiert ist – nachts, im Schlauchboot mitten auf dem Meer!« Sie warf ihrer Tochter einen vielsagenden Blick zu.

»Ja, Mami, wir wollten halt was tun. Sie wollte mich ja mitnehmen, dann wären wir jetzt zu zweit unterwegs. Aber ich wurde von denen aus der Kabine geholt.«

»Ich weiß nicht, ob das besser wäre.« Pia schüttelte den Kopf. »Vertrauen wir auf ihr Glück!«

Marc nickte und ging hinaus zum Heck. »Sie ist ein besonnenes Mädchen. Sie wird sicherlich einen Weg finden!«

Sie folgten ihm alle und setzten sich zusammen an den langen Tisch. Ferhat kam nach und mit ihm seine Männer.

»Wir sind untröstlich darüber, was Ihnen hier alles passiert ist!«

»Setzt euch doch«, bot Marc an, doch nur Ferhat nahm Platz, die anderen wehrten ab, sie wollten für Essen und Trinken sorgen und dann für den Rest der Nacht die nächste Bucht anlaufen.

Marc nickte zustimmend und wandte sich an den Kapitän. »Passiert so etwas öfter?«

»Also, mir das erste Mal«, er nahm die Mütze ab, wischte sich über die Stirn und grinste schräg, »und so, wie es aussieht, ja wohl auch das letzte Mal.«

»Das ist noch nicht raus«, winkte Marc ab. »Aber ein Überfall, der von der Polizei anschließend schlicht verleugnet wird, das ist doch mehr als seltsam. Und es stellt sich natürlich die Frage, was man dagegen tun kann. Was ist, wenn wir alle bezeugen, Sie und Ihre Männer auch, daß es ein Überfall war und die Polizei dies sogar zunächst als Geiselnahme bewertet hat?«

»Hat sie das?« fragte Ferhat zurück. »Vielleicht haben sie gedacht, hier findet eine wirklich wilde Party statt, und sie müssen es beobachten, damit die Situation nicht außer Kontrolle gerät? Schließlich gab es auf der ›Dogukan‹ schon einen Toten. Ebenfalls bei einer Party.«

»Hm!« Marc runzelte die Stirn. »Und ihr würdet diese Version bezeugen?«

Ferhat zuckte die Achseln. »Wir leben und arbeiten hier. Unsere Familien leben hier. Wir sind auf die Arbeit angewiesen.« Er warf Nadine einen Blick zu. »Ein Kapitän ohne Schiff ist ein armer Mann.«

Pia nickte. »Wenn ich das richtig sehe, haben wir also Uli irgendwo verloren, Alissa auch, Franco ist tot, mein Mann ist laut Zeitungsbericht an seinem Tod schuld, und jetzt haben wir auch noch ein verwüstetes Schiff am Hals. Ich denke, das ist ein ordentliches Ergebnis für zwölf Tage Urlaub in der Türkei!«

»Wofür die Türkei nichts kann, Auslöser war Ihr Freund Franco«, gab Ferhat zu bedenken.

»Gut!« Pia schaute ihren Mann an. »Und was machen wir jetzt?«

Marc gähnte. »Jetzt essen wir was, dann schlafen wir, dann versuchen wir mal, mit Deutschland zu telefonieren, Alissa aufzutreiben und Uli wiederzufinden, dann müssen wir mit dem Reiseveranstalter wegen des Schadens verhandeln, und damit dürfte der morgige Tag ausgefüllt sein.«

Chara zuckte zusammen. Sie war irgendwann mit dem Rükken an der Mauer eingeschlafen. Der heftige Wortwechsel auf der anderen Straßenseite schreckte sie auf. Sie sah Riccardo in der Tür stehen, ganz offensichtlich schäumte er vor Wut, dann stürzte er plötzlich die zwei Steinstufen hinunter auf die

Straße. Die Holztür krachte zu, und Riccardo lag zusammengekrümmt da, hielt sich den Magen, als ob er starke Schmerzen hätte. Chara wollte schon losrennen, um ihm zu helfen, aber irgend etwas hielt sie zurück. Sie hatte plötzlich das seltsame Gefühl, nicht alleine zu sein. Sie schaute noch einmal zu Riccardo, der sich langsam aufrappelte, und spähte dann die Straße hinunter. Und da sah sie ihn, einen Schatten, der sich an eine Hauswand preßte. Chara beschloß zu warten, um sicherzugehen. Mühsam stand Riccardo auf, noch immer gekrümmt, den Unterarm quer über den Bauch haltend. Dann ging er langsam in Richtung Innenstadt los. Jeder Schritt war unsicher, aus der Entfernung sah er wie ein Betrunkener aus. Schließlich blieb er stehen, um ein Handy aus seiner Hosentasche zu ziehen. Dabei sah er sich vorsichtig um. Chara rührte sich nicht, denn jetzt war klar, daß es sein Schatten war, der ihm da folgte. Ein schwarzgekleideter Mann, der sich bei Riccardos forschendem Blick sofort hinter einen Mauervorsprung zurückzog. Jetzt drückte er sich an die Wand des Polizeigebäudes und stand nun schräg gegenüber von Chara. Beide rührten sich nicht, und Chara fühlte sich völlig unsichtbar, als wäre sie im Dunkeln mit der kleinen Mauer verschmolzen. Sie hoffte nur, daß Riccardo nicht gerade ihre Nummer wählte.

Aber ihr Handy blieb still. Er sprach sichtlich aufgeregt und gestikulierend in sein Handy. Beide schauten ihm dabei zu. Als Riccardo sich wieder in Bewegung setzte, wartete Chara ab. Der Mann ihr gegenüber ging ebenfalls los, hielt sich aber geschickt am Straßenrand. Chara wartete kurz ab. Dann lief auch sie los. Sie rätselte, was das Ganze sollte. Wer war der Typ, der da hinter Riccardo herschlich? Er wirkte durchtrainiert und schnell, einer, der nicht auf dem Sofa versauerte, und er trug einen Rucksack. Was konnte er von

Riccardo wollen? Überfallen offensichtlich nicht, das hätte er dort in der Dunkelheit schon gekonnt. Und außerdem sah Riccardo nicht wirklich nach einer fetten Beute aus. Aber selbst jetzt, da sie in die engen Gassen von Fethiye einbogen, blieb er ihm auf den Fersen. Riccardo lief zielsicher zu einer kleinen Bar. Jens stand bereits vor der Tür, und jetzt war klar, mit wem Riccardo telefoniert hatte. Chara blieb stehen, der Mann in Schwarz ging wie unbeteiligt an Riccardo und Jens vorbei. Die beiden unterhielten sich, und an Riccardos Gesten konnte sie erkennen, wie aufgebracht er war. Sie hielt nach seinem Beschatter Ausschau, aber der war schon in der Menge der Flaneure untergetaucht. Sollte sie jetzt hier abwarten, was als nächstes geschehen würde? Oder sich einfach zu ihren beiden Bekannten gesellen? Riccardo drehte sich gerade suchend einmal um die eigene Achse, dann nahm er noch einmal sein Handy heraus. Diesmal war es klar, er rief sie an. Chara trat auf die Straße, gleich darauf klingelte ihr Telefon.

»Dreh dich einfach mal um«, sagte sie, bevor Riccardo etwas sagen konnte.

Beide Männer kamen auf sie zu.

»Gott sei Dank!« Jens nahm sie in den Arm. »Bin tödlich erschrocken, als mir Riccardo eben sagte, er hätte dich nirgends gesehen. So etwas hätte uns gerade noch gefehlt. Vor der Polizeiwache entführt ...«

Chara lachte. »Du schaust zu viele Krimis!«

»Aha!« Jens grinste. »Ich also. Wo warst du denn?«

»Ich bin Riccardo hinterhergeschlichen, weil er von einem Typen verfolgt wurde. Der ist übrigens immer noch hier. Irgendwo in einem dunklen Hauseingang oder so.«

»Okay, womit sich die Krimifrage neu stellt ...«

»Vielleicht bist du auch verkabelt, und irgend jemand hört mit!«

»Aha«! Riccardo und Jens schauten sich an.

»Und wer könnte Interesse an dir haben?« Jens runzelte die Stirn. »Unattraktiver Italiener mit Bauchansatz, dafür ohne Kohle, kann man so was ernsthaft wollen?«

Riccardo schubste ihn. »Alter Neidhammel! Laß uns besser reingehen! Ich brauch einen Drink!« Er zwinkerte Chara zu. »Und keine Räubergeschichten mehr, sonst krieg ich noch Angst!«

Alissa schwankte zwischen dem inneren Drang, möglichst bald mit Chara zusammenzutreffen, um eine Strategie entwickeln zu können, und der Verlockung, einfach in diesem weichen Sessel sitzen zu bleiben, ein weiteres Glas Champagner zu trinken, sich vielleicht eine Kabine für die Nacht anbieten zu lassen und morgen dann auf einem weißen Schiff im Hafen von Fethiye einzuschweben. Es war wie ein Traum, und sie war sich noch nicht sicher, ob die Pflicht stärker war.

Der erste Froschmann kam zurück und stellte sich mit »Yavuz« vor, worauf auch Alissa ihren Namen nannte. Er setzte sich ihr gegenüber in einen Sessel, aber nur auf die Kante, und spielte mit dem Glas, das ihm der Junge schnell gebracht hatte. Eine klare Flüssigkeit mit Eiswürfel, Alissa tippte auf einen Gin Tonic.

»Was machen Sie so mutterseelenallein mit so einem Boot mitten auf dem Meer?« wollte er wissen.

»So mitten auf dem Meer war das doch gar nicht«, wich Alissa aus und überlegte, ob sie sich ihm anvertrauen sollte oder nicht. Er sah sehr gepflegt aus, trug ein weißes Hemd zur Jeans – für ihren Geschmack einen Knopf zu weit offen. Schwarze Brusthaare wuchsen auf brauner Haut, und eine Goldkette zierte den Hals. Sein Gesicht war fein geschnitten, wirkte sensibel, die schwarzen, lockigen Haare waren nach hinten gekämmt. Er war zu schön, zu glatt. Er gefiel ihr nicht.

»Fast wären Sie einem Harpunenmann in die Hände gefallen!« Er lächelte nicht.

»Och, das ist mein Alltag«, scherzte sie.

Er nahm einen Schluck und drehte sich um, hinter ihm traten seine Freunde aus der offenen Glastür. Er stellte sie einzeln vor, aber für Alissa waren die türkischen Namen zu kompliziert, und die Männer sprachen auch offensichtlich nicht so gut Deutsch wie Yavuz.

»Den hier kennen Sie schon«, sagte er und deutete auf seinen Freund, der ein rosafarbenes Poloshirt trug, dessen kurze Ärmel die enormen Bizepse betonten. Er grinste. Sein Gesicht war weitaus männlicher, kantig bis zum Kinn, aber auch er flößte ihr kein Vertrauen ein. Sie nahm einen Schluck und wollte abwehren, als ihr der Junge gleich darauf nachschenkte, aber sie kam zu spät. Das Glas war wieder voll, und sie spürte die Wirkung. Klar, sie hatte ja ewig nichts in den Magen bekommen, nur Wasser und jetzt Champagner, das konnte nicht gutgehen.

»Ich wollte nur etwas an der Küste entlangfahren, aber ich habe mich verirrt«, sagte sie und zuckte leicht die Schultern. »Blöd von mir!«

»Das passiert schon mal.« Yavuz lächelte und übersetzte seinen Freunden, was sie gesagt hatte. Der dritte gefiel ihr am besten. Ein zurückhaltender Mensch, das war auch an seinem leichten olivgrünen T-Shirt zu sehen. Er hatte sich tief in seinen Sessel gesetzt und sah aus, als ob er sich völlig heraushalten wollte.

»Störe ich auch nicht?« fragte sie spontan.

»Wobei?« Yavuz lehnte sich auf seiner Sitzkante zu ihr vor.

»Nun«, Alissa sah zu dem Kleinsten und Unscheinbarsten von ihnen, »vier Männer auf einem Boot sind ja nicht einfach so unterwegs. Ich nehme an, sie wollen etwas besprechen«, sie überlegte, »oder so was.«

»Vielleicht wollen wir auch nur einfach etwas Schönes erleben?«

Yavuz' Lächeln war ihr zu anzüglich. Sie hatte nicht die Absicht, darauf einzugehen.

Im Eingangsbereich der Bar standen sehr niedrige viereckige Tische mit Lederhockern, die fast alle besetzt waren, erst im hinteren Teil des Raumes befand sich die eigentliche Theke, ein Holztresen mit einem eigentümlich einfachen Charme, mit einfachen Holzregalen an der Wand – schlichte Bretter, die aber viele Flaschen trugen.

»Nach Alkohol ist mir jetzt nicht«, erklärte Chara und zog sich einen der wenigen Barhocker unter den Hintern.

»Mir schon!« Riccardo bestellte einen Raki und schaute sich um. »Ich dachte, Inka sei hier?«

»War sie auch eben noch!« Jens deutete auf ein halbleeres Glas. »Da steht ihr Campari-Orange.«

»Nicht, daß der geheimnisvolle Unbekannte sie gekidnappt hat …« Riccardo zwinkerte Chara zu, aber sie schüttelte nur den Kopf.

»Warum haben sie dir denn die Faust in den Magen gerammt, hm?« Ihr Ton blieb beiläufig, aber sie suchte seinen Blick.

Jens sah Riccardo überrascht an. »Wer *sie*? Die Polizisten?«

Riccardo blieb gelassen. »Das habe ich dir doch erzählt, sie haben mich schikaniert. Ich habe keine Ahnung, warum. Als ihr gehen durftet und ich nicht, hab ich Schiß gekriegt. Man hört ja, was die so alles mit einem anstellen können. Aber ich habe nicht mal kapiert, was die eigentlich von mir wollten!«

»Und?« fragte Chara. »Was wollten sie denn?«

»Das gleiche wie von euch. Wissen, ob wir Rauschgift dabeihatten. Und ich habe denen gesagt, daß ich ja nicht total bescheuert bin. Keiner von uns!«

»Bloß«, warf Chara ein, »uns glauben sie und dir nicht. Warum?«

»Warum, warum, was soll das werden, ein Verhör? Keine Ahnung! Weil ich Italiener bin und du eine niedliche Griechin?«

»Wo Türken Griechen ja so lieben, klar doch!«

»Hört auf, was soll das denn?« Jens schaute Chara mit gerunzelter Stirn an. »Ist was? Ach, schau, da kommt Inka.«

Sie tänzelte heran, etliche Köpfe drehten sich nach ihr um, sie schenkte Riccardo ein strahlendes Lächeln. »Da haben wir unseren Helden ja wieder! Dann können wir ja noch ein paar Tage Urlaub machen, bevor wir zurückdüsen!«

»Meine Klamotten sind alle auf der ›Dogukan‹.« Jens hob beide Hände. »Ich habe nur noch das, was ich am Leibe trage.«

»Dann nehmen wir uns ein Boot und fahren zur ›Dogukan‹ zurück!« Chara verschränkte die Arme. »Picken unterwegs Alissa mit ihrem Schlauchboot auf und schauen uns diese Geiselnahme mal aus der Nähe an.«

»Aber zuerst will ich was trinken.« Riccardo drehte sich zum Tresen um und bestellte einen Krug Wasser und eine Runde Raki. »Und dann glaubst du doch nicht im Ernst, daß ich mich zwischen diese Typen und die Polizei dränge. Mir hat das eben schon gereicht. Ich nehme den nächsten Flieger und hau ab. Kohle und meine Papiere habe ich, und den Rest können Kim oder Alissa ja nachschicken. Oder ich hake es eben ab, auch egal!«

Chara schaute zur Tür. Eben war ein dunkel gekleideter Mann hereingekommen, sah sich kurz suchend um. Sie war sich nicht sicher, ob er es war. Von der Statur her konnte er es sein, obwohl er ihr größer vorkam, und er trug keinen Rucksack. Er setzte sich an einen freien Tisch und winkte ihr zu. Chara schaute vor Schreck schnell weg, bis sie merkte, daß er den Barkeeper hinter ihr meinte.

Pia saß todmüde in ihrem Bett, aber sie konnte nicht schlafen. Diese Situation war einfach zu aufregend. Wie sollte sie einschlafen können, wenn ein ihr anvertrautes Mädchen irgendwo da draußen mit einem mickrigen Gummiboot auf dem Meer herumschwamm. Sie schaute zu Marc hinüber, der sich im Schlaf zum Bettrand gewälzt hatte. Er war von einer bewundernswerten Dickhäutigkeit. Wenn es um unangenehme Dinge ging, schaltete er einfach ab. Seinen regelmäßigen Schnarchtönen zufolge fühlte er sich in seiner Traumwelt jedenfalls richtig wohl. Vielleicht lief er gerade durch seine Firma, alles war in Ordnung, und die Welt gehörte ihm.

Pia hatte die Knie angewinkelt und schaute sich um. Überall hing alles heraus, auf die zerschnittene Matratze hatte sie zwei Wolldecken gelegt, die nun unangenehm dort in die Haut piekstens, wo das leichte Leinentuch weggerutscht war. Sie überlegte, ob ihre Versicherung einspringen würde. Aber in den Ferien, und dann auch noch mutwillige Verwüstung? Oder konnte man dem Baby einen anderen Namen geben? Sie mußte mit ihrem Versicherungsvertreter reden, schließlich liefen alle Versicherungen über ihn, sowohl die geschäftlichen als auch die privaten, vielleicht fiel ihm ja was ein. Dann würden sie ihn und seine Frau im nächsten Jahr zum Dank einfach mitnehmen – falls, ja, falls überhaupt noch jemand hierher wollte.

Wie schnell sich eine Situation, ein Leben ändern konnte. Es war wie mit einer Krankheit, dachte sie. Am Abend gehst du noch gesund ins Bett, und am nächsten Tag erklärt dich ein Arzt plötzlich für sterbenskrank. Manchmal weiß man es nur einfach nicht. Vielleicht, so grübelte sie weiter und versuchte das Fenster etwas weiter aufzustoßen, um sich etwas Abkühlung zu verschaffen, vielleicht ist es aber auch gut, daß man nicht alles weiß. Wenn man in seinen Körper hineinsehen könnte, würde man vielleicht vor lauter Entsetzen zehn Jahre früher sterben. Es war schon richtig so, wie es war.

Sie ließ sich wieder auf die Matratze gleiten. Aber daß sie nicht wußte, was mit Alissa war, machte sie fast krank. Sollte ihr wirklich etwas passiert sein, wie könnte sie dann ihren Eltern jemals wieder unter die Augen treten?

»Schläfst du nicht?« Marc drehte sich zu ihr um und schaute sie aus kleinen, verschlafenen Augen an.

»Ich kann nicht. Mir liegt Alissa auf der Seele. Und dann ärgert mich diese Verwüstungsgeschichte hier. Daß man gegen diese Typen nicht ankommt.«

»Hm.« Marc drehte sich wieder um und suchte eine neue Schlafposition. »Darüber denke ich nach dem Frühstück nach! Komm, schlaf jetzt!«

»Zu Befehl«, sagte Pia, starrte an die Decke und lauschte Marcs erneuten Schnarchtönen.

Alissa war aufgestanden.

»Also, ich möchte mich sehr für Ihre Gastfreundschaft bedanken«, setzte sie an, »aber meine Eltern machen sich sicherlich Sorgen um mich, ich werde jetzt mal wieder in Richtung

Fethiye fahren.« Sie sah Yavuz an und machte dann einige Schritte auf die Reling zu. »Sie können mir sicherlich die Richtung zeigen!«

»Schlafen Ihre Eltern in einem Hotel?« Er stand ebenfalls auf und folgte ihr.

»Nein, auf einem Schiff«, sagte Alissa, ohne zu zögern, dann überlegte sie kurz. »Wir liegen im Hafen.«

»Aha.« Er schaute sie interessiert und milde lächelnd an. »Und wie heißt Ihr Schiff?«

Sie spürte, wie ihre Haut am Hals zu brennen begann und diese Wärme nach oben in die Wangen stieg. Verdammt, sie wurde rot! Das fehlte ihr noch. Was sollte sie antworten, einen Phantasienamen benutzen? Sie kannte keine türkischen Phantasienamen. Aber er kannte sich möglicherweise bestens im Hafen aus.

»Dogukan«, sagte sie zögernd.

»Aha«, sagte er. »Sollen wir Sie zur ›Dogukan‹ bringen?«

Seine Stimme hörte sich so spöttisch an, daß ihr der Schweiß ausbrach. Sie schaute ihm in die Augen. Er zuckte nicht, noch immer lag diese freundliche Milde in seinem Gesicht, die sie an ihre Eltern erinnerte, wenn sie etwas ausgefressen hatte und sich in ihrer Lügengeschichte heillos verstrickte. Irgendwann schlug die Milde im Gesicht dann plötzlich um.

»Wir bringen Sie gern zur ›Dogukan‹, wir laden Sie aber auch gern zum weiteren Verweilen ein und wären untröstlich, wenn Sie uns das abschlagen würden. In der Küche wird bereits eine Kleinigkeit zum Essen vorbereitet.«

»Aber es ist doch schon so spät!«

Er geleitete sie sanft zu ihrem Sessel zurück.

»Sie werden uns die Freude nicht abschlagen … und in der Türkei spielt die Uhrzeit keine Rolle. Die Nacht ist unsere Freundin!«

Alissa ließ sich in den Sessel sinken und spürte alle Blicke auf sich ruhen. Mist, dachte sie, wäre ich nur gleich weitergefahren!

Aber zwei Stunden später war Alissa immer noch da: Sie hatte Konversation gemacht, Happen gegessen und festgestellt, daß der Treppenaufgang versperrt war. Wenn sie abhauen wollte, mußte sie den Knopf zur Mechanik finden oder über Bord springen.

Aber noch war sie sich nicht sicher, worauf diese Geschichte hinauslaufen sollte. Sie saß mit fünf Männern alleine in einem Boot; wenn sie spurlos verschwand, wer wollte ihren Weg nachvollziehen? Ein gekentertes Schlauchboot, eine unvorsichtige Zwanzigjährige, die nachts von einem Schiff abgehauen war, wer wußte schon, was zwischenzeitlich auf der »Dogukan« los war, ob da nicht längst die Polizei und die Gangster aneinandergeraten waren, ob da überhaupt noch jemand lebte. Und sie saß da und trank Champagner mit zwielichtigen Typen, die ihr immer bedrohlicher vorkamen, je freundlicher sie taten und je näher sie rückten. Bei Yavuz hatte sie das Gefühl, daß er nur noch auf den richtigen Moment wartete. Aber auch die anderen hatten ihre Sessel herangeschoben. Es waren die sprichwörtlichen Wölfe im Schafspelz, sie hatte Angst und wollte weg.

»Oh!« Alissa war aufgesprungen. »Du lieber Himmel, es ist so spät geworden, meine Eltern werden die Polizei alarmieren, sie sind immer so besorgt um mich!«

Yavuz stand auf, langsam, gelassen. Er trat auf sie zu und nahm sie bei den Schultern.

»Ihre Eltern schlafen sicherlich gut auf der ›Dogukan‹.« Er lächelte. »Es wird Sie sicherlich noch niemand vermissen. Der Tag bricht gerade erst an.«

Alissa wurde steif. »Ich möchte jetzt aber zurück«, sagte sie förmlich.

»Warum plötzlich so eilig? So hastig?« Er zog sie etwas näher an sich heran. »Wir könnten uns noch ein bißchen vergnügen«, sagte er leise, nah an ihrem Ohr, zu nah an ihrem Körper.

»Oh«, Alissa lachte betont laut auf, »ich bin sehr vergnügt! Vielen Dank! Aber ich möchte jetzt wirklich nach Fethiye fahren. Es wird hell, ich sehe wieder was, ich danke sehr für Ihre Freundlichkeit!«

Sie trat einen Schritt zurück, strahlte ihn an und streckte ihm ihre Hand hin.

Er ergriff sie, um sie wieder an sich zu ziehen, aber sie entzog sie ihm und winkte den anderen drei Männern zu, die sichtlich unentschlossen in ihren Sesseln saßen.

»Vielen Dank auch!« rief sie in die Runde. »Bis zum nächsten Mal!«

Yavuz stand ihr im Weg, und sie fragte ihn fröhlich: »Vielleicht wollen Sie mich ja mal besuchen? Ein Gegenbesuch, sozusagen.« Sie kicherte mädchenhaft und dachte, nichts wie weg! Sie lief um ihn herum auf die verborgene Treppe zu und fühlte ihn dicht hinter sich. Wenn er angreifen würde, dann jetzt. Sie spannte sich, versuchte aber weiterhin die lockere Göre zu spielen.

»In welche Richtung muß ich überhaupt fahren?«

Sie drehte sich mitten im Satz nach ihm um und erschrak über seinen Gesichtsausdruck. Eine steile Falte stand zwischen seinen Augenbrauen, die Augen zusammengekniffen, die Lippen schmal.

»Oder wollen Sie mitkommen?« Sie lachte ihn an und sprang mit einem Satz über die Reling.

Chara lag in ihrem schmalen Bett in dem Zimmer eines Hotels, in das sie schließlich mit den anderen gegangen war, das sie aber bei wachem Verstand niemals gebucht hätte und schon gar nicht zu diesem Preis. Sie hätte sich besser irgendwo an den Strand oder in ein Boot gelegt. Aber jetzt war sie schon mal hier und könnte sich ausschlafen. Wenn sie schlafen könnte. Seit sie in diesem Bett lag, dessen Leintuch ihr fragwürdig vorkam und dessen Matratze Hügel und Dellen wie eine alte Strohmatratze aufwies, war sie hellwach. Sie starrte auf ihr Handy. Warum rief Alissa nicht an? Immer wenn sie es versuchte, landete sie auf der Mailbox. Es war wie verhext. Und daß sie glaubte, auf der anderen Straßenseite wieder einen Kerl in Schwarz zu sehen, machte die Sache nicht relaxter. Chara setzte sich auf die Bettkante und musterte den Steinboden. War das tatsächlich Marmor? Sie spreizte ihre Zehen, bewegte sie einzeln und überlegte, was sie tun sollte. Sie mußte ihre Füße pflegen, die Nägel sahen scheußlich aus. Sie vernachlässigte ihr Kapital. Sie ließ sich wieder auf das Bett sinken, schlug sich das Kopfkissen zurecht. Hoffentlich fing sie sich hier kein Ungeziefer ein. Es gab bestimmt auch schöne Hotels in Fethiye, da war sie sich sicher. Sie schreckte auf, als sie aus dem Nebenzimmer ein Handy hörte. Es klingelte laut, brach ab und begann wieder von neuem. Anscheinend war der Besitzer im Tiefschlaf. Dann fiel ihr ein, daß Riccardo das Zimmer neben ihr bewohnte, und sie wurde neugierig. Zwischen ihrem Bett und dem klapprigen Schrank führte eine roh gezimmerte Verbindungstür ins Nebenzimmer. Chara stand auf und preßte ihr Ohr gegen das Holz. Sie hörte Riccardos Stimme, aber noch mehr nahm sie ihren eigenen Atem wahr und hörte ihr Blut rauschen. Sie hielt die Luft an und versuchte sich zu konzentrieren. Riccardo lachte und klang durchaus fröhlich. Aber sosehr sie sich auch anstrengte, sie konnte kein einziges Wort verstehen. Schließlich schalt sie sich, ein mißtrauisches Weib zu sein. Was hast du eigentlich? fragte sie sich, wenn ihm jemand hinterherstiefelt, muß das ja nicht mein Problem sein. Und wenn er nichts davon wissen will, schon gar nicht. Und wenn es doch so wäre, geht das nur ihn was an. Leg dich also ins Bett und penn endlich!

Alissa zog sich ins Schlauchboot hinein, als sie hörte, wie sich die Seitenwand zur Bordtreppe öffnete. In fiebriger Hast öffnete sie den Knoten der Leine am Boot und stieß sich ab.

Yavuz kam gemächlich die Treppe hinunter und schaute ihr zu.

»Es gibt keinen Grund für eine solche Panik«, sagte er langsam. »Wenn ich Ihnen etwas hätte tun wollen, hätte ich das längst gekonnt!« Er lächelte. »Sie sind eine reizvolle Frau, außerdem wissen Sie, was Sie wollen. Sehr anziehend.«

Alissa startete den Motor und war sich im klaren darüber, daß er sie jetzt noch mit einem Satz hätte erreichen können oder auch noch wenige Minuten später mit seinem schnittigen Beiboot, das einsatzbereit neben der Yacht lag. Sie sagte nichts, sondern legte den Rückwärtsgang ein, um Abstand zu gewinnen. Ihre Haare wehten ihr ins Gesicht, so daß sie nichts mehr sah und sie aus den Augen streichen mußte. Yavuz stand auf der letzten Stufe der Treppe und deutete mit einer Hand hinter sich. »Fethiye liegt dort!« rief er. »Die ›Dogukan‹ allerdings nicht.« Alissa drehte den Gashebel voll auf, bis sie außer Reichweite war.

Chara versuchte gerade per Handy, ihren Rückflug nach Rhodos zu organisieren, als ein Anruf anklopfte. Sie schaute kurz auf das Display, und als sie »Kim« las, würgte sie das andere Gespräch sofort ab.

»Alissa!« rief sie.

»Nur kurz, Chara, ist sowieso ein Wunder, daß das Ding noch funktioniert, lag vorhin damit im Wasser. Ich bin in etwa fünfzehn Minuten im Hafen von Fethiye, ich sehe ihn schon. Wo steckst du?«

»In einem versifften Hotel, ich komme zum Hafen!«

Der frische Morgen tat ihr gut, die Luft roch anders und fühlte sich sogar anders an. Samtiger, weicher. Chara fühlte sich körperlich gut, obwohl sie kein Auge zugetan hatte. Sicher kommt irgendwann der große Einbruch, dachte sie, aber jetzt war sie nur gespannt, was ihr Alissa zu berichten hatte.

Sie erkannte sie schon von weitem. Verwegen sah sie aus, wie sie mit wehenden Haaren, kerzengerade hinter dem Steuer und mit hoher Geschwindigkeit in den Hafen schoß. Hoffentlich bekam sie das Ding rechtzeitig zum Stehen. Alissa legte mit einem eleganten Schwung an der Kaimauer an und hielt sich an einem der großen eisernen Ringe fest, die dort in die Mauer eingelassen waren.

»Ich habe keine Leine mehr!« rief sie Chara zu. »Kannst du mal was organisieren? Vielleicht brauchen wir das Ding ja noch.«

Chara klaute aus einem Fischerboot einen dicken Hanfstrick, mit dem sie das Schlauchboot festmachten, dann fielen sie sich in die Arme.

»Ich hatte wirklich Angst um dich.« Chara drückte sie an sich. »Du warst stundenlang auf dem Meer, was hast du dort bloß getrieben?! Und warum bist du so naß?«

»O je, Chara, das erzähle ich dir gleich. Was mich mehr interessiert, ist, wie wir denen auf der ›Dogukan‹ helfen können!«

Chara schaute sich um. »Paß auf, da vorne ist so eine Bude, in der die Fischer nach der Arbeit ihren Kaffee trinken, das tun wir jetzt auch, dann trocknet dich die Morgensonne, und wir bringen uns gegenseitig auf den neuesten Stand. Und egal, was es ist, ich bin sicher, es fällt uns eine Lösung ein!«

Die »Dogukan« erwachte langsam. Nadine griff neben sich und spürte zufrieden, daß er noch dalag. Sie drehte sich um, suchte mit ihrem Kopf seinen Arm und fühlte sich glücklich. Nicht zu fassen, jetzt steckte sie seit zweiundfünfzig Jahren in ihrer eigenen Haut und war sich trotzdem völlig fremd. Hier lag sie selig in den Armen eines Mannes, den sie nicht kannte und den sie nicht wirklich kennenlernen würde, und fühlte sich pudelwohl. Von Polizeibooten und Gangstern verfolgt, von ihrem Mann verraten, das alles war ihr so egal, als ob es ein Zeichentrickfilm im Kino gewesen wäre, Walt Disney fernab jeder Realität. Ferhats warme, feste Haut faszinierte sie. Friedrichs Körper war schon überall weich, das hatte ihr nie etwas ausgemacht, weil sie ihm ihr »Jawort« für gute und schlechte, feste und welke Zeiten gegeben hatte. Aber sie hatte immer an sich und ihrem Körper gearbeitet, während er glaubte, ein Mann sei von Natur aus attraktiv, kraft seines Geldbeutels auch in späten Jahren, und deshalb sei jede Anstrengung überflüssig. Sie sprach von Gleichaltrigen, die joggten oder ins Fitneßstudio gingen, und er lachte spöttisch, daß die das eben nötig hätten. Er nicht.

Nadine lächelte in sich hinein. Ach, Friedrich, dachte sie, daß mir das noch einmal vergönnt war. Eine richtig heiße Nacht mit einem Mann, der ihr zeigen wollte, daß er ihren Körper verehrte, darüber hinaus aber auch verstand, was ihr im Moment wichtiger war. Es war himmlisch, dachte sie und schob ihr Bein über Ferhats harten Oberschenkel, was soll ich sagen, Friedrich, vielen Dank!

Pia hatte bereits das Bett mit dem Deck vertauscht, betrachtete den jungen Tag, der alles in Pastellfarben tauchte, und versuchte, ihre Ungeduld zu zügeln. Meine Güte, wenn es nach ihr ginge, wären sie schon längst gestartet, zurück in die Bucht, um nach Uli zu schauen, und dann weiter nach Fethiye. Aber auf dem ganzen Schiff war es noch so still, als ob es ein ganz normaler Ferientag wäre, an dem sich das Leben höchstens um die gewichtige Frage drehen könnte, was zu Mittag auf den Tisch kommen sollte. Selbst der Kapitän ließ sich noch nicht blicken, obwohl doch gerade der zu den erklärten Frühaufstehern gehörte. Die Mannschaft lag hinten im Heck auf den Sonnenmatratzen, das konnte sie gut verstehen, sie teilten sich gemeinsam eine kleine, stickige Kabine und hatten im Gegensatz zu den Gästekabinen keine Klimaanlage. Sie selbst schaltete Klimaanlagen nur im Notfall ein, sie konnte die Dinger nicht ausstehen.

Trotzdem. Es nervte sie, daß alle so ruhig und friedlich schliefen und sich ganz offensichtlich keine weiteren Gedanken machten. Sie überlegte, sich in der kleinen Küche einen Frühmorgentee aufzubrühen, verwarf den Gedanken aber wieder. Niemand mochte es, wenn ein Fremder in seiner Küche herumwühlte.

Also ging sie zu ihrem Lieblingsplatz, weit hinaus auf das Bugspriet. Unter ihr das Wasser, vor ihr die aufsteigende Sonne und das unendlich wirkende Meer, sie würde sich jetzt einfach treiben lassen und ihre drängenden Gedanken auf später verschieben.

Sie hatten sich um einen runden Stehtisch versammelt, vor sich einen süßen türkischen Kaffee, als Alissa ihren Ellenbogen plötzlich in Charas Seite stieß.

»Au!« Chara fuhr herum. »He! Spinnst du?«

Alissa verschluckte sich vor lauter Aufregung. »Den dort hinten, siehst du den? Den kenne ich!«

Charas Augen folgten ihrem Finger, dann stellte sie ihre kleine Kaffeetasse so hart auf den Unterteller, daß es schepperte.

Alissa schaute noch einmal hin und dann in Charas Gesicht. »Du auch?«

»Das ist doch schon wieder der, der Riccardo nachgeschlichen ist. Und gestern in der Kneipe saß. Ich war mir nur nicht sicher, aber jetzt glaube ich an keine Zufälle mehr!«

Alissa sagte überhaupt nichts. Sie starrte nur der athletischen Figur nach, die aus einer der Gassen gekommen war und nun an der breiten Uferstraße, die den Hafen von der kleinen Fußgängerzone trennte, nach einem Taxi winkte. Sie rannte los, ohne ein weiteres Wort zu sagen.

Chara blieb stehen und schaute ihr verblüfft nach.

»Falk!« schrie Alissa, und der Mann, der gerade seinen Rucksack in ein Taxi geworfen hatte und eben einsteigen wollte, blickte auf. Dann erkannte er die Gestalt, die auf ihn zuflog, sagte ein paar Worte zu dem Taxifahrer und ging Alissa einige Schritte entgegen.

»Alissa!« sagte er und hielt seine Arme auf, in die sie hineinflog, als sei es das Natürlichste auf der Welt. »Wo kommst du denn her?«

Sie brachte kein Wort heraus, sie heulte, denn jetzt stürzte alles auf sie ein: die heimliche Furcht, daß er der große Unbekannte auf der »Dogukan« gewesen sein könnte, die Erkenntnis, daß er ihr trotz dieser Befürchtung gefiel, die Stunden allein auf dem Meer, die Stunden auf der Motoryacht – alle Minuten, die sie tapfer gewesen war, fielen jetzt von ihr ab. Sie fühlte sich wie ein kleines Mädchen, das sich das Knie aufgeschlagen hatte und Trost suchte.

»Was ist denn passiert?« fragte er und hielt sie fest.

»Es ist so dumm«, schniefte sie. »Und ich will auch nicht heulen, und ich weiß auch nicht, warum ich es tue!«

Falk sah über Alissas Schulter Chara heranstürmen.

»Das ist aber nicht deine Freundin vom letzten Mal.« Seine Wange kratzte an ihrer.

Alissa drehte sich leicht nach der jungen Griechin um. »Nein«, begann sie ihre Erklärung, weiter kam sie nicht, Chara war schon da.

»Jetzt erklären Sie mir bitte mal, warum Sie einen meiner Freunde verfolgen und eine andere abknutschen!« Aus Charas schwarzen Augen sprühte Zorn, und sie warf mit einer heftigen Kopfbewegung ihre langen Haare nach hinten. Ihre ganze Körperhaltung verriet, daß sie sich ohne weiteres auf Falk stürzen würde, sollte er Anlaß dazu geben.

Er musterte sie kurz, ignorierte den aufgebrachten Ruf des Taxifahrers, was denn nun sei, und nickte ihr zu.

»Ich werde Ihren Riccardo verlieren, wenn ich mich jetzt nicht ins Taxi setze!«

»Sie werden was?« Chara stemmte ihre Hände in die Seiten und funkelte ihn an. »Können Sie mal deutlicher werden?«

»Riccardo ist ... zeigt mir eine Spur, der ich folgen werde!«

»Eine was?« Jetzt war Charas Stimme laut und scharf.

Alissa löste sich von Falk und sah Chara an. Ihr Kopf war noch nicht soweit, sie bekam nur die Hälfte mit. Wovon sprachen die?

»Er fliegt in einer Stunde nach Kreta. Und ich auch, so einfach ist das. Aber das ist für euch nicht von Relevanz!«

Chara suchte Alissas Blick. »Weißt du, wovon er spricht? Wer ist er überhaupt? Und warum fliegt Riccardo nicht nach Rhodos zurück? Dort sind doch unsere Sachen im Hotel!«

Falk wehrte ab. »Zu lange Geschichte!«

Alissa war unsicher. »Es geht uns ja auch nichts an, was er tut, oder nicht? Außerdem sollten wir uns doch besser um die ›Dogukan‹ kümmern, findest du nicht?«

»Dogukan!« Er schüttelte den Kopf. »Was soll dort jetzt passieren, sorry, das ist nicht das Thema! Aber ich kann euch das jetzt nicht erklären, dazu haben wir keine Zeit, ich muß meinen Flieger kriegen, sonst ist die Geschichte gelaufen!«

Er drückte Alissa kurz, aber heftig an sich, gab ihr einen Kuß auf die Wange und setzte sich in das Taxi. Chara und Alissa sahen sprachlos zu, wie er davonfuhr.

»Das mußt du mir jetzt erklären«, sagte Chara. »Wer ist der Kerl?«

»Ach, du lieber Himmel!« Alissa stand wie ein begossener Pudel vor ihr. »Jetzt ist er schon wieder weg!«

»Ja, das ist er allerdings! Und vielleicht klärst du mich jetzt mal auf?«

Alissa fuhr sich mit dem Unterarm über die Augen. »Hast du ein Taschentuch da?«

»Ich kann dir höchstens mein T-Shirt leihen.« Sie zog an dem eng anliegenden roten Stoff.

Alissa schüttelte den Kopf und schniefte. Dann schaute sie sie schräg an. »Was hast du vorhin gesagt? Wo hast du ihn gesehen?«

»Hm!« Chara stand noch immer wie eine Amazone kurz vor dem Angriff da. Breitbeinig und kerzengerade. »Dein Mister Nobody gibt Rätsel auf. Wollen wir die Puzzleteile mal kurz zusammenfügen, damit wir ein Bild kriegen?«

Zehn Minuten später saßen sie ebenfalls in einem Taxi. Alissa hatte zwar mit Chara zur »Dogukan« fahren wollen, um nach dem rechten zu sehen, aber Chara war es gelungen, ihr das ausreden. »Und was wollen wir dort ausrichten, falls die sich noch immer gegenseitig belauern? Einen Torpedo abschießen? Und wie wollen wir die ›Dogukan‹ überhaupt finden? Die Küste hier ist verzweigt, es gibt im Golf von Fethiye weiß Gott wie viele Inseln und Buchten …«

»Ich weiß«, murmelte Alissa verzagt. »Ich glaube, jetzt geht einfach alles nur noch schief!«

Chara faßte sie an beiden Oberarmen. »Dein Beau, von dem wir nicht wissen, ob er für die Sache auf der ›Dogukan‹ verantwortlich war, verfolgt Riccardo, aus welchen Gründen auch immer. Er behauptet, Riccardo sei seine Spur. Was für eine Spur? Und die andere Frage: Wohin führt sie?«

Alissa zuckte die Schultern.

»Okay! Jetzt tauch aus deinem Jammertal wieder auf! Wir gehen der Sache nach!«

Sie schaute mit ihren ein Meter fünfundachtzig Lebensgröße auf Alissa hinunter, die sich mit ihren ein Meter siebzig neben Chara winzig vorkam.

»Bist du nur so groß, oder bist du auch so stark?« fragte sie und grinste, auf ihren Wangen die schmalen Schmutzspuren, die die Tränen hinterlassen hatten. Sie sah wie ein Schulmädchen aus, und Chara mußte lachen.

»Ich bin stark, und für dich sollten wir vielleicht Wasser suchen, weil du so nicht unter die Menschheit kannst!«

Der Mann, der ihnen den Kaffee verkauft hatte, reichte aus seiner Bude heraus einen nassen Lappen, der seltsam roch, aber zumindest sah Alissas Gesicht nachher wieder sauber aus.

Und dann winkte Chara kurz entschlossen ein Taxi heran.

Nun fuhren sie auf der Straße, die sich nicht weit von der Küste entfernt an Göcek vorbei durch ein gebirgiges Waldgebiet nach oben zum Paß schlängelte und von dort recht schnell wieder nach Dalaman abfiel. Von Fethiye bis zum Flughafen von Dalaman waren es rund fünfzig Kilometer. Mit etwas Glück und einem flotten Fahrer war das in etwa einer Stunde zu schaffen.

»Und wenn wir gar kein Flugticket kriegen?«

»Jetzt zweifle nicht schon wieder, wir kriegen das schon hin!«

Alissa öffnete den Knopf der Hosentasche, die auf ihrem Oberschenkel aufgenäht war, und zog Kims Handy und ihre nassen Papiere heraus. »Seit dem Wasserbad und meinem letzten Telefonat mit dir tut das Ding keinen Mucks mehr!«

»Es war sowieso schon ein Wunder, daß es so lange durchgehalten hat. Wahrscheinlich kannst du es sowieso wegwerfen, aber bring's Kim besser wieder mit – als Souvenir!«

»Ob die mich mit diesen Papieren durchlassen?« Ihr Ausweis war aufgeweicht, genau wie der von Kim. Den Geldscheinen, die sie jetzt aus der Tasche fischte, hatte das Salzwasser weniger ausgemacht.

Chara warf einen Blick darauf. »Da siehst du mal wieder«, sagte sie, »Geld ist geduldig. Und was für ein Glück, daß du überhaupt einen dabeihast!« Sie hielt Kims Paß mit spitzen Fingern hoch. »Über den zweiten hier würden sie sich allerdings wundern, den laß besser in der Botanik verschwinden!«

»Was? Der gehört doch Kim!«

»Na ja, vielleicht haben wir auch Glück, und es filzt uns keiner. Sonst kommen wir in Erklärungsnot!«

Die »Dogukan« befand sich bereits auf dem Weg in die Bucht, in der sie die Nacht zuvor geankert hatten. Alle saßen gespannt vorne am Bug, Pia sogar auf dem Bugspriet, um nur ja nichts zu übersehen. Sie hatte das Frühstück abgekürzt, ihre Nervosität war einfach zu groß gewesen, um sich gemütlich an einen gedeckten Tisch zu setzen, und Marc hatte sich davon anstecken lassen. Er beschränkte das morgendliche Verzehren von Käse, Wurst, Brot und Eiern auf einige Früchte und zwei Kannen Tee und Kaffee. Schließlich bat er Ferhat, den Anker zu lichten. Ferhat war auch froh, denn Uli saß in seinem Beiboot, und er war verantwortlich für das, was Uli damit anstellte.

Kim hatte sich neben Anja auf eine der blauen Sonnenmatratzen gesetzt. Sie hatten noch nicht einmal Lust auf Früchte gehabt, sondern sich jede nur eine Tasse Tee geholt, an der sie sich jetzt festhielten.

»Machst du dir Sorgen um Uli?« Ihre tiefdunklen Augen sahen durch die Reflexion von Licht und Wasser fast unnatürlich aus.

Anja hatte die Knie angewinkelt, die Beine mit beiden Armen umfaßt und den Kopf auf ihren braungebrannten Oberarm gelegt. »Ich weiß nicht«, sagte sie langsam, und ein Lächeln ging über ihre Lippen. »Auf der einen Seite ist er ein starker Kerl, der in sich ruht und daraus seine Kraft schöpft, und auf der anderen Seite ist er ein kleiner Junge, der Angst im dunklen Keller hat. Ich weiß nicht, ob er sich im Moment auf seine starke Seite verlassen kann.«

»Hm.« Kim überlegte. »Aber er tut doch immer so, als ob ihm nichts auf der Welt etwas anhaben könnte ...«

»Läßt du dir gern in die Karten schauen?« Sie warf Kim von unten einen schelmischen Blick zu.

Kim streckte ihre langen, glatten Beine aus und wippte mit ihren Füßen. »Meine Ängste habe ich immer mit mir selbst ausgemacht.« Sie seufzte. »Wahrscheinlich habe ich deswegen einen Knacks!« Sie schaute zu Anja. »Psychologen würden es sicherlich so sehen!«

Anja mußte lachen. »Also ich bin ja nur Hobbypsychologin, aber einen Knacks hast du sicherlich nicht! In dieser Beziehung mache ich mir um Uli tatsächlich mehr Sorgen als um dich!«

Hussein kam mit der Teekanne, um nachzuschenken. »Wir nähern uns der Bucht«, sagte er und schenkte Anja ein warmes Lächeln. »Gleich haben wir ihn wieder!«

Anja nickte ihm dankend zu und sprang auf. »Da geh ich mal zu Pia vor.«

Kim wollte auch keinen Tee mehr und stand ebenfalls auf. »Hoffentlich finden wir ihn gleich, und hoffentlich geht es ihm gut!«

Anja und Kim schauten sich an, beide dachten an Alissa. Uli hatte wenigstens eine Insel, Alissa nur das kippelige Schlauchboot.

»Wenn Alissa was passiert ist, bin ich dran schuld! Ich hatte diese blöde Idee!«

Anja fuhr ihr durchs Haar. »Alissa ist nichts passiert, sie hat einen starken Schutzengel!«

»Wenn ich an so was nur auch glauben könnte… aber wenn sie nicht einmal ans Handy geht …«

»Wer weiß, ob dein Handy noch Saft hat. Irgendwie werden wir sie schon finden. Spätestens, wenn wir im Hafen sind! Ich denke, sie ist bei den anderen, bei Jens und Inka.«

»Und die Nummern sind alle in meinem Handy gespeichert! Es ist zum Verrücktwerden!«

»Na ja«, Anja lachte. »Ohne Handy hilft halt nur der Glaube. Eigentlich ist es wie früher!«

Kim verzog das Gesicht und stellte sich an die Reling. Der Fahrtwind strich angenehm über ihre bloße Haut und spielte mit ihren langen Haaren. Wie konnte Anja nur so sicher sein, daß Alissa nichts passiert war? Wollte sie ihr nur Mut machen oder womöglich sich selbst? Vielleicht war Uli ja auch irgendwie losgerudert und aufs offene Meer getrieben? Es war keineswegs sicher, daß er brav in der Bucht saß und auf sie wartete.

Der Taxifahrer fuhr für Charas Begriffe viel zu langsam. »Wenn das ein Grieche wäre, wären wir schon dort!«

»Komm, komm, keine Fremdenfeindlichkeit, sonst schmeißt er uns noch raus!«

Trotzdem war es zäh. »Wir müssen unseren Flug bekommen«, beschwor ihn Chara ein ums andere Mal, gab es aber schließlich auf. »Er schont sein Taxi!«

»Oder er hat keinen Führerschein und kann nicht schneller!«

»Mach keine Witze!«

Als sie endlich ankamen, schob sich die obligatorische Menschenschlange bis vor den Eingang hinaus.

»Kotz!« Alissa schüttelte ungläubig den Kopf. »Was tun die da alle?«

»Das staut sich nur vor der Gepäckkontrolle. Aber wir haben ja nichts, also quetschen wir uns einfach bis zum Sicherheitscheck vor!«

Sie wurden von allen Seiten mit Verwünschungen bedacht, waren aber in recht kurzer Zeit durch die Sicherheitsschleuse durch.

»So!« Chara hielt Alissa ihre offene Hand hin, und Alissa schlug ein. »Jetzt brauchen wir nur noch zwei Tickets!« Sie sah Alissa grinsend an. »Und du brauchst vielleicht ein Paar Schuhe, so siehst du wie das sprichwörtliche Aschenputtel aus!«

Alissa sah an sich hinunter, an ihrer ehemals weißen Bluse, der schmutzigen Hose, den bloßen Waden und staubbedeckten Füßen. »Ja, klar, auf der ›Dogukan‹ trägt man keine Schuhe, wo hätte ich die herzaubern sollen?« Sie verzog das

Gesicht. »Ich verschulde mich haushoch bei dir. Taxi, Flug, Schuhe, wer weiß, was noch alles kommt! Und die Geldscheine, diese nassen Dinger, gehören Kim!«

»Sonst muß ich immer meinen Freund einladen, jetzt lade ich halt mal dich ein, wo ist der Unterschied?«

»Ich kann's dir nicht zurückzahlen!« Sie stockte. »Ich meine, in keiner Form!«

Chara lachte lauthals los, schlug sich aber mittendrin auf den Mund. »Schau, dort ist er!«

Sie deutete durch die Menschenmenge hindurch, aber Alissa fehlten ein paar Zentimeter, sie konnte nichts sehen. »Er hat schon eingecheckt, geht in Richtung eines Gates, und du solltest doch noch ein bißchen wachsen, gib dir mal Mühe! Los, komm!«

Sie gingen zum Schalter von Kreta-Air und hatten Glück.

»Sie sind spät dran«, wurden sie begrüßt, »aber wenn Sie sich beeilen, schaffen Sie es noch. Ich rufe kurz an, daß Sie noch kommen. Die hintersten Plätze in der Maschine, Auswahl gibt es leider keine mehr!«

»Mir wäre auch der Balkon recht gewesen«, grinste Chara, während sie ihre Kreditkarte über den Tresen schob.

Die Bucht war leer.

»Das kann ich nicht glauben«, sagte Anja. »Wo sollte Uli denn hin?«

»Ist er der Typ, der darauf wartet, daß er gerettet wird?« fragte Ferhat.

»Nein, natürlich nicht!« antwortete Marc. »Er handelt immer selbst.«

Ferhat rief Shabaz her, befragte ihn kurz und erläuterte dann für die Runde: »Es war definitiv kein Zweitschlüssel im Beiboot. Und keine Ruder, aber das wissen wir ja schon. Also fahren wir jetzt einfach um die Insel herum. Im Zweifelsfall konnte er jemanden auf sich aufmerksam machen und hat sich abschleppen lassen!«

Marc verschränkte die Arme. »Alissa und Uli werden in einem Café sitzen und sich fragen, wo wir so lange bleiben!«

Kim schaute nach Anjas Reaktion. Aber die lachte nicht. »Und was sagt dein Gefühl?«

»Es läßt mich gerade im Stich!«

Pia legte den Arm um sie. »Wir werden deinen großen Jungen schon finden. Er kann ja nicht wirklich in Gefahr gekommen sein. Piraten gibt's ja keine mehr, und einem Haifisch wäre er zu widerborstig!«

Anja holte tief Luft. »Er wollte sich bestimmt beweisen, daß er aus der Situation selbst herauskommt. Das ist die Gefahr. Wenn irgend etwas schiefgeht, liegt es meistens an Selbstüberschätzung!«

Ferhat legte seine Hand auf ihre Schulter. »Wir fahren jetzt um die Insel herum. Weit kann er nicht sein! Die Insel ist nicht sehr groß!«

Anja nickte, und alle gingen wieder nach vorn, wo sich Nadine schon auf einem Badetuch ausgestreckt hatte. Die Sonnencremeflasche stand neben ihr, die Haare hatte sie unter einer Schirmmütze versteckt.

»Dolce vita, was?« fragte Pia, und ihr Ton war ungewöhnlich säuerlich.

Nadine blinzelte gegen die Sonne. »Wenn ich aufgeregt übers Boot laufe, zaubert das auch niemanden her. Ferhat weiß, was er tut!«

»Sieh an!« Pia blieb neben ihr stehen. »Ferhat hat Frau und Kinder!«

Nadine setzte einen gelangweilten Gesichtsausdruck auf. »Ja, sagt er immer. Sie leben aber getrennt. Seiner Frau war er zu oft weg. Seine Familie besteht nur noch aus seinen Geschwistern, seinen Eltern und der übrigen Verwandtschaft.«

»Das kann in einer türkischen Familie schon recht viel sein!«

Nadine setzte sich auf. »Was willst du? Mir eine Moralpredigt halten?«

»Nein, bestimmt nicht! Dazu habe ich gar kein Recht!«

»Oder mich davor warnen, daß er Moslem ist und ich Christin?«

»Darüber habe ich noch nicht einmal nachgedacht!«

»Wie auch immer, Pia, mir geht es gut, so gut wie schon lange nicht mehr. Und er wird Uli finden, dessen bin ich mir sicher!«

Damit ließ sie sich wieder sinken.

Pia betrachtete sie kurz. Auch nicht schlecht. Sie hielt keine Ausschau nach Uli, weil sie davon überzeugt war, daß Ferhat ihn sowieso finden würde. Das nannte sie den Fähigkeiten eines anderen vertrauen. Wann setzt man Vertrauen in einen anderen Menschen? Wenn man von ihm überzeugt ist, wenn man ihn liebt. Sie wandte sich ab und ging ins Führerhaus, um sich ein Fernglas zu holen, dann ging sie wieder an Nadine vorbei in Richtung Bugspriet. Nadine mit einer Schirmmütze, dachte sie dabei und mußte jetzt doch in sich hineinlächeln. Jetzt konnte sie ihr Dreiwettertaft wegwerfen. Der Gedanke belustigte sie, bis sie Anjas Miene sah. Sie stand ganz vorn am Korb und hielt die Küste im Auge.

Pia reichte ihr das Fernglas, und als sich Anja nach ihr umdrehte, sah Pia, daß ihre Augen verschleiert waren.

»Ferhat findet ihn«, sagte Pia im Brustton der Überzeugung. »Vertrau ihm!«

Chara und Alissa waren die letzten Passagiere gewesen, die an Bord kamen. Der große Flughafenbus war schon zur Maschine losgefahren, sie wurden in einem Kleinbus hinterhergeschickt und konnten durch die hintere Flugzeugtür einsteigen.

»Perfekt!« hatte Chara befunden und mit der Zunge geschnalzt. »Wenn er uns nicht sieht – um so besser!«

»Warum soll er uns nicht sehen?« wollte Alissa wissen.

»Keine Ahnung«, lachte Chara. »Aber wenn er einem großen Ding auf der Spur ist, sind wir es jetzt doch auch, oder nicht?«

Alissa rutschte tiefer in ihren Sitz. »Weißt du, Chara, ich glaube, ich habe ein Problem!«

Chara beugte sich über sie und betrachtete mit gekräuselter Stirn und gespieltem Ernst ihre Nasenspitze. »Flugangst? Wirst du grün im Gesicht? Übelkeit?«

»Nein, du doofe Griechin, ich bin verliebt!«

Chara ließ sich zurücksinken.

»Na, das kommt doch in den besten Familien vor, ist nicht schlimm und vergeht wieder. Bei den einen früher, bei den anderen später. Wo liegt das Problem?«

»Es ist der Kerl da vorn!«

»Unser dickes Ding?«

»Genau!«

»Das ist wirklich ein dickes Ding!« Sie schauten sich an und mußten beide lachen. »Und jetzt?« fragte Chara und richtete sich auf, um über die Köpfe der anderen Passagiere nach vorn schauen zu können.

»Warten wir ab, was passiert«, sagte Alissa und griff nach Charas Bein. »Aber schlachten werden wir ihn nicht!«

»Okay! Wenn du meinst ...«

Sie hatten mehr als drei Viertel der Insel umrundet, als sie ihn entdeckten. Uli war nicht weit von der ursprünglichen Bucht entfernt, nur in südlicher Richtung, nicht nördlich.

»Bei Gott, er ist es!« rief Anja, schwenkte ihr Fernglas und schrie über das ganze Schiff: »Dort ist er, dort ist er!«

Ferhat hatte ihn schon entdeckt, und jetzt liefen alle zusammen.

Auch Nadine erhob sich. »Hab ich's nicht gesagt?« fragte sie Pia, und in ihrer Miene lag so etwas wie Besitzerstolz.

»Ich hab schon fast nicht mehr daran geglaubt ...«, gestand Pia ihr und schnippte leicht mit den Fingern gegen den Schirm ihrer Mütze, »aber ich bin auch nicht in ihn verliebt, da sieht man die Dinge etwas anders.«

Nadines Gesicht bekam einen versonnenen Ausdruck, und ein Lächeln zog die Augenwinkel nach außen. »Ich bin verliebt und habe die Dinge trotzdem richtig gesehen, das ist das Nonplusultra!«

»Ja.« Pia nickte ergeben. »Und jetzt komm mit, du Nonplusultra!«

Ferhat versuchte, die Stelle zu erreichen, an der Uli sein Boot in eine Bucht gezogen hatte. Offensichtlich hatte er momentan wenig Sehnsucht nach ihnen. Neben seinem Boot lag ein ein typisches Fischerboot. Uli war mit einem schwarzhaarigen Mann so ins Gespräch vertieft, daß er erst aufblickte, als Ferhat das Signalhorn der »Dogukan« betätigte.

Er wies auf das große Schiff, sprang aber nicht auf oder zeigte sich sonstwie beeindruckt, nein, er tat ganz so, als ob er auf den Bus gewartet hätte, der nun endlich kam.

»Eilig hat er's ja nicht gerade«, meinte denn auch Marc. »Ferhat, fahr doch einfach weiter!«

»Nein, das werdet ihr nicht«, widersprach Anja bestimmt, »sonst springe ich über Bord!«

»Steht er jetzt auf dunkelhaarige Männer?« warf Kim ein und kassierte dafür von Anja einen Rippenstoß.

»Nein, er will nur nicht zeigen, wie hilflos er ohne uns war«, analysierte Pia. »Jetzt ist er wieder ganz der starke Mann, der mit einem Türken im Kreise seiner Ziegen ein Schwätzchen hält!«

Tatsächlich hatte sich um die beiden eine ganze Herde geschart, schwarze und weiße Tiere, und beim Näherkommen war auch zu erkennen, warum. Der Fischer war kein Fischer, sondern ein Hirte und hatte seinen Ziegen frisches Wasser gebracht.

»Vielleicht will Uli ja die Profession wechseln«, fragte Marc unschuldig. »Aussteigen? In der Türkei Ziegen hüten? Wäre das was für ihn? Eine einsame Insel fernab jeglicher Zivilisation?«

»Du bist doof!« erklärte Anja und winkte Uli zu, der sich nun doch erhob und ihnen zurückwinkte.

»Gewonnen!« sagte Marc dazu. »Laßt die Beiboote herunter und holt diesen ausgemergelten Robinson Crusoe an Bord!«

»Melde gehorsamst«, grinste Ferhat unter seiner weißen Schirmmütze hervor, »wir haben keine Beiboote mehr!«

Der Flug war kurz. Kaum waren sie richtig aufgestiegen, ging die Maschine schon wieder in den Sinkflug über.

»Da hätten wir ja hinüberspringen können«, sagte Alissa und drückte sich die Nase an dem kleinen Fenster platt.

»Mit Francos Rennboot wäre das Übersetzen schöner, ich geb's zu, aber so auf die schnelle ...«

»Es ist wunderschön!« Alissa wandte keine Sekunde den Blick ab. »Willst du auch mal schauen?«

»Danke, ich kenne das schon. Ich bin ja hier geboren.«

»Auf Kreta?«

»Nein, das nicht, aber es ist doch immerhin mein Land. Ist doch logisch, daß ich das kenne!«

»Ich weiß nicht, ich war noch nie auf Spiekeroog. Von Usedom ganz zu schweigen. Noch nicht mal auf Mainau.«

»Dann wird's aber Zeit!«

»Hm!« Alissa schaute weiter hinunter. »Ob bei uns das Meer von oben auch so blau aussieht? Und die kalkweißen Häuser, die gibt's bei uns gar nicht. Und überhaupt, meinst du im Ernst, man könnte Spiekeroog mit Kreta vergleichen?«

»Ich war noch nie auf Spiekeroog!«

»Siehst du!«

Der Hirte half Uli, zur »Dogukan« zu kommen. Für das Segelboot war die Stelle zu flach, aber Uli hielt sich einfach an der Reling des anderes Bootes fest, das fast die gleiche Größe hatte, und so fuhren sie hinüber.

»Bring ihn mit hoch«, rief Marc ihnen entgegen. »Darauf müssen wir alle einen Raki trinken!« Er nahm Anja, die ganz aufgeregt neben ihm stand, in die Arme. »Also, du siehst, selbst auf der letzten Insel findet dein Mann noch einen Helfershelfer. Wenn wir nicht gekommen wären, wäre er mit ihm nach Hause gefahren und hätte in seiner Kate fürstlichst diniert, da wette ich drauf!«

In Anjas Gesicht blühte ein feines Lächeln. »Das kann schon sein! Er ist halt ein Tausendsassa!«

Shabaz half ihnen die Boote festzumachen, und dann stiegen sie über die schmale Treppe hoch. Ihr Geruch eilte ihnen voraus und war da, bevor sie überhaupt auf die Planken getreten waren.

»Liebst du deinen Mann auch, wenn er stinkt?« fragte Marc und kassierte dafür einen Stoß in die Seite.

»Ach, du!« sagte Anja nur und flog gleich darauf ihrem Uli in die Arme.

Der Hirte blieb stehen, sein Gesicht war völlig zerknittert, tiefe Falten hatten sich eingegraben, er lächelte ein fast zahnloses Lächeln, aber seine Augen blitzten.

»Das ist Mustafa«, stellte ihn Uli vor. »Er hat mir heute morgen das Leben gerettet.«

»Wollte der Bock auf dich los?« fragte Marc und bat Mustafa mit einer Handbewegung zu Tisch.

»Nein, er hat Wasser gebracht. Und ich durfte als erster trinken!«

Uli folgte Mustafa an den Tisch, hielt Anja im Arm und sah so abgerissen und zerkratzt aus, als ob er sich tagelang durch Dornenbüsche gekämpft hätte.

»Na, du Held, ein Liter Wasser oder einen anständigen Raki?« Marc setzte sich an das Kopfende des Tisches, die anderen verteilten sich auf die übrigen Plätze. Nur Ferhat wehrte ab.

»Erstens trinke ich während der Arbeit keinen Alkohol, wie ihr alle wißt, und zweitens fahren wir derweil schon lieber Mal in Richtung Fethiye, uns fehlt ja noch jemand.« Er sprach kurz mit dem Hirten und nickte dann Marc zu. »Er ist nicht unglücklich, wenn wir sein Boot ins Schlepptau nehmen. Er muß auch nach Fethiye, und« – Ferhat zwinkerte Marc zu – »er sagt, so eine Heimfahrt hätte er sich schon immer mal gewünscht!«

»Na, denn«, Marc winkte Hussein zu, »dann zaubert mal aus der Kombüse heraus, was ihr zaubern könnt!«

Sie waren kurz vor der Landung in Heraklion, als Chara Alissa an der Schulter packte. »Siehst du dort vorn?« Sie wies über die Köpfe der Passagiere nach vorn, und tatsächlich, jetzt sah es Alissa auch und duckte sich unwillkürlich. Riccardo kam von der Toilette zurück und setzte sich wieder in eine der ersten Sitzreihen.

»Warum verstecken wir uns denn, wenn wir Riccardo sehen?« flüsterte Alissa. »Das ist doch alles total schräg!«

»Wir werden in der Kabine bleiben, bis alle draußen sind. Und dann müssen wir schauen, daß wir ganz schnell rauskommen, ein Taxi bekommen und deinen Falk nicht aus den Augen verlieren!«

»Aber mal ganz ehrlich, Chara, du schaust nicht zufällig zu viele Kriminalfilme?«

»Ich würde mal gern einen Krimi schreiben, und vielleicht finde ich hier ja den Stoff!«

»Gütiger Himmel!«

»Wieso, traust du mir das nicht zu?«

»Doch! Das ist es ja. Ich will nur nicht eine deiner Figuren sein, wer weiß, was mir da passiert!«

»Wart's einfach ab! Und vertrau mir.«

»... sagte Kaa zu Mogli.«

»Was?«

»Die Schlange zum Kaninchen!«

»Jetzt aber!«

»Wir landen! Hast du auch schon einen Titel für dein Buch?«

»Einer blieb übrig!«

»Wie beruhigend! Könnte es nicht wenigstens *Eine blieb übrig* heißen?«

»Muß ich mir das jetzt wirklich antun und eine Boulevardzeitung kaufen?« Sie steuerten den Hafen an, und Marc wurde zusehends unruhig. »Wenn wir Alissa gefunden haben, segeln wir sofort wieder aufs Meer hinaus!« sagte er leise zu Pia.

»Sind wir auf der Flucht?« Sie drückte ihm einen Kuß auf die Wange. »Keine Sorge, das kriegen wir schon hin.«

»Dann rate mir doch jetzt mal bitte: Soll ich mir eine Zeitung holen und mich aufregen, oder soll ich cool bleiben und so tun, als ob gar nichts wäre?«

Sie lachte. »Wir holen die Zeitung, informieren uns über deine neuesten Missetaten und bleiben cool!«

Marc seufzte und schaute hilfesuchend zu Nadine. »Und was sagst du als erfahrene Frau dazu?«

Nadine saß lässig auf der Bank, die Arme seitlich ausgestreckt über die Lehnen gelegt. Sie holte tief Luft und lächelte. »Kein Problem, das sich nicht regeln ließe. Erst müssen wir der Sache mal ins Auge sehen, dann starten wir die Gegeninitiative!«

»Wow!« Marc nickte. »Bei so viel Frauenpower. Und du, Kim?«

»Ich will Alissa zurück, das ist mein Problem!«

Pia fuhr ihr mit der Hand leicht über die Wange, ohne daß Kim der liebevollen Geste auswich. Pia freute sich, ohne es zu zeigen. »Das werden wir schaffen. Ich spüre das!«

Anja und Uli lagen derweil vorn auf einer der Matratzen im Schatten und genossen die Fahrt und den Wind, nachdem Uli ausführlich von seinen nächtlichen Abenteuern erzählt hatte. Und Mustafa stand mit einem Raki in der Hand bei Ferhat am großen, edlen Steuerrad.

Doch als sie sich dem Hafen von Fethiye näherten, trafen sich alle bei Ferhat. Sie hatten sich T-Shirts und Hosen angezogen und ihre Schuhe für den Landgang bereitgelegt. Ihre Aufregung wuchs, je näher sie dem Hafen kamen.

»Und wenn das Schlauchboot nicht da ist?« fragte Nadine, die sich einen roten Sonnenhut auf die blonden Haare gedrückt hatte.

»Dann sehen wir weiter«, sagte Kim nebenbei. Sie wollte einfach nicht an diese Möglichkeit denken. Ferhat legte zunächst einmal quer am großen Landungssteg an, weil alle Liegeplätze im Hafen belegt waren.

»Du mußt aber noch einmal erklären, wie das Ding genau ausgesehen hat«, begann Anja. »Ich habe das Boot nie bewußt wahrgenommen!«

»Okay, und dann schwärmen wir an die verschiedenen Bootsstege aus. Und die Kaimauer nicht vergessen!« Kim war voller Tatendrang. »Die Frage ist nur, wie wir uns verständigen, wenn es jemand gefunden hat.«

»Eine handylose Gesellschaft«, bemerkte Pia und setzte sich eine ihrer großen Sonnenbrillen auf die Nase. »Man fragt sich, wie das früher ging ...«

»... und wo man in der Türkei neue Handys herkriegt und wie man sie zum Laufen bringt.« Uli schaute zu Ferhat, der eben zu ihnen getreten war.

»Wenn man ein bißchen Zeit hat, ist das kein Problem«, sagte er. »Vielleicht kann Mrs. Anderson da ja helfen, ich habe vorhin mit meiner Chartergesellschaft telefoniert. Sie will selbst kommen, es kann aber noch gut eine Stunde dauern.«

Gemeinsam schauten sie zu, wie Shabaz und Güven die Gangway zum Landungssteg befestigten. Pia drehte sich nach Marc um, der hinter ihr stand und ohnehin wenig begeistert war, nun im Troß den Hafen auf der Suche nach einem kleinen Schlauchboot abzulaufen.

»Wenn die Chefin schon höchstpersönlich kommt, willst du dann nicht lieber dableiben? Das Schlauchboot finden wir auch ohne dich!«

Marc fuhr sich kurz über seinen geschorenen Schädel. »Ich weiß nicht, ob ein Mann so etwas wirklich hören will ...«

»Ich will damit sagen, daß deine Anwesenheit an Bord wichtiger ist. Falls wir in einer Stunde noch nicht zurück sind, mußt du das regeln.«

Er zögerte noch immer. »Wir machen das so«, sagte er schließlich und trat in den Schatten des Sonnensegels zurück. »Ihr sucht das Schlauchboot, und du bist in einer Stunde zurück!« Er grinste. »Und vergiß die Zeitung nicht!« Damit drehte er sich zu Ferhat um. »Hast du Lust auf eine Runde Backgammon?«

Alissa staunte über Charas kriminalistisches Talent.

Sie hatte es tatsächlich geschafft, daß ein hübscher Steward mit ihr auf der Suche nach einem nie dagewesenen Ohrring auf dem Boden zwischen den engen Sitzreihen herumkroch, und dann brachte sie ihn noch dazu, sie schnellstmöglich in die Ankunftshalle von Heraklion International Airport Kazantzakis bringen zu lassen.

»Dabei bist du gut einen Kopf größer als er«, sagte Alissa und schüttelte den Kopf.

»Und außerdem ist er schwul«, lachte Chara. »Er ist einfach nur nett!«

»Er wird dir einen Ohrring schenken, so schwul ist er!«

Chara lachte noch lauter, dann entdeckte sie aber vor der Zollkontrolle Falk und legte den Finger auf den Mund. »Jetzt müssen wir schnell sein«, flüsterte sie. »Er hat außer seinem Rucksack kein Gepäck und wird ratzfatz weg sein!«

Alissa ließ sich anstecken und spürte vor Ungeduld ihr Herz schlagen, bis sie endlich durch die Paßkontrolle hindurch waren.

»Hoffentlich haben wir ihn nicht verloren«, sagte sie, aber Chara hatte den Kopf gereckt und ihn nicht aus den Augen gelassen.

»Wenn ich das nächste Mal auf die Welt komme, werde ich auch so groß«, rief Alissa ihr zu, während sie nebeneinander zum Ausgang liefen. »Das ist doch sehr praktisch!«

»Und bringt Geld«, lachte Chara und schaffte es, ein Taxi zu finden und dabei Falk im Auge zu behalten.

»Daß er das nicht merkt«, wunderte Alissa sich.

»Er ist auf Riccardo fixiert«, deutete Chara es, hielt Alissa die hintere Autotür auf und sprach kurz mit dem Fahrer. »Hopp, hinein«, sagte sie dann und setzte sich selbst nach vorn. »Die Hatz kann beginnen!«

»Man könnte glauben, es macht dir Spaß!« Alissa setzte sich zwar auf die Rückbank, beugte sich aber zwischen den beiden Sitzen nach vorn, weil über der Rückbank ein so intensiver Knoblauchduft hing, daß ihr in der stehenden Hitze des Innenraums fast schlecht wurde. »Kann er nicht die Klimaanlage einschalten?« fragte sie, erntete aber nur einen von Charas fröhlichen Lachern.

»Träumst du?«

Angesichts des klapprigen alten Wagens sah Alissa ein, daß hier keine Klimaanlage zu erwarten war, und kurbelte ihr Fenster mit aller Kraft hinunter.

»Falk hat sicher ein besseres Taxi erwischt«, murrte sie dabei.

»Fünf Kilometer wirst du es doch aushalten, dann sind wir schon im Stadtzentrum, und ich glaube kaum, daß er zum Baden an einen Strand fährt.«

Alissa schaute hinaus. »Sieht aus wie überall auf der Welt«, sagte sie. »Wie heißt die Stadt überhaupt, damit ich später weiß, wo ich war?«

»Das ist Heraklion, die Hauptstadt von Kreta. Ziemlich häßlich – bis auf die Altstadt. Wenn wir noch Zeit haben sollten, fahren wir nach Maleme.«

»Und was gibt es da?«

»Einen deutschen Soldatenfriedhof mit 4465 Gräbern!«

»Ach du je.« Sie schaute Chara betroffen an. »Waren wir hier auch?«

»Die Jungs, die dort liegen, waren ungefähr so alt wie wir.«

»Und das sagst du als Griechin? Ich denke, sie haben keinen freundschaftlichen Anstandsbesuch gemacht ...«

Chara zuckte die Achseln. »Wenn die, die die Kriege anzetteln, sie auch ausfechten müßten, gäb's keine. Und Leben ist Leben.«

Alissa ließ sich in die Rücksitze zurücksinken. Es war ihr schon klar, daß sie auf der Sonnenseite des Lebens lebten, auch wenn ihre Eltern nicht das große Geld hatten. Sie sah die Bilder aus anderen Teilen der Welt, und sie quälten sie manchmal, weil sie es ungerecht fand. Die einen starben wie die Fliegen an Hunger, und die anderen kauften ihren Pudeln Diamantohrringe. Sie hatte schon oft darüber nachgedacht, welchen Beitrag sie leisten könnte, um die Welt gerechter zu machen – viel Geld verdienen und verteilen? Erstens würde sie nie so viel Geld verdienen, und zweitens blühte auf der ganzen Welt die Korruption. Sie wollte keine Funktionäre und Staatsdiener fett machen, sondern Hilfe bringen. Sozialarbeiterin? Ärztin vielleicht? Oder in die Politik gehen? Aber hatte man da überhaupt noch eine eigene Meinung, wenn der Parteiwille festgelegt war?

»Es tut mir leid«, sagte sie schlicht, und Chara drehte sich nach ihr um.

»Ich denke, *du* warst nicht dabei«, sagte sie.

»Mir tut unsere ganze unglückselige Geschichte leid, im Sinne der deutschen Geschichte, wenn du verstehst, was ich meine. Nach 1920 waren die Menschen im Aufbruch, die Frauen warfen die Korsette ab, schwärmten nach Berlin, New

York, Paris aus, lebten ihren Traum als Künstlerinnen, waren emanzipiert, trugen Bubiköpfe und rauchten Zigaretten mit Spitze, trafen sich in Künstlerhaushalten, gründeten Salons, diskutierten, debattierten, eroberten ihre eigene Welt, und dann kam der mörderische Rückschritt, dieser Wahnsinnige mit seiner aberwitzigen Vernichtungsmaschinerie und unseren Großeltern, die da mitliefen und mittaten, unvorstellbar! Was wäre gewesen, wenn sie diesen kleinen Postkartenmaler zum Kunststudium in Wien zugelassen hätten? Wohin wäre die deutsche Geschichte ohne Hitler marschiert? Wo wären die Frauen heute ohne diesen gewaltsamen Rückschritt, ohne das deutsche Lieschen mit Mutterkreuz und den Platz hinterm Herd?«

Chara drehte ihr schweres Haar zu einem Knoten und band ein rotes Tülltuch darum, das sie am Handgelenk getragen hatte.

»Tja.« Sie überlegte. »Weißt du, ich ärgere mich bei jeder Entscheidung darüber, daß ich nicht sehen kann, was aus mir geworden wäre, wenn ich den anderen Weg gewählt hätte. Ich bin Fotomodell, hätte aber auch studieren können. Vielleicht verliere ich wertvolle Zeit? Mit dreißig will mich keiner mehr ablichten, aber ich könnte längst promovierte Archäologin sein.«

»Was?« Alissa beugte sich wieder vor. Der Fahrtwind, der durch die offenen Fenster hereinströmte, zerrte an ihrem Haar und brachte angenehme Abkühlung, ließ sie aber auch schlechter hören. »Archäologin? Ist das ein Witz?«

»Nein! Ich stehe auf altes Zeug! Auf Geschichte, wie du so schön gesagt hast. Und Griechenland ist schließlich voll davon.«

»Genau deshalb gibt's hier doch wahrscheinlich Archäologen wie Sand am Meer!«

»Es ist aber meine Leidenschaft, und Leidenschaften muß man ausleben, sonst quälen sie einen ein Leben lang.«

Alissa überlegte. »Ich habe keine Leidenschaft. Ich kann alles so ein bißchen, aber nichts richtig! Und ich weiß überhaupt nicht, was ich werden will, obwohl ich das Abi jetzt in der Tasche habe und in die Pötte kommen müßte, wie meine Mutter so schön sagt!«

»Mach ein Detektivbüro auf.« Chara grinste. »Apropos!« Sie drehte sich zur Seite und sprach schnell mit dem Taxifahrer, der ihr gestenreich antwortete.

»Da vorne fährt er.« Alissa winkte ab. »Ich sehe ihn die ganze Zeit!«

»Das war nicht die Frage, die Frage war, wo wir hier an Drogen kommen und wer das Sagen hat!«

Alissa verschlug es schier die Sprache. »So was fragst du ihn?«

»Ja klar, oder denkst du, wir machen eine Sightseeingtour?«

»Und was sagt er?«

»Daß er es nicht wisse, aber vielleicht für uns herausbringen könnte.«

»Und das heißt?«

»Daß er Geld will.«

Kim sah das schwarze Schlauchboot als erste. Es lag nahe der Altstadt zwischen Fischerbooten und schaukelte im Takt. Ein goldgelber, mittelgroßer Hund, an dem jede Rippe zu zählen war, hatte sich darin zusammengerollt und schlief.

Sie sprang in die Höhe und ruderte mit den Armen: »Hierher!« rief sie, erhielt aber nur die Aufmerksamkeit einiger türkischer Männer und ihrer Mutter, die ohnehin nur wenige Meter hinter ihr war.

»Aha«, sagte Pia und blieb vor dem Boot stehen. »O Gott!« Der Hund hatte ein Auge aufgeschlagen und schaute sie dämmrig an.

»Der ist ja schon halbtot!«

Sie schauten sich an. »Was machen wir jetzt?«

»Ich ruf die anderen!« Kim lief ein paar Meter, da entdeckte sie Nadines rotes Sommerhütchen. Es stach zwischen einigen blassen Touristen hervor, und Kim sprang erneut hoch und winkte ihr zu. »Nadine!« Es kam keine Reaktion.

Erst als Kim durch die Finger pfiff, sah sich Nadine suchend um. Jetzt entdeckte sie die beiden Frauen und kam näher.

»Das ist das Boot!« Kim war ganz aufgeregt. »Und wenn wir jetzt alle zusammenhaben, durchkämmen wir die Altstadt!«

»Vielleicht sollten wir zur Polizei?« Nadine fächelte mit dem Halsausschnitt ihrer kurzärmeligen weißen Bluse, um Luft unter den Stoff zu bekommen.

»Zur Polizei?« Pia schaute sie an, als hätte sie einen Sonnenstich. »Ausgerechnet! Die haben uns bisher ja auch grandios geholfen!«

»Nicht wegen uns, wegen dem da!« Sie wies auf den Hund, der nun beide Augen offen hatte und sie ängstlich beobachtete.

»Ach! Und wozu?«

»Na, kümmert sich die Polizei nicht um solche Tiere? Zum Arzt bringen, ins Tierheim, was weiß ich, der sieht doch erbärmlich aus! Den kann man doch nicht so liegen lassen!«

Kim und Pia tauschten einen Blick.

»Okay«, sagte Kim. »Aber zuerst suchen wir Alissa!«

Nadine zeigte hinter sich. »Anja und Uli sind in die andere Richtung gelaufen, soll ich sie schnell holen?«

Kim warf einen kurzen Blick auf die hohen Absätze ihrer Pantoletten und schenkte ihr ein gütiges Lächeln. »Ich glaube, als Roadrunner bin ich besser geeignet! Ich finde sie schon!«

»So, jetzt können wir wetten!« Chara konzentrierte sich auf das Taxi von Falk, denn der Verkehr hatte in Richtung Stadtmitte zugenommen, und sie wollte ihn nicht an einer Abzweigung oder Ampel aus den Augen verlieren.

»Was meinst du?«

»Jetzt fährt er entweder in die Altstadt und setzt sich in ein Straßencafé, weil ihm Riccardo entwischt ist, oder er fährt irgendwo zu einem Haus, weil Riccardo sich gleich mit jemandem trifft!«

»Mein Gott, machst du's spannend!«

»Allah ist halt mächtig!«

»Au, da ist der Hafen.« Alissa beugte sich wieder vor. »Und dort hinten, schau, sieht ja toll aus, die Burg mitten im Wasser!«

»Das ist das alte Kastell Koules, und wir haben Glück, daß nicht Samstag ist, sonst wäre hier die Hölle los!« Sie wandte den Blick keine Sekunde von der Straße.

Alissa schaute sich um. Sie fuhren auf der Uferstraße am Hafen entlang, und jetzt kam der Fischer- und Yachthafen in Sicht.

»Das wird ja immer schöner!«

»Vor allem, wenn Riccardo auf ein Schiff geht, dann haben wir nämlich schlechte Karten!«

Alissa konnte das im Moment nicht beeindrucken, sie begann, das Ganze zu genießen. Aus einem kleinen Segelturn rund um Göcek wurde eine kleine Weltreise. Wer konnte schon voraussehen, was Riccardo noch einfallen würde oder auch Falk.

Beim Gedanken an ihn wurde es ihr allerdings wieder mulmig. Sie schlichen hinter ihm her, als ob er ein Schwerverbrecher wäre. Dabei hatte sie sich gerade so richtig schön in ihn verliebt. Aber stimmte das auch, war sie wirklich in ihn verliebt? Sie horchte in sich hinein, war aber zu aufgewühlt, um einen klaren Gedanken zu fassen. Sie beschloß, diese genaue Prüfung auf später zu verlegen. Im Moment fühlte sie sich verliebt, und das mußte reichen.

»Hast du ihn noch?« fragte sie nach vorn.

»Deinen Falk?«

Chara mußte Psychoantennen besitzen.

»Das Taxi von Falk!«

»Mist! Der hält tatsächlich am Hafen!« Das Taxi vor ihnen war in einem Kreisverkehr rechts abgebogen und auf einer Landungsbrücke, die zum Kastell führte, stehengeblieben. Chara zupfte den Taxifahrer am Ärmel und redete griechisch auf ihn ein. Er fuhr im Kreisverkehr weiter und auf die Straße zurück, auf der sie eben gekommen waren. Chara wollte ihn zum Halten bewegen, aber die Straße war einspurig, und sie rollten mitten im Verkehr.

»Stop jetzt! Wir müssen aussteigen!«

In einer kleinen Parkbucht hielt er schließlich, Chara streckte ihm einige Geldscheine hin, was heftige Tiraden auslöste, aber sie war schon draußen und hatte die Autotür zugeschlagen, bevor Alissa ihre überhaupt geöffnet hatte. Sie mußte sich beeilen, um Chara einzuholen, doch draußen war es stechend heiß, und sie mußte erst einmal tief Luft holen, bevor sie Chara, die bereits im lockeren Laufschritt die dichtbefahrene Straße überquerte, hinterherrennen konnte. Auf der anderen Straßenseite holte sie sie schließlich ein, und sie joggten wie zwei bekloppte Touristen auf dem Gehweg die Hafenmole entlang. Allerdings ging Alissa bald die Luft aus.

»Es ist einfach zu heiß für Sport!« japste sie und hielt sich die flache Hand auf den Kopf. »Die Sonne brennt auf den Schädel, und wir rennen, als ob wir einen Ladendiebstahl begangen hätten! Völlig bescheuert!«

Chara stimmte ihr zu, behielt aber das Tempo bei.

Da sagte Alissa nichts mehr, sondern konzentrierte sich auf ihren Rhythmus und auf den Kreisverkehr, der langsam näher rückte.

Nadine nahm sich die Hauptgeschäftsstraße der Fußgängerzone vor, Kim durchkämmte mit Pia die kleinen Sträßchen, die rechts davon lagen, und Anja und Uli nahmen sich die linken vor. Sie schauten überall hinein, wurden freundlich angesprochen und zum Eintreten aufgefordert, aber hatten weder Taschen noch Gewürze im Sinn, sondern nur Alissa.

Nach einer halben Stunde trafen sie sich wieder in dem kleinen Café, in dem Kim mit Alissa und Falk zusammengesessen hatte. Sie rückten die tiefen purpurfarbenen Plüschsessel um einen mit ziseliertem Kupfer beschlagenen kleinen Tisch zusammen, ließen sich stöhnend hineinfallen und bestellten jeder eine eiskalte Cola.

»Sie legt an«, begann Uli, schloß die Augen und drückte die Fingerspitzen an die Nasenwurzel, um besser nachdenken zu können. »Also, sie legt an. Wo geht sie hin?« Er schwieg und rührte sich nicht, und die anderen blieben ebenfalls still. »Sie glaubt, ihr auf der ›Dogukan‹ seid in Gefahr. Normalerweise würde man zur Polizei gehen. Aber die Polizei ist bei der ›Dogukan‹, und sie traut ihr nicht ...« Er hielt wieder inne.

»Sie versucht, jemanden aus der Clique aufzutreiben. Also Jens, Riccardo, Inka oder Chara!« sagte Kim bestimmt.

Uli öffnete seine Augen und schaute sie an. »Das könnte sein!«

»Das denke ich auch«, pflichtete Pia bei.

»Die könnten wir doch einfach anrufen, die haben ihre Handys ja schließlich noch!« Uli beugte sich vor. »Wer hat denn die Nummern, doch sicherlich du, Kim?!«

»Ja, klar! Und wo denkst du, daß ich die Nummern hab? Die habe ich nicht in meinem Schädel gespeichert, sondern in meinem Handy. Und wer hat mein Handy? Na, bingo!«

Uli ließ sich wieder zurücksinken. »Und Alissa geht nicht ran.«

Kim zuckte die Schultern. »Das hatten wir schon – sie hat kein Ladegerät dabei, wir müssen anders weiterkommen!«

»Gut«, mischte sich Anja ein. »Dann müssen wir uns überlegen, wo die vier sein könnten.«

»Zuletzt waren sie jedenfalls bei der Polizei!« Nadine griff nach ihrem Colaglas, und alle schauten sie an.

»Da hat sie recht!« Uli runzelte die Stirn. »Aber ob sie da noch sind? Die ganze Nacht auf der Polizei? Bed and breakfast? Kann ich mir kaum vorstellen!«

»Trotzdem müssen wir dort hin! Könnte immerhin sein!« Anjas feine Gesichtszüge bekamen einen grüblerischen Ausdruck. »Toll finde ich die Aussicht nicht!«

»Ich gehe!« Nadine rückte ihren roten Strohhut energisch zurecht. »Das paßt mir ganz gut, ich wollte sowieso dorthin und sie auf diesen halbverhungerten Hund aufmerksam machen!«

»Da denkst du immer noch dran?« Uli schüttelte den Kopf. »Aber sie werden dir schon sagen, was sie davon halten.«

»Ja, genau, und das werde ich mir anhören. Und auch die Erklärung, wo die vier geblieben sind, falls sie dort in keiner Zelle mehr schmoren sollten!«

Kim legte ihr die Hand auf die schmale Schulter. »Weißt du was, Nadine, das finde ich gut! Ich komme mit!«

»Und wir bleiben am besten solange hier sitzen«, erklärte Anja. »Von hier aus überblickt man eigentlich alles am besten!«

Kim und Nadine standen auf und mit ihnen Pia. »Okay, wenn ihr hier aufpaßt, dann kann ich ja in den Gewürzladen da drüben gehen, dort wollte ich sowieso schon lange mal wieder hin!«

»Genau!« Kim drehte sich nach ihr um. »Bei den Gewürzen hat alles angefangen. Seitdem Alissa dort diesen Falk kennengelernt hat, ging es eigentlich nur noch rund!«

Pia hatte ihren Geldbeutel eingesteckt und wollte gerade losgehen, wurde jetzt aber doch hellhörig und blieb stehen. »Wen hat sie dort kennengelernt?«

Kim zuckte die Schulter. »Irgend so einen Typ. Mittelalter, eigentlich nichts Besonderes, er sagte, er macht Urlaub und nebenher Fotos. Landschaft und so.«

»Und was glaubst du, was es mit diesem Kerl auf sich hat?«

Kim überlegte. »Es kann Zufall sein, daß er in dem Gewürzladen war und Alissa angesprochen hat, er kann uns aber auch abgepaßt haben!«

Uli winkte ab. »Jetzt bitte ich dich! Habt ihr einen öffentlichen Rundbrief geschrieben, wohin ihr zu gehen gedenkt? So was kann doch kein Mensch wissen!«

»Vielleicht ist er uns schon vorher gefolgt und sah das als günstige Gelegenheit?«

Pia schaute zu Uli, der das Gesicht verzog. »Auszuschließen ist das nicht!«

»Aber auch nicht sehr wahrscheinlich. Männer sprechen nun mal gern attraktive junge Mädchen an und erzählen irgendeinen Blödsinn, um an sie ranzukommen, die Geschichte ist doch so alt wie das Meer!«

Anja warf ihm einen schrägen Blick zu. »Gut, daß du auf einer Ziegeninsel gestrandet bist!«

Alissa und Chara liefen die Kaimauer entlang bis kurz vor die Straßenecke, an der Falk ausgestiegen war. Jetzt wurde Chara langsamer und blieb dann ganz stehen, worüber Alissa heilfroh war. Sie bückte sich, um besser Luft zu bekommen und um ihr Seitenstechen zu mildern. Die dünnen Leinenschuhe, die sie in einem der vielen kleinen Läden in der Abflughalle im Vorbeigehen gekauft hatte, drückten. Sie waren völlig ungeeignet für einen derartigen Dauerlauf. Alissa spürte, wie sich ihre Haut an den dicken Nähten wundgescheuert hatte.

Chara bog um die Ecke auf die schmale Straße, die zunächst zum Kastell und von dort aus schier endlos weit ins Meer hinausführte.

»Ich glaube, ich laufe lieber wieder barfuß«, lamentierte Alissa hinter ihr. »Ist er tatsächlich dorthin gelaufen? Das sind ja Kilometer! Das halte ich nicht aus!«

»Vielleicht trifft sich Riccardo mit jemandem im Kastell?«

»Klar, er macht eine Sightseeingtour, und ich hab Blasen an den Füßen!«

»Der Boden ist zu heiß und zu dreckig, um barfuß zu laufen! Und wenn du dir eine Glasscherbe in den Fuß trittst, darf ich dich noch tragen!«

»Welch verlockender Gedanke!« Sie gingen langsam nebeneinander her auf das Kastell zu.

»Wo ist er überhaupt?« fragte schließlich Alissa. »Vor uns jedenfalls nicht, ich kann ihn nirgends sehen!«

Sie blieben stehen, drehten sich um und schraken zusammen. Er war genau hinter ihnen. Er lachte sie an, so daß sein abgeschlagener Eckzahn in seiner Reihe weißer Zähne keck herausblitzte, und sagte in einem Ton, als sei dies die natürlichste Begegnung auf der Welt: »Hier bin ich!«

»Falk«, stammelte Alissa, und jede Erklärung erschien ihr jetzt überflüssig.

»Schön, daß ihr auch endlich da seid«, sagte er, »habe schon eine Ewigkeit auf euch gewartet!«

»Ach was!« Chara dachte nicht daran, sein freundliches Lächeln zu erwidern. »Das ist doch reiner Zufall!«

»Ich fand's schon bemerkenswert, wie ihr mir in der Abfertigungshalle hinterhergesaust seid, und bei der Ankunft dann eure inszenierte kleine Verzögerung, sehr schön! Ich hatte nur die Befürchtung, Riccardo würde was spannen, aber der ist wohl schon im Freudentaumel und kriegt nichts mehr mit!«

Alissa und Chara schauten sich an.

»Sind Sie Privatdetektiv oder so was?« Chara hatte schon wieder das Aussehen einer griechischen Göttin mit einem züngelnden Blitz in der erhobenen Hand.

»Es ist zu heiß und die Zeit zu knapp, um jetzt viel zu erklären. Um ehrlich zu sein, hatte ich nur die Befürchtung, durch euch aufzufliegen – so ganz geschickt seid ihr in der Verfolgungsjagd eben doch nicht. Also geht am besten in die Altstadt, macht's euch gemütlich, und wir treffen uns später! Dann mach ich euch schlauer!«

Chara nickte mit einem spöttischen Lächeln auf den Lippen. »Ja, klar. In der Altstadt, irgendwo!«

Er sah Alissa an, daß ihr heiß und kalt wurde. »Alissa hat meine Handynummer, ruft mich halt an, aber jetzt muß ich los!«

»Ich habe sie eben nicht mehr!« sagte sie schnell, worauf er in seine Hosentasche griff, eine Visitenkarte herauszog, sie ihr in die Hand drückte, »bis später« rief und gleich noch: »Vermasselt nicht alles!« Dann war er weg, lief auf die Verkehrsinsel zu, um die sie vorhin im Kreisverkehr gefahren waren, überquerte in halsbrecherischen Sätzen die stark befahrene Straße und lief zielgenau auf einige mehrstöckige Häuser zu, die auf der anderen Straßenseite standen.

»Hast du da noch Töne?« fragte Chara. »Wir sollen nicht alles vermasseln. Auf welchem Trip ist der denn?«

Alissa stand noch immer wie vom Donner gerührt. He, du bist eine fortschrittliche, sportliche junge Frau, sagte sie sich, reiß dich zusammen, raff dich auf, Schultern zusammen, Bauch rein, Brust raus. Am liebsten hätte sie sich aber auf die Steinmauer sinken lassen und sich mit einem Fingerschnippen zurück in die heile Welt der »Dogukan« befördert, so wie es vor fünf Tagen noch war.

»Gib mir mal das Kärtchen«, sagte Chara und hielt fordernd die Hand auf. »Jetzt schauen wir doch mal, was der Herr so macht, wenn er nicht gerade Detektiv spielt!«

Alissa gab sie ihr. »Ich bin so müde, ich könnte auf der Stelle umfallen«, sagte sie, denn gerade in diesem Moment fühlte sie sich durch die Hitze und den mangelnden Schlaf wie betäubt.

»Du wirst schon gleich wieder aufwachen!« Chara tippte auf die schwarzen Buchstaben. »›*Freier Bildjournalist*‹ steht da, hast du das gewußt? Ein Fotoreporter auf der Jagd nach der großen Story!«

»Was?« Alissa wachte tatsächlich wieder auf. Sie griff nach der Karte. Tatsächlich. *Falk Krüger* stand da, *Freier Bildjournalist, Berlin.* Auf der Rückseite standen einige Zeitungen, Zeitschriften und Agenturen, für die er wohl regelmäßig arbeitete. »Okay, das sind recht viele«, sagte Alissa und pickte sich ein paar heraus. »Also bei den Agenturen sind da dpa, Seeger-Press, People Picture, People Image, ist doch nicht schlecht, und da, paß auf, ›Gala‹, ›Bunte‹ und ›Neue Revue‹

für die Zeitschriften, kennt doch jeder, und an Zeitungen …« Sie stockte und ließ die Karte sinken. »Boulevardzeitung!« Sie schaute Chara groß an. »Scheiße!«

»Super!« sagte Chara und zog die Luft zwischen den Zähnen ein. »Wie hast du den noch mal kennengelernt?«

Alissa lehnte sich gegen die Steinmauer neben ihr. »Mir wird schlecht«, sagte sie. »Mir dreht sich alles! Ich glaube, ich krieg gleich einen Herzinfarkt!«

Chara nahm ihr die Karte wieder ab und steckte sie selbst ein. »So schnell kriegt man keinen Herzinfarkt! Was hat er dir denn erzählt, was er beruflich so macht?«

Alissa dachte nach. »Er sagte, er sei als Tourist in Fethiye und, ja, macht Fotos, das hat er gesagt, stimmt. Landschaftsfotos!«

»Tja, das hat er sich wohl schnell wieder abgeschminkt!« Sie zog das Kärtchen noch mal heraus und warf einen Blick auf die Rückseite. »›Geo‹ steht jedenfalls nicht drauf!«

Alissa preßte die Lippen aufeinander und sagte nichts. Sie wollte nicht weiter darüber nachdenken, denn wenn sie weiter darüber nachdachte, würde sich der leichte Verdacht, den sie schon lange spürte, vielleicht erhärten. Dann hätte sie ihn mit ihren präzisen Angaben über die Richards entweder auf ihre Fährte gelockt, oder er hätte sie von Anfang an als unfreiwillige Spionin mißbraucht. Keine der beiden Möglichkeiten gefielen ihr.

Sie spürte, daß Chara sie betrachtete, und hob den Blick vom Boden. Sie sahen sich kurz in die Augen, dann nickte Chara grimmig. »Gut, klar, die Landschaft hieß ›Dogukan‹.«

Alissa seufzte. »O Gott, Chara, ich war ein Volltrottel! Ich habe mir eingebildet …«

»Komm, laß!« Chara nahm sie in die Arme, und Alissa legte ihren Kopf an ihre Schulter. »Das kann jedem passieren. Und wir wissen ja noch gar nicht genau, wie es wirklich war!«

»Meinst du, wir kriegen das raus?«

»Er wird uns das selbst erzählen«, behauptete Chara mit energischer Stimme, »sonst hätte er uns nicht seine Visitenkarte gegeben. Es war ihm doch klar, daß wir dadurch draufkommen!«

Alissa stieß einen tiefen Seufzer aus. »Weißt du, ich kapier's einfach nicht. Ich steig nicht dahinter, ich weiß überhaupt nicht, was hier eigentlich abgeht.« Sie schaute zu Chara auf. »Aber meinst du, es gibt keine Möglichkeit, mal irgendwie mit der ›Dogukan‹ in Kontakt zu treten?«

Chara zog ihr Handy heraus. »Kein Problem, wenn wir irgendeine Telefonnummer von denen an Bord hätten. Oder wüßten, welche Chartergesellschaft das ist.«

Alissa löste sich von ihr. »Weißt du was? Laß uns in die Altstadt gehen, im Schatten was trinken, und außerdem brauch ich gescheite Schuhe. Die Telefonnummern sind alle in meinem Handy gespeichert, ich hab's über Bord werfen müssen, und von der Chartergesellschaft habe ich keine Ahnung. Also niente! Aber hier bekomme ich gleich einen Sonnenstich!«

Pia machte sich Gedanken über das, was ihr Kim erzählt hatte, aber sie kam nicht weiter. Vielleicht war es tatsächlich ein Zufall. Kim wußte nur, daß sich Alissa und Falk ein paarmal über Handy geschrieben hatten, aber auch das war normal, wenn man einander gefiel. In so einer Situation lief man Gefahr, aus allem etwas herauszulesen.

Pia hatte einige Gewürze gekauft, das gehörte einfach dazu. Und sie hatte gehandelt, so ein bißchen, nicht bis unter den Anstandspreis, aber so, daß es beiden Spaß machte, das gehörte auch dazu. Mit ihren durchsichtigen Plastiktüten bepackt trat sie hinaus in die Sonne und stellte fest, daß der Tag nun schon so weit fortgeschritten war, daß nun auch alle Läden geöffnet hatten. Wenn sie alleine gewesen wäre und nicht diese Geschichte im Nacken gehabt hätte, wäre sie jetzt noch auf die Jagd nach einigen netten Mitbringseln gegangen, aber so ging sie zu dem kleinen Tisch zurück, an dem Uli und Anja warteten.

»Gibt's schon was?« fragte sie.

»So lange warst du gar nicht weg«, lächelte Anja. »Und sie könnten uns ja selbst dann nicht erreichen, *wenn* was wäre. Also stellt sich nur die Frage: Magst du noch ein Glas?«

Pia bejahte, setzte sich wieder dazu, streckte die Beine aus und ließ die Menschen an sich vorbeiströmen. Sie beobachtete die Touristen, die leicht an ihrer etwas aufgeregten Suche nach dem ultimativen Schnäppchen zu erkennen waren, und die geruhsamen Türken, die bei aller Geschäftstüchtigkeit immer wirkten, als hätten sie alle Zeit der Welt. Pia hätte gern einmal ihren Mann in eine der Fabriken begleitet, die für seine Firma nähten, aber er wickelte seine Geschäfte meistens ohne sie ab, denn mit ihr wollte er das Leben genießen. Vielleicht sollte sie das noch einmal anregen, denn es interessierte sie schon, wie und unter welchen Bedingungen die Frauen dort arbeiteten und ob sie anders waren als die Türkinnen hier, die sehr offen und selbstbewußt wirkten, rauchten und Läden führten – das krasse Gegenteil zu den Türkinnen, die sie bei sich zu Hause in Deutschland auf der Straße oder beim Einkaufen sah.

Es war schön, sich so treiben zu lassen und sich dabei seine Gedanken zu machen, und sie bemerkte plötzlich, daß sie völlig vom aktuellen Thema abgekommen war.

»Die brauchen aber lange!« Sie warf einen Blick auf ihre Armbanduhr und mußte sich korrigieren. Trotzdem wurde sie langsam unruhig.

Uli trank aus und fragte: »Soll ich ihnen mal entgegengehen?«

»Dann ist es zum Schluß wie mit dem Herrn, der seinen Jockel ausschickt … nein, bleiben wir besser zusammen!«

Daraufhin bestellte Uli eine weitere Cola.

Anja beschloß, ebenfalls schnell in den Gewürzladen zu gehen.

»Bring türkischen Honig mit!« rief ihr Uli nach.

»Cola und türkischer Honig!« Pia schüttelte den Kopf. »Du hast Glück, daß du so ein schmales Hemd bist!«

»Jetzt erlaub mal!« Uli spannte gerade zum Gegenbeweis seinen Bizeps unter seinem hellblauen T-Shirt an, als Pia ihre Tochter und Nadine durch die Menschenmenge auf sich zukommen sah.

»Da kommen sie«, rief sie, zeigte mit dem Finger in die Ferne und sprang auf. »Dann los! Ich hole Anja, und du bezahlst derweil!«

»Laß doch erst mal hören, was sie sagen!« Uli blieb sitzen und machte mit beiden Händen beschwichtigende Gesten. Geduld, Geduld! »Auf dich hat die Türkei auch noch nicht abgefärbt, was?« sagte er grinsend.

»Das ist eine Temperamentsfrage und hat wohl weniger mit dem Land zu tun!« In Wirklichkeit hatte sie einfach Angst um Alissa. Denn daß sie nicht dabei war und auch keiner von den vier anderen, das hatte sie schon von hier aus erkennen können.

Alissa und Chara gingen über die »Straße des 25. August« in Richtung der höhergelegenen Altstadt, und Chara erklärte, daß die Straße nach dem türkischen Massaker an der kretischen Bevölkerung so benannt worden war. 1898 war das geschehen.

»Was du alles weißt«, staunte Alissa. »Ich glaube, ich bin schon wieder dabei, alle Geschichtszahlen, die ich in der Schule lernen mußte, zu vergessen.«

»Wenn einen wirklich was interessiert, sieht man das anders.« Chara lachte und deutete nach vorn. »Schau, dort vorn, das Menschengewühl ... das ist die ›1866-Straße‹, die Hauptstraße der Altstadt, wenn du so willst, und wenn du dich nach einem Ersatz für deinen Falk umschauen willst, dann gehen wir am besten gleich zum Morosini-Brunnen, dort trifft sich alles!«

Alissa hielt sich ganz dicht an Chara, denn sie hatte recht, der Ansturm der Menschen, sowohl der Einheimischen wie der Touristen, war enorm. Rechts und links reihten sich kleine Läden aneinander, und ganz offensichtlich waren sie sogar nach ihrem Angebot geordnet. Die Gerüche und Auslagen der Obst- und Gemüsestände zogen sie an. Alissa schnupperte, betastete Schwämme, ließ sich von Chara die verschiedenen Gewürze und Öle erklären und hatte im Nu Falk und die »Dogukan« völlig vergessen. Die Metzgerläden, die folgten, betrachtete sie mit gemischten Gefühlen. Die Menge an ausgestelltem Fleisch fand sie einerseits faszinierend, die zur Schau gestellten Tiere, im Ganzen präsentiert, gerupft oder gehäutet, jagten ihr dagegen einen Schauder über den Rücken.

»Ich könnte das nicht essen«, sagte sie und wies auf Geflügel, an dem noch Köpfe und Krallen zu sehen war.

»Du belügst dich selbst.« Chara schob sie weiter zu den Schuhgeschäften, die jetzt folgten. »Glaubst du, daß so ein Hühnchen, das du in Deutschland an einer Grillbude kaufst, besser gestorben ist? Dem haben sie halt vor dem Verkauf die Beine abgehackt, das ist alles!«

»Iiih! Hör auf!« Alissa hielt sich den Bauch, dabei fiel ihr auf, daß sie seit Stunden nichts gegessen hatte. »Mir wird schlecht!«

»Wir kaufen jetzt ein paar gute Treter, und dann gehen wir in eine der Seitengassen, dort gibt es eine Menge kleiner Tavernen, dann kannst du dir ja überlegen, ob du Vegetarierin werden willst!«

»Pfui, bist du böse!« Alissa schaute gereizt zu Chara hoch, aber die grinste nur.

In einem kleinen Sportschuhgeschäft, in dem es nur die internationalen Nobelmarken gab und das auf den ersten Blick aussah, als ob es nicht nur vor Schuhen, sondern auch vor Menschen überquellen würde, griff Chara zielsicher nach einem Tommy-Hilfiger-Schuh aus weißem Leder und hielt ihn Alissa hin. »Was sagst du zu dem?«

»Langsam kommst du mir vor wie meine Mutter!«

»Griechinnen entwickeln eben schon früh einen mütterlichen Instinkt!«

Alissa zog eine Augenbraue hoch, nahm den Schuh in die Hand und begutachtete ihn. Dann schaute sie über den Schuh hinweg auf die Unmenge anderer Schuhe, die sich nebeneinander auf ihren Schuhschachteln wie kleine Straßen durch den Laden zogen.

»Ich erkenne hier vor lauter Bäumen den Wald sowieso nicht«, sagte sie und zuckte die Achseln, »ich kann mir auch in keinem Kaufhaus einen BH kaufen, weil mich die Auswahl so verwirrt, daß ich gar nichts mehr finde!«

»Na, dann ist die Sache ja schon geritzt!«

Alissa schlüpfte auf einem Bein balancierend mit ihrem schmutzigen Fuß in den sauberen Schuh und fand, daß er wunderbar paßte.

»Wir hätten ihn sowieso nicht mehr zurückgeben können!« Chara lachte, wechselte mit dem schwarzgelockten jungen Verkäufer, der an der Kasse stand, einige Worte, bezahlte dann einen anderen Preis als den, der auf der Schuhschachtel stand, ließ Alissas Leinenschuhe in eine Plastiktüte packen und verließ mit ihr das Geschäft.

»Was hast du jetzt dafür bezahlt?« wollte Alissa wissen, um den Überblick zu bewahren.

»Für ein so schlechtes Plagiat zahlt man hier nur die Hälfte!« Sie schob sich durch den Menschenstrom hindurch, und Alissa hielt sich in ihrer Kielspur.

»Wie!?« protestierte sie von hinten, »die sind doch ausgezeichnet, täuschend echt!«

Chara schüttelte den Kopf und löste das rote Haarband, so daß ihre Haarpracht wie ein Wasserfall herabrauschte. »Ja, schon, aber muß ich das dem Verkäufer sagen?«

»Das weiß der doch sowieso!«

»Das gehört dazu, Alissa, verstehst du? Ein Spiel. Und immerhin bin ich Griechin, er kann die Touristen abzocken, das habe ich ihm auch gesagt. Es springen genug dumme Deutsche, Franzosen, Italiener und Engländer herum, die ihm Kohle bringen, und er war meiner Meinung. So einfach ist das!«

»Na, hör mal!«

In einer Seitengasse wurde es ruhiger, und Alissa ging wieder neben Chara.

»Niedlich«, sagte sie und betrachtete die kleinen einladenden Restaurants mit den Tischen und Stühlen, die draußen standen. Chara hatte sich in kürzester Zeit für eines entschieden und bedeutete Alissa, sich hinzusetzen, während sie selbst hineinging.

Ich bin schon völlig fremdbestimmt, dachte Alissa, während sie sich setzte und kurz mit der Hand über ihre schmutzige Bluse fuhr. Ein frisches T-Shirt wäre auch nicht verkehrt, aber Chara schien ihr Anblick bislang nicht zu stören. Wahrscheinlich sehe ich aus wie ihre schmutzige kleine Schwester, ein alltägliches Bild eben, dachte Alissa, und im selben Moment fiel ihr ein, daß sie ja gleich alt waren.

Kim und Nadine hatten auf der ganzen Linie Schiffbruch erlitten. Die Polizeistation war nur von einem einzigen Polizisten besetzt, den sie nicht kannten und der entweder kein Deutsch und kein Englisch konnte oder sie nicht verstehen wollte. Sie hatten mit Zeichensprache versucht, ihm etwas klarzumachen, wollten, daß er seinen Chef anrief, der ja immerhin sehr gut Deutsch sprach. Aber der beleibte Mann, dem pausenlos Schweißtropfen unter der Schirmmütze hervor über die dicken Wangen nach unten in den Hemdkragen liefen, streckte irgendwann beide Hände in die Höhe: Er könne ihnen überhaupt nicht helfen. Dann ließ er sie im Eingang des Polizeigebäudes stehen.

Nadine ärgerte sich über diese unhöfliche Art, und Kim ärgerte sich darüber, daß der Weg durch die brütende Hitze völlig umsonst gewesen war. Jetzt war es schon fast Mittag, der Morgen war ihnen zwischen den Fingern zerronnen, und sie hatten nichts erreicht.

»Ich krieg langsam Angst«, sagte sie zu Pia, die noch immer neben dem kleinen Tisch in der Fußgängerzone stand. Ein Engländer mit leicht verbrannter heller Gesichtshaut blieb neben ihr stehen und fragte, ob der Tisch jetzt frei würde. Pia schaute Uli und Anja auffordernd an. »Hier sitzen zu bleiben bringt wohl auch nichts mehr«, meinte sie.

»Wenn sie aber irgendwo vorbeikommt, dann am ehesten hier!« Uli machte eine ausholende Handbewegung und schaute durch den Engländer hindurch. »Vielleicht schlafen sie sich in irgendeinem Hotel aus, könnte ja auch sein!«

»Dann müßten wir jetzt sämtliche Hotels und Pensionen abklappern!«

Pia schaute Kim an. »Hatte Alissa überhaupt Geld dabei?«

Kim nickte. »Ein paar Scheine von mir, aber damit kommt sie nicht weit!«

»Sorry«, fragte der Engländer erneut, der nicht sicher war, ob man ihn verstanden hatte.

Pia war unentschlossen.

»Nee, sitzen kann ich nicht mehr«, meinte sie schließlich. »Wir sollten uns vielleicht trennen! Uli und Anja, ihr bleibt hier sitzen, Uli hat ja recht, wenn sie irgendwo durchkommen, dann sicherlich hier, und wir anderen gehen mal zur ›Dogukan‹ zurück. Vielleicht ist sie ja schon längst dort. Die ›Dogukan‹ ist ja nicht so leicht zu übersehen, möglicherweise hat sie sie bereits entdeckt!«

Pia bot dem Engländer, der verständnislos von einem zum anderen schaute, ihren Platz neben Uli und Anja an und hakte sich bei Kim unter. »Ich habe übrigens auch Angst«, sagte sie leise zu ihr, »und ich bin mir nicht sicher, ab wann wir was tun müßten!«

»Wie meinst du das?«

»Na, Fahndung, Eltern anrufen, eine offizielle Suchaktion starten!«

»Ach, Mama!« sagte Kim, und ihr Ton war der einer Erwachsenen, die mit ihrem unwissenden Kind spricht, »das Schlauchboot ist doch da, ertrunken kann sie nicht sein!«

Pia genoß es, von ihrer Tochter plötzlich wieder wie ein Mensch behandelt zu werden, wenn auch wie ein geistig minderbemittelter, immerhin aber mit einer gewissen Zärtlichkeit, die neu an ihr war.

»Übrigens«, Kim zeigte auf eines der Schmuckgeschäfte, kurz vor der großen Uferstraße, »das ist doch unser Lieblingsgeschäft. Alissa hat sich in eine Silberkette verliebt, die ihr aber zu teuer war. Ich habe sie heimlich gekauft, und wenn wir wieder zu Hause sind, schenken wir sie ihr, ich dachte, so als schöne kleine Erinnerung!«

Pia freute sich, und zwar nicht nur über Kims Idee, sondern daß sie sie einbezog. »Tolle Geste! Darf ich mich daran beteiligen?«

Kim lächelte ihr spitzbübisches Kleinmädchenlächeln, das ihr Grübchen in die Wangen zauberte und das Pia schon lange nicht mehr an ihr gesehen hatte. »Voll und ganz!« sagte sie.

Sie waren an der Hafenstraße angekommen und warteten an genau der Stelle auf eine Verkehrslücke, an der Alissa und Chara vor wenigen Stunden ein Taxi genommen hatten.

»Habt ihr mir auch was gekauft?« Nadine warf Kim eine Kußhand zu.

»Ich dachte, du hättest schon alles«, bekam sie zur Antwort.

»Hatte. Hatte! Ich fange gerade wieder an …«

»Na, dann …« Kim zwinkerte ihr zu, und Pia musterte sie von der Seite. Irgendwie hatte sie sich verändert.

»Du bist verliebt!« stellte Pia fest.

Nadine lachte. »Keine Ahnung«, sagte sie, »ich fühle mich nur einfach gut.«

Der Verkehr ließ nach, und sie liefen schnell über die Straße. Nadine konzentrierte sich auf ihre Absätze und den Hut, doch auf der Uferpromenade griff sie nach Pias Hand. »Weißt du, wahrscheinlich bin ich die einzige von uns, der es gerade so richtig gutgeht, und es paßt auch überhaupt nicht zur Situation. Aber wenn ich bedenke, mit welchen Gefühlen ich von zu Hause abgereist und hierhergekommen bin – und wie ich mich jetzt fühle«, sie umarmte Pia spontan im Gehen, »dann bin ich einfach nur glücklich!«

Pia lachte. »Keine Sorge, Alissa finden wir schon wieder, und Franco betrifft dich ja nicht, du hast ihn ja nicht einmal gekannt. Richtige Trauer konnte bei uns durch den ganzen Trubel auch nicht aufkommen!«

Kim lief voraus, den Kai entlang, doch sofort kam sie wieder zurück. »Mama! Das Boot ist weg!« In ihrem Gesicht stand ungläubiges Staunen.

»Das Boot? Das Schlauchboot?« Pia fing an zu laufen, und sogar Nadine spurtete hinterher.

»Und der Hund?« Nadine hielt ihren Strohhut fest. »Ist der auch weg?«

»Einer von uns hätte beim Boot bleiben sollen.« Kims Staunen wich einer wütenden Erkenntnis. »Sie konnte ja nicht wissen ... jetzt haben wir sie wieder verloren, wer weiß, wo sie hin ist!«

Alissa hatte kaum einen Blick in die Runde geworfen, da erschien Chara schon wieder, im Schlepptau einen griechischen Kellner, der eine ovale Platte voller Speisen trug. Das Lokal war nicht voll besetzt, aber alle Blicke flogen der schönen Griechin zu, die allein durch ihre stolze Körperhaltung und Größe auffiel. Am Nachbartisch hörte Alissa Unmutsäußerungen: »Die sind doch gerade erst gekommen, warum kriegen die jetzt schon was?« Aber laut protestierte niemand.

Chara bedankte sich bei dem Kellner mit einigen kurzen Sätzen, was ihm ein Lächeln entlockte, und ließ sich auf einen Stuhl sinken.

»Mein Gott, Chara, du bist eine richtige Schönheit!« sagte Alissa voller Überzeugung. »Wenn ich ein Mann wäre, ich glaube, ich würde ausflippen!«

»Ha!« Chara lachte schelmisch. »Was heißt das schon! Ich denke, Falk beispielsweise fliegt eher auf dich als auf mich!«

Falk! Da war er wieder. Eben hatte sie ihn vergessen.

»Sollen wir ihn jetzt vielleicht anrufen?«

»Zuerst essen wir was, auch wenn das alles nicht sehr vegetarisch ist.« Sie lächelte wieder ihr schelmisches Lächeln. »Aber der Gute hat zusammengerafft, was in der Eile da war – hier«, sie zeigte auf die Platte, »das ist klar, hier außen sind die typischen kalten Vorspeisen, das hier sind gebratene Auberginen, gefüllte Weinblätter und Keftedhakia, kleine Fleischbällchen, und das ist Tzatziki. Ich nehme an, das kennst du, und in dieser Ecke sind Bifteki, das sind mit Schafskäse gefüllte Frikadellen, und da habe ich noch was Besonderes ergattern können, Tintenfisch vom Grill, ebenfalls mit Schafskäse gefüllt, und«, sie senkte die Stimme und lehnte sich leicht über den Tisch, »ich denke, es waren die Bestellungen von den anderen Gästen!«

Alissa kicherte verschwörerisch.

»Aber jetzt greif zu, wer weiß, wann wir wieder was bekommen!«

Der Kellner servierte noch zwei Gläser und einen Krug mit Quellwasser, dem griechischen Nationalgetränk, zwinkerte Chara zu und ging erst dann an einen anderen Tisch.

Alissa steckte sich gleich mit den Fingern ein Bifteki in den Mund und lud sich erst dann den Teller voll. »'tschuldige«, sagte sie mit Seitenblick auf Chara, »ich konnte nicht widerstehen!«

»Schmeckt es denn?«

»Wunderbar!«

Die halbe Platte war im Nu leer, der Krug bereits einmal nachgefüllt, als Chara die Visitenkarte und ihr Handy herauszog. »Ich denke, wir machen es vornehm«, sagte sie und gab Falks Nummer ein. »Ich schicke ihm meine Telefonnummer, dann liegt es an ihm, ob er sich meldet oder nicht!«

Alissa mußte erst mit Wasser nachspülen, so viele Tintenfischstücke hatte sie sich in den Mund geschoben. »Aber mal ernsthaft«, sagte sie, nachdem sie geschluckt und sich geräuspert hatte. »Jetzt sind wir gestärkt, ich habe schnelle Treter, nun können wir die Sache doch nicht einfach so sausen lassen, ich meine, wer weiß, was Falk da entdeckt hat, und wir sitzen hier und kriegen nichts davon mit!«

Chara ließ sich beim Tippen nicht stören.

»Wir haben aber nicht genau gesehen, wo er hin ist. Diese Häuser an der Hafenstraße, ja, aber die sind recht hoch. Und wer weiß, ob er nicht daran vorbeigerannt ist? Was schlägst du also vor? Auf gut Glück die Jagd eröffnen?«

Alissa hatte sich noch ein Fleischbällchen von der Platte gepickt und mit zwei Fingern in den Mund geschoben. »Mmm«, mümmelte sie. »Köstlich!« Sie leckte jeden Finger genüßlich ab. »Ehrlich gesagt, weiß ich es auch nicht. Ich habe nur das Gefühl, daß man etwas tun sollte!«

Chara drückte auf »Senden«.

»Ja, genau das tu ich ja gerade!«

Es war heiß, aber es wehte ein leichter Wind. Alissa musterte die Menschen an den Nebentischen und stellte fest, daß es ein sehr gemischtes Publikum war. Die beiden, die sich am Nebentisch gleich als Deutsche geoutet hatten, erinnerten sie an ihre Deutschlehrerin nebst Gatten, etwas spitznasig und dünnlippig, aber als sie hörte, wie die Frau den Kellner auf griechisch ansprach, schämte sie sich ihrer Gedanken. Toll, das konnte sie nicht. Aber waren die Deutschen nicht ohnehin die Weltmeister in Vorbereitungsbildungskursen, wenn es um andere Länder ging?

»Gut«, sagte Chara und riß Alissa aus ihren Gedanken. »Ich habe ihm geschrieben, daß er sich besser bei uns melden soll, wir sind ja schließlich abkömmlich!« Sie lächelte ihr unbeschreibliches Lächeln, da summte es schon zweimal, eine Kurznachricht war eingegangen.

»Ich könnte euch brauchen. Haus gegenüber Kreisverkehr, Vorsicht! F.«

Chara schaute Alissa bedeutungsvoll an. »Na, das ging schnell! Ist es dir jetzt nach Mittagsschlaf oder eher nach Abenteuer?«

»Eigentlich nach einer Tasse Kaffee, aber dann verpassen wir das Abenteuer!«

»Na, dann!« Chara warf einen bedauernden Blick auf die erst halbleere Platte. »Bist du auch sicher, daß du schon satt bist?«

»Wenn ich das alles esse, platze ich. Wieso? Willst du es dir einpacken lassen?«

Chara mußte lachen. »Nein«, wehrte sie ab, »aber ich habe eine komische Einstellung. Wenn schon Tiere für mich gestorben sind, sollten sie nicht im Abfall landen, denn dann wären sie umsonst gestorben.«

Sie stand auf.

»Vielleicht dürfen wir Ihnen helfen?« kam es unerwartet vom Nachbartisch. Alissa und Chara drehten sich gleichzeitig um, es war das deutsche Paar.

»Aber gern«, sagte Chara und stellte die Platte auf deren Tisch, was ihr wiederum allgemeine Aufmerksamkeit bescherte.

Sie winkte dem Kellner zu, der zwischen dem bunten Fliegenvorhang im Eingang stand, und rief ihm etwas auf griechisch zu, worauf er lauthals lachte und ihr zurückwinkte.

»Kennst du den eigentlich?« wollte Alissa wissen.

»I wo, er freut sich einfach, wenn mal jemand ein bißchen mit ihm schäkert. Ist ja auch eine eintönige Sache, den ganzen Tag Leute zu bedienen!«

Sie gingen nebeneinander her aus der Seitenstraße heraus und reihten sich wieder in das Menschengeschiebe auf der Hauptstraße ein.

»Du bist eine gute Seele«, sagte Alissa nachdenklich zu Chara.

»Ob ich eine gute bin, weiß ich nicht«, antwortete sie. »Aber sicherlich eine alte.«

Kim konnte sich nicht beruhigen. »So ein blöder Fehler!« sagte sie ein ums andere Mal.

»Sie hätte unsere ›Dogukan‹ ja auch allein sehen können, groß genug ist sie ja!« Pia verstand das nicht. »Sie kann doch nicht mit dem Schlauchboot aus dem Hafen fahren, ohne sich die Schiffe hier anzuschauen!«

Sie saßen auf der »Dogukan« im Schatten des Sonnensegels um den großen Eßtisch herum, und Hussein hatte eben ein leichtes Mittagessen aufgetragen, denn im Hafen stand die Luft, und es war stickig und heiß.

Marcs Blutdruck war bereits sichtbar gestiegen, und das hing nicht nur damit zusammen, daß Mrs. Andersson noch auf sich warten ließ. Er hatte einfach genug von diesem Theater und wollte zurück aufs Meer, ins Wasser springen und seine Ruhe haben.

»Zu Hause spielen sie total verrückt«, sagte er zu Pia und füllte sich seinen Teller aus den verschiedenen Schüsseln. »Ich habe Michael angerufen, und er würde, typisch Anwalt, am liebsten sofort die Zeitung verklagen, aber seit dieser letzten Meldung haben sie nichts mehr über meinen spektakulären Fall gebracht, und ich habe ihm geflüstert, daß es sinnvoller wäre, die betreffenden Leute dazu zu bringen, eine entlastende Nachricht nachzuschieben. Immerhin bin ich ja wieder frei. Franco ist zwar nach wie vor verschwunden und höchstwahrscheinlich tot, aber es war ein bedauerlicher Unfall, für den niemand etwas konnte, außer Franco selbst, nehme ich mal an, schließlich muß ein erwachsener Mann wissen, was er tun darf und was nicht! Rauschgift, Polizei – so gesehen haben wir noch Glück, daß die Polizei sowieso alles vertuschen will, wobei mir nicht klar ist, wieso eigentlich.«

Kim hatte noch immer einen leeren Teller vor sich stehen. Anja nahm ihn ungefragt und füllte ihn mit verschiedenen Kleinigkeiten. Uli schenkte inzwischen reihum Lâl aus und verteilte Eiswürfel in die Weingläser. Fast sah alles wieder so aus wie früher.

Plötzlich schoß Nadine von ihrem Sitz hoch und zeigte mit dem Finger auf den Landungssteg. »Dort! Schaut!«

Die anderen sahen hin, verstanden aber nicht, was sie meinte.

»Das ist doch dieser Hund! Schaut, wie er sich über den Boden schleppt, da muß ich hin!« Sie schaute sich um. »Wer kommt mit?«

Kim und Anja sagten fast gleichzeitig: »Ich!«

»Nehmt aber frisches Wasser und eine Schüssel mit«, sagte Pia. »Er sieht aus, als könne er es gebrauchen!«

Kim schob ihren vollen Teller zur Seite und drückte sich an den anderen vorbei nach vorn. Plötzlich blieb sie stehen und sah ihre Mutter an. »Weißt du was, Mama? Alissa ist nicht mit dem Boot weggefahren. Die hätte den Hund niemals rausgeworfen! Diese Typen, diese Gangster haben es zurückgeholt!«

Nadine schaute sie an. »Das würde ja bedeuten, daß diese Kerle wieder ganz in der Nähe sind!«

Pia wischte sich mit der Hand über die Augen. »Tolle Aussichten!« sagte sie und dachte nach. »Es könnte aber auch sein, daß der Hund herausgesprungen ist und das Boot leer war, bevor Alissa kam. Dann könnte sie sehr wohl damit unterwegs sein!«

»Er sah aber nicht danach aus, als ob er noch freiwillig springen würde«, widersprach Nadine und griff sich einen Krug Wasser und eine der leeren Dessertschalen vom Tisch. »Und jetzt müssen wir los, sonst ist er weg oder tot, bevor wir da sind!«

»Ich hol noch etwas Fleisch aus der Küche«, rief Kim den beiden zu, die sich schon ihre Schuhe gegriffen hatten und zur Gangway liefen.

»Und dort hinten kommt Mrs. Anderson mit ihrem Troß!« Pia konnte sie selbst auf diese große Entfernung gut erkennen, denn Mrs. Anderson war Engländerin und trug Bonbonfarben, egal, um welches Kleidungsstück es sich handelte und zu welchem Anlaß sie es trug.

»Könntest du nicht mal eine Damenkollektion entwerfen?« fragte sie ihren Mann, nachdem auch er Mrs. Anderson erspäht hatte.

»Meinst du, das nützt was?« fragte er zweifelnd.

Pia mußte lachen. »Nicht wirklich!«

Mrs. Anderson, ihre beiden Begleiter, Nadine, Kim und Anja trafen sich etwa auf der Hälfte des Landungsstegs und begrüßten sich, aber Pia wurde immer unruhiger, denn sie befürchtete, die Chartergesellschaftschefin könnte Fragen stellen, die unbedacht beantwortet würden.

»Was sagen wir überhaupt?« fragte Marc.

»Wir erzählen, wie es war!«

»Wird sie uns das glauben?«

»Da bin ich jetzt auch gespannt. Es wird sich zeigen, welcher Fraktion sie angehört!«

Uli stand auf, um Mrs. Anderson und ihre Begleiter an Land zu begrüßen, und Pia bat um drei frische Gedecke.

»Sie werden Hunger haben«, sagte sie und erntete von Marc einen spöttischen Blick. »Wenn ihnen der nicht gleich vergeht ...«

Die Verkehrsinsel, von der aus die Mole zum Kastell abzweigte, kam gerade in Sicht, als Charas Handy vibrierte. Sie zog es aus der Tasche, eine Kurznachricht war eingegangen. »Geht dicht an die Hauswand rechte Seite. Ich komme!«

»Na«, Chara verzog spöttisch den Mund. »Das ist ja wie im Film! Haben wir eine Million Lösegeld dabei oder so was?«

Alissa spürte ihr Herz schlagen. »Was meint er? Hier dieses graue Ungetüm von Haus?«

Das mußte es sein. Es war ein Haus, das sich mehrere Stockwerke nach oben schraubte, verwinkelt und mit vielen Balkonen und einer schmalen Feuertreppe, die allerdings im ersten Stockwerk endete und frei in der Luft hing. Chara und Alissa gingen näher an die Hauswand heran und standen abwartend auf staubigem Schutt, zwischen dem graues Gras wuchs.

»Sehr heimelig«, kommentierte Chara, aber Alissa machte nur »pscht«.

Falk kam um die Ecke, dicht an der Wand entlang, als ob ihn jemand verfolgte und entdecken könnte.

»Meinen Sie nicht, das ist etwas übertrieben?« empfing ihn Chara und wies auf die Straße. »Jeder Autofahrer kann uns hier sehen und jeder Fußgänger sowieso!«

»Darum gehen wir ja auch hinters Haus, kommt mit, dann erkläre ich euch, worum es geht!«

»Er wird uns entführen«, raunte Chara.

Aber Alissa hatte keinen Sinn für Humor, sie war schon wieder völlig von ihm gefangen. Wie er aussah, dieses Gesicht mit dem männlichen Mund, und wie er sich bewegte, dieser kräftige Gang, sie fand ihn einfach unwiderstehlich, selbst jetzt, wo sie hinter ihm herschlichen und die Situation völlig grotesk war.

Sie erreichten die Rückseite des Hauses, und Alissa schien es, als würde alles immer noch schmuddeliger. Bauschutt lag rum, obwohl das Haus sicherlich schon vor einigen Jahren fertiggestellt worden war, Geräteschuppen aus Blech und Holz verschandelten den Hof, große Abfalleimer und Ansätze eines Kinderspielplatzes, den es hier bereits früher gegeben hatte oder der in einer früheren Planungsphase vorgesehen war. Dahinter die fensterlose hohe Mauer eines weiteren Gebäudes.

»Sieht ja verlockend aus«, begann Chara, »und was gibt's jetzt hier? Ein Picknick?«

Falk hatte sich nach ihnen umgedreht und überhörte Charas Ironie. »Ich weiß es selbst nicht so richtig. Aber meine Reporternase sagt mir, daß Riccardo ein ziemlich gerissenes Kerlchen ist und nicht wegen eines Modeljobs nach Kreta geflogen ist.«

»Aber Ihre Reporternase hat die beiden Fotos in die Zeitung gebracht, gehe ich da richtig?«

»Na ja, das erste Bild war der reine Zufall, ich konnte ja nicht ahnen, daß einer der größten Playboys ausgerechnet bei einem solchen Kinderspielchen abhanden kommt!«

Chara hatte die Arme verschränkt, Alissa stand neben ihr und fühlte sich wie ein begossener Pudel.

»Aber dann hat Marc diesen ganzen Mist ja tatsächlich dir zu verdanken! Das kannst du ja gar nicht mehr gutmachen!« Sie schaute ihn mit großen Augen an.

»Doch! Ich mach's ja gerade gut!« Er hielt Alissas Blick stand. »Dazu brauche ich aber deine Hilfe!«

»Jetzt schau!« Chara und Falk waren etwa gleich groß, und neben ihm wirkte sie wie eine dünne, sehnige, aber sprungbereite Katze.

Alissa verzog das Gesicht. »Aber so was auch! Laß ihn doch! Ich will wenigstens hören, worum es geht!«

Falk warf Chara einen Blick zu, aus dem zu lesen war, daß er noch überlegte, ob er es überhaupt tun sollte, dann griff er in die hintere Hosentasche seiner Jeans und zog ein zerknittertes Foto heraus.

»Wenn du den hier siehst, herrscht Alarmstufe Rot«, sagte er dazu und reichte es Alissa. Sie sah einen Mann mit auffallend hellen Augen zu schwarzen Haaren, kantigen Gesichtszügen und einer Narbe über der Oberlippe. Kein wirklich schönes Gesicht, aber interessant.

»Was ist mit ihm?«

»Das ist Anastasios. Nicht der mächtigste Boß im Drogengeschäft, aber schon ziemlich einflußreich in dieser Gegend. Man sagt ihm auch grenzüberschreitende Aktivitäten in Richtung Türkei nach.«

Alissa gab ihm das Bild zurück.

»Schön! Das weiß jeder Taxifahrer! Und was sollen wir jetzt damit?« Chara hatte nur einen kurzen Blick über Alissas Schulter geworfen.

Falk trat dicht neben Alissa, was sie elektrisierte, und deutete dann mit dem Zeigefinger auf ein schmales offenes Fenster im zweiten Stock.

»Siehst du das? Meinst du, du schaffst es, dort hineinzukommen? Du bist schmal und wendig – ich habe leider keine Chance!«

Chara hatte wieder demonstrativ die Arme verschränkt und zog eine Augenbraue hoch. »Und da drin sitzt dann Anastasios und sagt freundlich: ›Hallo, Schätzchen‹?«

»Laß doch mal!« winkte Alissa ab. Sie schätzte die Höhe des Fensters und betrachtete den Weg dorthin. Jedes Stockwerk hatte so ein schmales Fenster, an das ein Balkon reichte, der um die Ecke des Hauses führte. »Und wozu gehört dieses Fenster?« wollte sie wissen. »Ich meine, zu welchem Raum?«

Falk nickte. »Ich habe das im Erdgeschoß schon überprüft, dahinter ist eine kleine Speisekammer, die sich vermutlich an die Küche anschließt. Diese tiefen Fenster dort gehören zum Schlafzimmer, das Wohnzimmer geht nach vorne raus, zum Hafen.«

Alissa kratzte sich hinterm Ohr. Es war unglaublich, wie sie in wenigen Tagen von der Freizeitsportlerin zur Kletterspezialistin avancierte. »Und was soll es dort geben? Ich meine, warum soll ich da hinein?«

»Ich bin sicher, daß Riccardo in dieser Wohnung ist und daß wir so herausfinden können, was in der Türkei gelaufen ist!«

»Und dafür soll Alissa ihr Leben riskieren?« Chara schnaubte. »Wenn Riccardo tatsächlich mit Anastasios zu tun hat, ist das kein Kinderspiel!« Sie überlegte. »Wobei ich es mir eigentlich nicht vorstellen kann, er spielte zwar den Macho, war aber doch noch ein richtiges Kind, ein zahnloser Tiger!«

»Wie auch immer, wir können den Fall vielleicht klären und Marc rehabilitieren ...«

»... weil Sie's versaut haben!«

»Ja«, er verbeugte sich kurz mit gekreuzten Händen, »ich versuche es ja gerade wiedergutzumachen.«

»Alissa versucht!« korrigierte Chara.

»*Wenn* sie versucht«, ergänzte Falk.

Beide schauten sie an.

Alissa inspizierte noch einmal die Fassade, ließ ihren Blick hinauf- und hinunterwandern, nach rechts und links, überdachte es, zog die Nase geräuschvoll hoch und sagte: »Ich versuch's!«

Mrs. Anderson war nicht sehr »amused«, aber das war vorauszusehen gewesen. Sie hatte einen Herrn von der Versicherung dabei, der mit sorgenschwerem Gesicht durch die »Dogukan« stapfte und sich Notizen über Notizen machte. Anschließend nahm er Mrs. Anderson und deren Mitarbeiter mit auf seine Wanderung durch das verwüstete Schiff. Uli schloß sich der Führung uneingeladen an und verzog nur vielsagend das Gesicht, als sie nach zwanzig Minuten wieder an Deck kamen und sich zu der Besprechung an den großen Eßtisch setzten.

»Wie konnte das nur geschehen«, meinte Mrs. Anderson ein ums andere Mal, aber immer, wenn Pia ihr den Ablauf erklären wollte, winkte sie ab.

»Ein Überfall, der bei der Polizei nicht aktenkundig ist, ist kein Überfall, so leid es mir tut, Frau Richard, wie sollen wir so etwas unserer Versicherung erklären? Und den Gesellschaftern? Die werden sagen, wenn die Richards eine wilde Party starten, können sie sich doch nicht aus der Verantwortung stehlen und die Rechnung anderen überlassen!«

Marc wurde zusehends schweigsamer. Aber Pia wollte zuerst ihren Anwalt befragen und keinen verfrühten Streit vom Zaun brechen. Sie stieß ihn unter dem Tisch leicht gegen das Schienbein und erntete dafür einen bösen Blick.

»Schaut mal«, schallte es da vom Steg herüber. Unbemerkt waren die drei Frauen zurückgekommen, Kim trug das Häuflein Hund mühelos in ihren Armen, obwohl er die Größe eines Cockerspaniels hatte.

»Er hat getrunken und gefressen!« rief Nadine begeistert. »Und heute nachmittag suchen wir einen Tierarzt! Den kriegen wir durch!«

»Hunde sind an Bord nicht erlaubt!« stellte Mrs. Anderson lapidar fest und sah ihren Mitarbeiter an, der auch gleich aufstand, um die Bordordnung aus seiner Aktenmappe zu ziehen.

»Aber ich bitte Sie!« Pia wies auf die drei Frauen, die mit dem Knochenbündel gerade über die Gangway kamen. »Dieses arme Würmchen kann man doch nicht so einfach liegenlassen!«

»In der Türkei gibt es Tausende von diesen ›Würmchen‹. Man kann sie nicht alle durchfüttern. Und wenn sie alle auf unseren Schiffen wären, dann … gnade Gott!«

»Mit Gott hat das aber wenig zu tun!« Jetzt bekam auch Pias Stimme einen gereizten Klang. »Also, wir chartern seit Jahren regelmäßig bei Ihnen Ihre größte Yacht für jeweils drei Wochen. Seit Jahren finanzieren wir also auch etliche Menschen Ihrer Gesellschaft mit. Und mit den Jahren erwirbt man sich doch wenn schon keine Rechte, so doch wenigstens ein gewisses Ansehen – oder nicht?«

Mrs. Anderson saß in ihrem orangefarbenen Leinenkleid aufrecht am Tisch und verzog keine Miene. »Sie sind uns immer wieder willkommene Gäste, das ist wahr!«

Pia bekräftigte das mit einer entsprechenden Handbewegung. »Na, sehen Sie, zumindest soweit sind wir uns einig. Und eigentlich wollten wir auch in den nächsten Jahren bei dieser Gesellschaft und diesem Schiff, der ›Dogukan‹, bleiben!«

»Das ist schön!« Mrs. Anderson nickte. »Darüber sind wir erfreut!«

»Wo liegt dann das Problem?«

»Das Problem besteht darin, daß die ›Dogukan‹ jetzt erst einmal für einige Wochen aus dem Verkehr gezogen werden muß, bis sie restauriert ist und wieder einsatzfähig wird, das kostet ein Vermögen. Außerdem ist das Problem«, sie warf Kim einen Blick zu, »daß Hunde an Bord nicht gestattet sind. Definitiv nicht, da gibt es keine Ausnahme!«

»Dann ziehe ich in eine Pension!« Nadine knallte den Wasserkrug und die Schüssel wie eine Kriegserklärung auf den Tisch. »Sie glauben doch nicht, daß ich dieses arme Kerlchen wieder mutterseelenallein auf die Straße setze? Das wäre sein Tod!«

»Das ist die Natur!«

»Natur! Daß ich nicht lache!« Nadine drehte sich um, ihre Augen suchten Ferhat. »Wo ist eigentlich der Kapitän?« wollte sie wissen.

»Wie, der Kapitän?« fragte Mrs. Anderson verständnislos, während der Hund, auf seine zitternden vier Beine abgesetzt, ein stilles Bächlein laufen ließ. »Da!« rief sie und zeigte auf den nassen Fleck. »Und wer putzt das jetzt weg?«

»Sind Sie eigentlich immer so spießig?« wollte Kim wissen. »Noch nie Kinderpipi weggemacht?«

Pia mußte sich ein Lächeln verkneifen. Ausgerechnet ihre Kim, die einen Putzlappen höchstens mit spitzen Fingern anfaßte. Kinderpipi!

»Ich möchte wissen, wo der Kapitän ist«, insisticrte Nadine.

»Er wird packen«, erklärte Mrs. Anderson ungerührt, »schließlich hat er seine Arbeitsstelle verloren. Die ›Dogukan‹ war unter seiner Verantwortung unterwegs, sie ist ramponiert, muß für Wochen in die Werft, soll ich ihn dafür belobigen?«

Hussein kam, um nach Getränkewünschen zu fragen, und Kim warf ihm einen Blick zu. Er gab ihn traurig zurück.

»Und die Crew?« fragte sie spontan. »Hier, diese Menschen, Hussein, und Güven und Shabaz und die beiden anderen, was ist mit denen?«

»Wir werden sehen, ob wir sie irgendwo unterbringen können. Wir brauchen ja auch einen Ersatz für die ›Dogukan‹! Trotzdem bringen Sie jetzt bitte diesen Hund von Bord!«

Nadine baute sich vor dem Tisch auf, die Hände in die Hüften gestemmt. »Was kostet denn so ein abgewracktes Schiff wie die ›Dogukan‹? Eigentlich müßte sie ja ein Sonderangebot sein, die Ausfälle, der Aufwand, der Schaden, und noch wissen Sie nicht, ob die Richards mit Ihren Forderungen überhaupt einverstanden sind! Möglicherweise folgt ein Rechtsstreit, und wer weiß schon, wie der ausgeht? Kurz, Sie hängen völlig in der Luft!«

»Das sehe ich zwar nicht so, aber um Ihre Frage zu beantworten: Ich kann nicht rechnen, was die ›Dogukan‹ in diesem Moment wert ist, ich muß rechnen, was uns ein gleichwertiger Ersatz kostet!«

»Sie haben einen Ausfall von 14 000 Dollar die Woche. Sechs Wochen Reparatur kostet Sie an Ausfall bereits 84 000 Dollar. Neu mag sie mal eine Million Dollar gekostet haben, ist aber schon lange her, also 350 000 abzüglich 100 000 Schaden und 84 000 Dollar Ausfall, ich biete Ihnen 170 000 Dollar bar auf die Hand!«

Marc bekam einen Hustenanfall, und auch die anderen starrten Nadine ungläubig an.

»Nadine? Du willst das Schiff kaufen?« Anja stand völlig bewegungslos hinter ihr.

»Ja, von wegen der Hund muß weg! Ich konnte es noch nie leiden, wenn man mir Vorschriften macht! Friedrich hat das ständig versucht, ich bin gerade dabei, mich freizuschwimmen!«

»Mit einem Schiffskauf?« Uli schüttelte den Kopf.

»Ja, weißt *du*, wo wir die nächste Woche bleiben sollen? Wo

Ferhat hin kann? Wo der Hund hin darf? Hab ich nicht dreißig Ehejahre lang die Launen meines Gatten ertragen, ihn ins rechte Licht gerückt, ihm die Geliebte gegeben und die Mutter, die Putzfrau und den Fußabtreter? Glaubt ihr etwa, das war für nichts? Ich weiß, was mir zusteht! Und wenn ich hier die ganze Crew einstelle, wird es immer noch weniger sein, als er bei Hermès für seine neue Liebe ausgibt!« Sie schaute Pia an. »Die ›Dogukan‹ ist nun eben meine neue Liebe, basta! Und Ferhat bleibt! Und der Hund auch! Für den brauchen wir noch einen Namen! Und überhaupt war ich noch nie so glücklich wie gerade jetzt in diesem Moment!«

Falk machte vor der Mauer die Hühnerleiter, und Alissa war flugs über ihn hinweg zum ersten Balkon geklettert. Dort blieb sie stehen und sah sich erst einmal um, ob sie jemand beobachten konnte. Aber die Gemäuer um sie herum waren wie ausgestorben. Sie drückte sich an die rauhe Hauswand am anderen Ende des Balkons, dort gab es einen Sims von etwa dreißig Zentimetern. Das reichte ihr für einen sicheren Halt. Sie kletterte die Balustrade hoch und schob sich Stück für Stück mit dem Oberkörper nach oben. Es war keine Kunst, das Geländer des oberen Balkons zu fassen zu kriegen. Sie suchte sich ein angenehmes, festes Eisenstück, dann zog sie sich hoch und lief gleichzeitig seitlich an der Hausmauer nach oben, bis sie sich mit einem Bein im Geländer einhaken konnte. Wenige Sekunden später stand sie sicher auf dem Balkon. Sie war die geborene Einbrecherin, die Katze auf den Dächern von Nizza. Sie schaute nach unten, Falk reckte ihr einen Daumen entgegen, und Chara machte das Siegeszeichen. So, jetzt! Sie rieb sich ihre Hände an der Hose trocken, dann kletterte sie, an die Hauswand gelehnt, wieder auf den schmalen Sims. Ihre Schuhe waren gut, sie hatte festen Halt, und sie spürte keine Unsicherheit. Das schmale Fenster war zwar wirklich schmal, aber der Fenstersims war breit genug. Alissa verkniff es sich, nach unten zu sehen, als sie sich jetzt an dem Sims hochzog und sich bäuchlings in das Fenster hängte. Ihr Körper war schon drin, die Beine baumelten doch draußen, aber sehen konnte sie nichts. Der Raum war stockdunkel, und da sie jetzt auch noch die einzige Lichtquelle blockierte, mußte sie sich einfach vorsichtig hineingleiten lassen. Im schlimmsten Fall stand ein wackeliges Regal unter dem Fenster. Aber sie hatte Glück: Es war eine Geisterspeisekammer, total leer, genauso wie das ganze Haus. Sie ließ sich fallen und hätte fast aufgeschrien, als sie auf etwas Weichem landete. Entsetzt kam sie ins Straucheln, rumpelte gegen die Wand und sah im selben Moment, daß da unten etwas Zusammengeschnürtes lag. Mehr konnte sie nicht erkennen, denn jetzt hörte sie Schritte und sah sich hektisch um. Vor ihr war eine Tür, das konnte ihre Chance sein. Laß sie nach innen aufgehen, betete sie, quetschte sich dahinter und machte sich so flach wie möglich. Die Tür wurde aufgestoßen, es fiel eine breite Lichtbahn herein, und durch den Spalt, der sich zwischen Türrahmen und Türblatt ergab, sah Alissa einen schwarzhaarigen, schwarz gekleideten Mann, und sie spürte, wie ihre Knie zu zittern anfingen, zu deutlich standen ihr die Szenen auf der »Dogukan« noch vor Augen. Sie mußte sich beherrschen und biß sich auf die Lippen. Der Mann fluchte und sagte zu dem Bündel auf dem Boden etwas, das sich selbst in der ihr fremden Sprache deutlich unfreundlich anhörte, dann knallte er die Tür wieder zu. Es war wieder dunkel, doch Alissa hatte genug gesehen. Das Bündel war ein Mensch, ein lebendiger Mann, rundum mit breitem braunem Klebeband zugeschnürt, selbst über dem Mund klebte ein Streifen. Sie stand in der Ecke und kämpfte gegen das pure Grauen und ihren Impuls, einfach durch die Tür abzuhauen. Sie preßte beide Handflächen fest an den rauhen Putz, um sich zu sammeln und zu überlegen, was zu tun sei. Die Gestalt vor ihr begann sich zu regen. Alissa war starr vor Angst, aber allmählich begann ihr Gehirn wieder zu arbeiten. Sie hörte ein Gebrummel, klar, der Mensch konnte mit einem Klebeband über dem Mund ja nicht reden. Ob er überhaupt ausreichend Luft bekam? Sie ging langsam in die Hocke, bis sie ihn besser erkennen konnte. Wer war dieser Mensch? War er der Gute, und dort draußen waren die Bösen, oder umgekehrt?

Wieder das Gebrummel, diesmal heftiger, auch die Bewegungen. Er versuchte, auf sie zuzukommen! Instinktiv drückte sie sich fester in ihre Ecke, aber dann siegte ihre Neugierde. Tun konnte er ihr nichts, er konnte sie auch nicht festhalten. Er war wie die berühmten Mafialeichen eingeschnürt, die in den Hafen geworfen wurden.

Du lieber Himmel, ihr Herz machte einen Satz, und wenn dem so war? Wenn die dort draußen den hier wirklich umbringen wollten? Sie versuchte, sein Gesicht zu erkennen, aber das Licht kam von hinten, und sie erkannte nur seine Umrisse. Dafür grummelte er wieder. Und als ob er ihr Problem verstanden hätte, drehte er sich um, hielt sein Gesicht dem Licht entgegen. Alissa glitt langsam an der Wand hoch, dann machte sie einen großen Schritt nach vorn, und schließlich kniete sie neben ihm nieder.

»Franco!« sagte sie leise und traute ihren eigenen Augen nicht, »aber du bist doch schon tot!«

Er wackelte mit dem Kopf und brummelte, und Alissa begann den Klebestreifen von seinem Mund zu lösen. Glauben konnte sie noch immer nicht, was sie da sah. »Wie kommst ...?«

»... mach die anderen auch auf, schnell! In meiner rechten Hosentasche ist ein kleines Tasschenmesser, wenn du da drankommst.«

Unter normalen Umständen wäre es Alissa peinlich gewesen, in die Hosentasche eines fremden Mannes zu greifen, schließlich hatte sie Franco nur einmal gesehen, aber irgendwie waren jetzt alle Regeln außer Kraft. Franco hier oben, in einer Speisekammer, verschnürt wie eine Weihnachtsgans. Wenn sie sie entdeckten, würde sie gleich genauso daliegen. Sie fand das Messer, klappte es auf und zerschnitt die Streifen an seinen Händen und Oberarmen. Den Rest erledigte er selbst.

»Banditen!« schimpfte er dabei leise. »Pack!« Dann richtete er sich auf. »Oh, mir sind sämtliche Muskeln im Leib eingeschlafen. Das brennt wie Feuer! Hoffentlich ist das gleich vorbei!«

Er hatte einen ehemals weißen vornehmen Leinenanzug an und sah, wie er so in den Resten der Klebebänder mit ausgestreckten Beinen auf dem Fußboden saß, wie eine seltsame Mumie aus. »Und wie kommst du hierher? Du bist doch die kleine Freundin von der Kim, stimmt's?«

»Frag dich lieber, wie wir hier wieder rauskommen. Also ich schaffe es durch das kleine Fensterchen«, sie warf ihm einen abschätzenden Blick zu, »aber du?«

Er war nicht wirklich dick, aber massig, und man sah ihm das gute Leben und den Alkohol an, zudem war sein Körperbau von Natur aus kantig. »Na, bravo!« sagte er und begann das Zimmerchen nach einer Waffe abzusuchen, fand aber nur eine Rolle mit Klebeband und eine Rolle Hanfseil. »Vielleicht können wir sie erwürgen«, schlug er lahm vor.

Alissa ging zum Fenster und zog sich hoch. Unten im Hof standen noch immer Chara und Falk und waren über ihr Erscheinen sichtbar erleichtert. Alissa wagte es, formte die Hände zu einem Trichter und schrie »Franco« hinunter. Dann zeigte sie auf ihren Mund und formte lautlos das Wort »Waffe?«.

Alissa sah, wie Falk unter sein linkes Hosenbein griff und aus einem Wadenhalfter eine Pistole zog. Sie war baff vor Erstaunen, und selbst Chara trat einen Schritt zurück. Aber Alissa fühlte sich wie ferngesteuert. Waren das die Krisensituationen, von denen man immer hörte, daß manche sie wie ferngesteuert bewältigen und nachher ins Koma fallen? Sie drehte sich zu Franco um und flüsterte: »Schnell die Hanfrolle.« Er fragte nicht, sondern hielt das Ende der Schnur fest, so daß Alissa die Rolle aus dem Fenster werfen konnte. Falk machte die Hühnerleiter, und Chara stieg an ihm hoch, um Falks Waffe an dem Seil festzumachen.

»Zieh ganz langsam«, sagte Alissa zu Franco. »Da kommt eine Pistole hoch! Und wenn wir die haben, flüchte ich durch das Fenster, und du mußt alleine weitersehen!« Er stand hinter ihr und sagte nichts mehr, Schweißtropfen sammelten sich auf seiner Stirn. Alissa musterte ihn. »He! Du wirst mir doch nicht zusammenklappen?! Das können wir jetzt nicht gebrauchen!« Sie schaute wieder aus dem Fenster und zog die pendelnde Pistole nach oben, bis sie sie unter dem dicken Sims mit der Hand greifen konnte. Aufatmend zog sie die Waffe herein und machte das Okayzeichen nach unten.

»Und wie bedient man jetzt das Ding? Wenn es nicht schießt, nützt es ja wohl nichts!« Sie kannte sich selbst nicht wieder.

»Schlitten zurückziehen, damit ist sie entsichert«, sagte er und stützte sich an der Wand ab.

»Mach jetzt bloß nicht schlapp, Mann, es geht um dein Leben!« Alissa lauschte an der Tür. Sollte sie jetzt Franco hier sitzen lassen und ihm die Pistole in die Hand drücken?

Warum nicht, sie hatte alles getan, sie mußte schauen, daß sie wegkam. »Wer ist da noch drin?« fragte sie und wog die Waffe in der Hand. Mörderisch. Sie war entsichert, also Vorsicht. »Riccardo?« fragte sie.

»Ja! Er wollte mich rausholen!«

»Dich rausholen? Woher wußte er denn, daß du nicht tot bist?«

»Lange Geschichte!«

Alissa betrachtete Franco. War er es überhaupt wert, daß sie hier so viel aufs Spiel setzte?

»Wer noch? Dieser Anastasios?«

»Nein, den holen sie gerade!«

»Na, dann prosit!« Sie schaute ihn an. Er war ein Mann, er war erwachsen. Er mußte selbst sehen, wie er da wieder rauskam. Und er hatte jetzt eine Waffe. Sie war nicht sein Kindermädchen. »Ich hau jetzt ab!«

Sie wollte ihm gerade die Pistole reichen, als unvermittelt die Tür aufgestoßen wurde. Ein schwarzer Koloß stand im Türrahmen und versuchte angesichts des entfesselten Franco gerade einen klaren Gedanken zu fassen, da spürte er einen Waffenlauf an der Schläfe und wurde an Franco vorbei zum Fenster geschoben. Alissa gab Franco mit weit aufgerissenen Augen ein Zeichen, daß er sofort hier raus sollte, und ging selbst Schritt für Schritt rückwärts, nachdem Franco den Raum verlassen hatte. Der Koloß drehte sich um und schaute ungläubig auf Alissa, die die Waffe jetzt exakt auf seine Lebensmitte gerichtet hatte. »Hat die Tür einen Schlüssel?« fragte sie Franco leise, und als sie Zustimmung hörte, fügte sie hinzu: »Hinter mir abschließen!«

Sie standen in einer Küche, in der sich das schmutzige Geschirr türmte. »Wir hätten ihn knebeln sollen«, sagte Franco.

»Ja, prima!« antwortete Alissa, die bereits, ganz wie sie es in den Krimis immer sah, mit erhobener Waffe weiterschlich. »Ich faß den nicht mehr an! Komm!«

Kaum gesagt, ging hinter ihnen ein wildes Gehämmer gegen die Holztür los, so daß Alissa Angst bekam, sie könnte gleich brechen. Sie machte einen Satz vor zur Küchentür, drückte sich aber genauso schnell an die Wand, denn jetzt kam der Mann angerannt, der vorhin in die Kammer hineingeschaut hatte. Er wirkte um einiges drahtiger als sein Kollege, trotzdem hatte er nicht mit Alissa gerechnet, die ihm, kaum daß er um die Ecke gebogen war, den Pistolenlauf in den Rükken preßte. Franco hatte sich an die Küchenzeile gedrückt, jetzt ging er schnell an Alissa vorbei und hielt die Küchentür auf. »Komm rückwärts raus, ich schließe sie ab!«

»Das wird nicht lange halten!« Alissa warf einen zweifelnden Blick auf das dünne Türblatt, aber jetzt waren sie erst mal draußen, auf dem Flur. Gab es noch einen von den Schwarzen? Und wo war Riccardo?

»Bleib an der Haustür«, flüsterte sie. »Wenn jemand die Treppen raufkommt, warn mich!« Aus der Küche rumpelte es gewaltig, jetzt mußte es schnell gehen. Sie glitt an der Wand entlang in den nächsten Raum, es war das Wohnzimmer. Einige Sessel, total verqualmte Luft, etliche leere Flaschen und, mittendrin, Riccardo, auf einem Stuhl festgebunden. Er blutete aus mehreren Gesichtsverletzungen, aber immerhin war er noch so klar, daß er Alissa sofort erkannte. »Sind es nur zwei?« rief sie, und auf sein Nicken schnitt sie sofort mit Francos Messer, das sie vorhin eingesteckt hatte, seine Fesseln auf. Dann riß sie Riccardo förmlich vom Stuhl und schubste ihn vor sich her zur Tür.

»Franco!« rief Riccardo erleichtert, aber Alissa trieb die beiden zur Eile an.

»Keine Zeit für Rührseligkeiten, nichts wie weg!« Sie hoffte, daß ihnen niemand durch das Treppenhaus entgegenkommen würde, schon gar nicht Anastasios und sein Gefolge. Auf diese Bekanntschaft konnte sie gut verzichten. Sie waren gerade die erste Treppe bis zum ersten Stockwerk hinuntergelaufen, als sie unten die Eingangstür aufgehen hörten. Alissa breitete die Arme aus, die beiden Männer hinter ihr blieben stehen.

»Psst!« flüsterte Alissa erschrocken, »da kommt jemand! Was machen wir jetzt?«

Mrs. Anderson hatte das Schiff verlassen. Sie könne so schnell keine so weitreichende Entscheidung treffen, hatte sie gesagt, aber trotzdem müsse der Hund von Bord, und das Schiff würde morgen ausgetauscht, falls die Richards ihren Urlaub fortsetzen wollten.

»Wir werden unseren Urlaub fortsetzen, aber mit diesem Schiff!« Marc hatte sie zum Ausgang begleitet. »Wir ziehen nicht um, das können Sie vergessen. Und wenn ich Ihnen raten darf, nehmen Sie das Kaufangebot an. Wir nehmen nämlich auch den Hund mit, und der macht bestimmt noch mal Pipi!«

Sie hatte sich jeden weiteren Kommentar verkniffen und war mit den beiden Männern abgerauscht.

Jetzt hielten sie Kriegsrat, hatten sich hinten auf die große Liegefläche gelegt, jeder mit einem Glas Campari-Orange in der Hand, und versuchten, irgendeine Struktur in ihren Tagesplan zu bringen.

»Ich *muß* rausfahren«, erklärte Marc. »Ich zerplatze hier sonst. Ich brauche Wasser, eine Bucht, kühlen Wind, ich will in Ruhe irgendwo ankern, ohne Verrückte um uns herum und ohne eine Spur von Polizei, wenn das möglich ist.« Er drehte sich zu Ferhat um, der mit einem Glas Wasser an Deck stand, »bitte, Herr Kapitän!«

Ferhat lächelte. »Ich danke zunächst mal, daß wir überhaupt noch hiersein dürfen, und mit mir die Mannschaft, das vornweg. Und wir möchten auch was tun. Güven ist hier aufgewachsen, er kennt alle Leute, die Restaurantbesitzer und Hoteliers, er möchte heute mal herumgehen und nach Alissa fragen.«

Pia schaute zu ihm hoch. »Das ist ein ganz toller Vorschlag, Ferhat. Dann geben wir Güven am besten ein Foto von Alissa mit. Hast du eines, Kim?«

»Ganz sicher!« Kim strahlte. »Das beruhigt mich kolossal!«

»Ja, und es ist auch einfach«, fuhr Ferhat fort, »wenn er etwas erfährt, ruft er mich an, und falls er sie finden sollte, kommt er gleich mit ihr nach. Wir werden eine Bucht anfahren, die auch mit dem Beiboot gut zu erreichen ist!«

»Mein Gott, endlich mal eine gute Nachricht!« Marc streckte sich. »Und ein gutes Essen! Und reichlich Lâl! Und meine Pia, und sonst nichts!«

»Wir sind aber auch noch da …«, ließ sich Anja von der hinteren Ecke aus hören.

Marc streckte einen Arm nach ihr aus. »Ihr gehört doch zur Familie!« Mit der anderen Hand umfaßte er Nadines Fuß, was ein erschrockenes »Huch!« zur Folge hatte. »Und du auch, Nadine!« sagte er wohlig. »Hunderetterin. Hat das Kerlchen überhaupt schon einen Namen?«

»Lucky!« sagte Kim spontan. »Es war doch das reinste Glück, daß er uns über den Weg gelaufen ist!«

Alle waren sofort einverstanden.

»Und du willst ihn nach Deutschland mitnehmen?« hakte Anja nach.

Nadine setzte sich auf. »Ja klar, und das ist ja auch so ein Grund, weshalb mir diese Geschichte heute in den Sinn kam. Was weiß ich, wie lange es dauert, bis man die Erlaubnis hat, so einen Hund aus der Türkei mitzunehmen? Impfungen, Wurmkuren, ich weiß nicht einmal, ob er nicht in Quarantäne muß.«

»Läßt sich das nicht unter der Hand regeln?« warf Uli ein. »Bakschisch öffnet doch Tür und Tor!«

»Aber so viele Türen? Auf dem Weg nach Deutschland? Nachher verhaften sie mich noch, weil ich Strandgut mitgenommen habe, nein, darauf kann ich verzichten.«

Alle lachten und schauten zu dem sandfarbenen Rüden, der sich im Schatten auf den Planken ausgestreckt hatte und zufrieden schlief. Zwischendurch zuckten seine Pfoten, und seine Lefzen bewegten sich.

»Vertrauen scheint er jedenfalls schon zu haben, wenn er sich so hinlegt«, fand Kim.

»Das ist meine Ausstrahlung«, erklärte Marc und klopfte sich an die Brust.

»Klar, du legst jeden Hund flach!« lachte Kim und sprang auf. »Ich hole jetzt mal das Foto für Güven, und dann können wir in See stechen. Dad, wenn Güven Alissa findet, machen wir eine Riesenparty!«

Er verzog das Gesicht. »Herr im Himmel, hatten wir das nicht schon?«

Franco, Alissa und Riccardo liefen so leise wie möglich nach oben, Alissa hielt noch immer die Waffe in beiden Händen. Innerlich zitterte sie wie Espenlaub. Sollte sie nun alleine gegen diesen Anastasios antreten? Sie, Alissa, zwanzig Jahre alt, frisch von der Schule? Und überhaupt, was hatte sie mit diesem ganzen Kram zu schaffen? Sie war schon zwei Etagen höher, als ihr einfiel, daß sie die Waffe nur Franco geben und ganz normal nach unten laufen müßte. Keiner kannte sie. Anastasios schon dreimal nicht. Sie war jemand aus dem Haus. Eine Mieterin. Eine Besucherin. Irgendwer.

Aber da hatten die Schritte schon besagte Haustür erreicht, die im selben Moment aufgerissen wurde. Die beiden von Alissa eingesperrten Männer stürmten heraus und prallten mit den anderen zusammen.

»He!« hörte Alissa – es war eindeutig die Stimme von Chara. Sie hörte eine kurze Rempelei und versuchte, durchs Treppenhaus etwas zu erkennen. Nein! Das durfte nicht wahr sein, da waren ihr Chara und Falk zu Hilfe gekommen, und sie war vor ihnen die Treppe hinauf geflüchtet, anstatt ihnen nach unten in die Arme zu fallen. Sie drehte sich um und lief wieder hinunter, aber jetzt hallten Schritte durch das untere Treppenhaus. Mußte sie jetzt auch noch Chara und Falk retten? Es war ihr egal, sie hatte die Waffe, sie mußte die Sache regeln. Auf den Treppenabsätzen hielt sie sich am Geländer fest, damit sie nicht wegrutschte, doch auf den letzten Stufen vor der Wohnung, aus der sie eben erst geflüchtet waren, hatte sie Mühe zu bremsen. Und dann lachte sie erleichtert auf. Chara hielt vor der offenen Haustür Wache, Falk war offensichtlich in der Wohnung und suchte nach ihr.

»Alissa!« rief sie, und die Freude stand ihr ins Gesicht geschrieben.

»Schnell, weg hier!« sagte Alissa. »Der Boß muß jede Sekunde kommen! Ruf Falk, wir müssen abhauen!« Gedämpft rief sie die Treppe hinauf nach Franco und Riccardo, während Chara in die Wohnung lief und Falk holte. Zu viert rannten sie die Treppe ganz hinunter. »Und wenn die vor dem Hauseingang warten?« Alissa gab Falk im Laufen die Waffe. »Jetzt bist du dran!«

»Du warst großartig«, sagte er, da waren sie schon unten an der Eingangstür.

Chara schob sich vor. »Laßt mich, mich kennen sie nicht!«

»Aber du kennst sie auch nicht!«

»Griechische Verbrecher sehen alle gleich aus!« Damit war sie draußen.

»Stimmt das?« fragte Riccardo, aber da war Chara schon wieder zurück.

»Raus, keiner in Sicht. Ich hab schon ein Taxi angehalten!«

»Ihr habt hier ein Tempo!« Franco sah in seinem verrutschten Leinenanzug wie ein aus den Fugen geratener Lebemann aus.

Falk behielt die Pistole in der Hand, bis alle draußen waren und im Taxi saßen, dann steckte er sie in seinen Hosenbund und quetschte sich als vierter auf den Rücksitz.

»Wohin?« fragte der Taxifahrer mit mißbilligendem Blick in den Rückspiegel.

»Flughafen!« bestimmte Chara.

»Wieso Flughafen?« wollte Franco wissen.

»Egal«, sagte Chara und drehte sich, weil sie vorn auf dem Beifahrersitz saß, nach ihm um. »Erst mal hier weg, wir sind doch voll in der Schußlinie!«

Der Taxifahrer warf ihr einen Blick zu und gab Gas. Wenn es stimmte, dachte Alissa, daß alle Taxifahrer für Anastasios arbeiten, dann fährt er uns jetzt wahrscheinlich direkt zu ihm. Oder ruft ihn heimlich an.

»Und jetzt sind wir wohl plötzlich 'ne Gang, oder was?« platzte sie heraus.

Falk, der am rechten Fenster saß und die Straße beobachtete, wiederholte verwundert: »Eine Gang?« und schaute über Franco und Riccardo, die eingeklemmt zwischen ihnen saßen, zu ihr hinüber.

»Ja! Oder was ist das hier? Wieso hattest du beispielsweise eine Pistole dabei?«

»Zur Erfrischung!«

»Zur Erfrischung? Was ist denn das für ein Scheiß!«

Er zuckte die Achseln. »Es ist eine Wasserpistole!«

»Was? Du läßt mich mit einer Wasserpistole in die Höhle des Löwen?«

»Ich konnte ja nicht wissen ...«

»Und wenn mich jemand angegriffen hätte?«

»Komm, komm!« Chara drehte sich auf ihrem Sitz um. »Glaub ihm das doch nicht! Ich denke, der Herr hat einige Geheimnisse mehr als nur eine Pistole!«

Im Wagen war es still. Eine Weile sagte niemand ein Wort, der Wagen rollte gleichmäßig im dichten Verkehr dahin. »Danke«, sagte Franco plötzlich und legte Alissa seine Hand aufs Knie. Er schwitzte heftig vor sich hin, was ihr durch ihre dünne Bluse unangenehm auffiel.

»Ich danke auch!« Riccardo nickte zu ihr herüber.

»Bitte!« sagte Alissa. »Mach ich jeden Tag!«

Falk grinste.

»Aber als Gegenleistung will ich haarklein erfahren, was hier gespielt wird. Und fangt bloß nicht an, mich anzulügen, sonst gebe ich Anastasios einen Wink!«

Bei dem Namen schaute der Taxifahrer in den Rückspiegel und musterte sie, und Alissa dachte, den hat er jetzt schon ...

Als sie den Hafen hinter sich gelassen hatten, war die Welt wieder in Ordnung. Sie legten sich alle nach vorne auf die Sonnenmatratzen, dort, wo der Fahrtwind am schönsten war. Lucky hatte in Nadine seine Retterin erkannt und wich ihr nicht mehr von der Seite, was Nadine mit Stolz und Freude erfüllte.

»Wart nur mal ab, was du für eine Schönheit wirst, wenn du erst mal deine Flöhe und Milben los bist und die Krätze verheilt ist!«

Anja rückte dann doch ein bißchen weg, aber Nadine hatte damit keine Probleme. »Ich werde ihm eine Kiste richten, was meint ihr, ob er das versteht?«

Marc rollte sich verschlafen auf die andere Seite. »Zum Schlafen oder ...«

»Als WC!«

»Ist er eine Katze?«

»Nein, aber intelligent. Das kriegt er hin, ihr werdet schon sehen!«

Ferhat steuerte eine Bucht an, die mit dem Beiboot von Fethiye aus noch gut zu erreichen war und in der bisher nur eine große, weiße Motoryacht ankerte.

»Das sieht gut aus!« Marc wartete nicht, bis Shabaz die »Dogukan« vertäut hatte, er sprang direkt ins Wasser. Einer nach dem anderen sprang ihm hinterher. Nur Lucky war unglücklich. Er stand an Deck und beobachtete die Schwimmer mit eingezogenem Kopf und eingeklemmtem Schwanz.

Pia lag paddelnd auf dem Rücken und beobachtete ihn. »Ich glaube, er befürchtet, daß wir ihn schon wieder alleine lassen.«

»Irgendwann wird er es verstehen, dann wird er wedelnd und bellend hin und her rennen, und schließlich wird er uns hinterherspringen!« Nadine lächelte das Lächeln einer glücklichen Mutter.

»Und dann wird er versuchen, dir beim Schwimmen auf den Rücken zu klettern!«

Nadine lachte. »Ja, das sehe ich auch kommen!«

Und damit schwamm sie zum Schiff zurück, um Lucky nicht so lange alleine zu lassen.

Kim hatte sich eine der bunten Schaumstoffstangen mit ins Wasser genommen und versuchte, damit eine Art Sessel um ihren Körper zu formen.

»Sie hat sich völlig verändert«, sagte sie zu Pia, die nun toter Mann spielte.

»Da kannst du mal sehen, was die Liebe bewirkt«, antwortete Pia schläfrig.

»Du meinst, sie liebt Ferhat?«

»Sie ist in Ferhat verliebt und in ihren neuen Mut, sie hat sich in Lucky verliebt und in die Möglichkeit, ihm ein neues Leben zu schenken – und wahrscheinlich ist sie im Moment auch ein bißchen in sich selbst verliebt, weil sie das alles leisten kann.«

Endlich hielt die Kunststoffrolle so im Rücken, wie sie sich das vorgestellt hatte, und Kim legte gerade ihre Beine über die beiden Enden, als eine Welle sie zum Kentern brachte. Sie tauchte prustend wieder auf, und die anderen lachten sie aus, baten Hussein aber ebenfalls um die knallbunten Schwimmhilfen.

»Jetzt fehlt nur noch ein Drink«, fand Marc, der rücklings im Wasser lag und dessen schrille orangefarbene Boxerbadeshorts neben dem Phosphorgrün der PVC-Stange einer Farbexplosion gleichkam.

»Ich kann gar nicht hinschauen«, rief Nadine von Bord aus und bedeckte mit der Hand die Augen.

»Du brauchst auch nicht hinzuschauen, nur hinzuhören«, gab Marc zurück. »Bitte doch Hussein mal um fünf Campari-Orange, es sei denn, du kommst wieder ins Wasser. Aber sind Tiger nicht ohnehin wasserscheu?«

Nadine schaute an ihrem tigergemusterten Badeanzug hinunter und warf ihm nur einen koketten Blick zu.

»Was wollen wir eigentlich am Flughafen?« fragte Franco, nachdem sie den Taxifahrer bezahlt hatten und ausgestiegen waren.

»Hier sind wir in der Öffentlichkeit, hier können sie schlecht über uns herfallen.« Falk machte eine Handbewegung zu den vielen Menschen hin, die aus dem Flughafengebäude herausströmten.

Chara und Alissa warfen sich einen vielsagenden Blick zu.

»Also gut«, sagte Alissa. »Wo wir sind, ist mir egal. Aber ich möchte jetzt endlich wissen, was hier gespielt wird!«

Chara nickte bekräftigend. »Das steht uns nach diesen Aktionen doch wohl zu!«.

Falk legte seinen Arm um Alissas Schulter, was ein merkwürdiges Gefühl bei ihr auslöste. Auf der einen Seite fühlte sie sich angezogen, auf der anderen abgestoßen.

»Wir müssen sowieso überlegen, wie es weitergeht« – dabei schaute er Franco an –, »denn du bist offiziell tot, also können wir mit dir schon mal gar nicht durch die Gegend fliegen.«

»Das steht noch auf keinem Dokument!« winkte Franco ab.

»Willst du jetzt etwas wieder auftauchen? Im Meer herumschwimmen und ›hier bin ich‹ rufen?«

Alissa schüttelte mißbilligend den Kopf. »Also wirklich! Was du uns für einen Schrecken eingejagt hast, und Marc steht noch als der Schuldige da …« Sie strafte Falk mit einem Blick und nahm dann Riccardo ins Visier: »Und du? Was hast du damit zu tun?«

Falk schaute sich um. »Wir müssen uns irgendwo ungestört unterhalten.«

»James Bond.« Alissa grinste schräg. »Warum habe ich ständig das Gefühl, wir spielen hier Kasperletheater?«

»Weil die Wirklichkeit manchmal so ist!« Falk schaute Franco an. »Auf der anderen Seite dürfen wir nicht auffallen. Wenn die Flughafenpolizei deine Papiere sehen will, wird das auch ziemlich ungemütlich.«

Franco zuckte die Schultern. »Wir hätten in den Hafen fahren sollen, dort hat ein Freund von mir ein Boot ...«

»Vergiß es. Wir können ein Boot klauen, aber bestimmt auf keines flüchten, das einem deiner Freunde gehört. Was glaubst du, wer uns dort erwartet?«

»Warum erwartet uns überhaupt irgendwo irgendwer?« wollte Alissa wissen, »und weißt du vielleicht auch, warum die Polizei so hinter der ›Dogukan‹ her war?«

»Ich kann's mir denken!«

»Ich kann's mir denken, ist das etwa eine Antwort?« Alissa befreite sich von seinem Arm, stellte sich breitbeinig in die Mitte und stemmte beide Hände in die Hüfte. »Wenn ich jetzt nicht bald erfahre, was das Ganze soll, schrei ich!« Sie zeigte auf Riccardos geschwollenes Gesicht mit der aufgeplatzten Lippe und dem Veilchen um das linke Auge. »Und ich bin sicher, so ein Schrei und so ein Gesicht locken viele Neugierige an!«

Falk musterte sie, dann zog er die Augenbrauen hoch. »Keinen Gewaltakt bitte, ich hasse Gewalt!« sagte er leise, um gleich darauf Franco seinen Zeigefinger in den Magen zu bohren. »Wir brauchen jetzt sofort eine Entscheidung. Und ich sage euch auch, wie die aussehen wird: Wir fliegen mit der nächsten Maschine nach Dalaman zurück. Wir müssen hier weg, und nur dort können wir jetzt noch was erreichen!«

»Was erreichen?« fragte Alissa.

»Erkläre ich dir im Flieger, mußt dich halt neben mich setzen!«

»Aber Franco, kommst du durch die Kontrolle?« Chara musterte ihn. »Na, ja, sehr ähnlich siehst du dir ja nicht mehr«, meinte sie dann grinsend, weil sein strahlendes Playboy-Image doch ziemlich ramponiert war. »Aber selbst wenn dich keiner erkennen sollte, lesen können sie am Zoll!«

Franco fuhr sich mit fünf Fingern durch die Haare, dann winkte er ab. »Keine Sorge, meine Süße, die Schönheit kommt wieder, und mein Paß ist doch sowieso gefälscht!«

Die Abendstimmung kündigte sich mit dem ruhiger werdenden Meer an, die Wogen glätteten sich, die Luft wurde samtiger, und die grellen Farben wichen Pastelltönen.

Sie hatten sich den ganzen Nachmittag über entspannt, ein bißchen geredet, aber nichts Ernsthaftes, Nadine hatte sich mit Lucky einmal auf das steinige Ufer übersetzen lassen und sich darüber gefreut, wie er schon wieder zaghaft versuchte, an einem Baum ein Bein zu heben, und nicht mehr vor lauter Schwäche in der Hocke blieb. So waren sie alle bei guter Laune, als sie sich zu der großen Frage trafen, ob nun heute Wasserskifahren angesagt sei oder nicht.

»Was spricht dagegen?« wollte Pia wissen.

»Franco ist tot und Alissa immer noch nicht zurück«, sagte Kim sofort. »Also um Franco geht es mir dabei nicht, aber ich fahre erst wieder Wasserski, wenn Alissa da ist!«

Uli fand, Wasserskifahren sei keine Pietätsfrage. Er war sicher, daß Alissa bald wieder da wäre, Güven hätte bestimmt den richtigen Riecher und die entsprechenden Kontakte. Aber als außer ihm niemand sonst wollte, ließ er es auch. Anja schloß sich Kim an, sie fand ebenfalls, daß Vergnügen pur erst wieder stattfinden könne, wenn sie vollzählig seien.

»Und dann gibt es wirklich etwas zu feiern«, sagte Nadine und klopfte bedeutungsvoll auf Holz.

»Willst du sie tatsächlich kaufen? Ganz im Ernst?« Uli war offensichtlich noch nicht ganz überzeugt.

»Wenn sie auf mein Angebot eingeht, ja. Ich werde herrliche Tage hier haben ...« Sie lächelte schelmisch.

»Und wenn nicht?« wollte Uli wissen.

»Dann hat zumindest Lucky von der Geschichte profitiert, immerhin ist er an Bord – oder etwa nicht?«

Sie mußten alle lachen, und Uli zog sie leicht am Ohrläppchen: »Du bist ja ... nein, das glaube ich einfach nicht. Die brave Gattin von Friedrich, mit allen Wassern gewaschen!«

Nadine pflückte seine Hand von ihrem Ohr und hielt sie weit von sich. »Seine Ex, mein Lieber, seine Ex!« Dann ließ sie Ulis Hand fallen.

Kim schaute auf ihre Uhr und rutschte von der breiten Holzreling, auf der sie gesessen hatte. »Gleich halb sieben, wenn wir um acht essen, könnte man allerdings noch eine kleine Runde schwimmen. Wer kommt mit?«

Anja meldete sich als einzige, die anderen verlegten sich auf Backgammon oder wollten lesen.

Sie sprangen von der Badetreppe aus ins Meer und schwammen in gleichmäßigen Zügen nebeneinander her. Der erste Eindruck war nur Erfrischung, doch dann zeigten sich die Strömungen höchst unterschiedlich, manchmal wurde es plötzlich handwarm, dann wieder kalt wie Quellwasser. Anja schwamm aufrecht, den Kopf über dem Wasser, Kim tauchte bei jedem Zug mit dem ganzen Körper ein und genoß es, wie ihr Gesicht und ihre Haare durch das Wasser glitten. Die Schwerelosigkeit war phantastisch, dieses Gefühl, leicht und beweglich zu sein wie ein Fisch. Sie konnte stundenlang schwimmen, ohne müde zu werden, sie mußte nur ihren Rhythmus beibehalten; dann fing sie an, sich wegzuträumen oder über Dinge nachzudenken, die ihr sonst nie in den Sinn kamen. Manchmal fielen ihr auch plötzlich Texte oder Gedichte ein, die irgendwie aus ihr herauskamen, aus ihrem Innersten, nirgends gelesen, nie gelernt, nur aus ihrem tiefsten Gefühl heraus.

»Was wird dein Vater nun wegen dieser ganzen Geschichte unternehmen?« wollte Anja nach einer Weile wissen.

Kim schaute zu ihr hin, es war ihr unangenehm, jetzt reden zu müssen, auf der anderen Seite hatte sie ja schließlich zum Mitschwimmen aufgefordert. Sie konnte nun also nicht unkommunikativ sein.

Sie verlegte sich darauf, seitlich zu schwimmen, um besser sprechen zu können. »Also immerhin hat Papa durch diese Geschichte eine ungeheure Aufmerksamkeit gekriegt, das darf man nicht unterschätzen!«

»Aber doch verdammt negativ, Franco tot, er als Mörder...«

»Nun, er wird ja ein Exklusivinterview in einem der großen Magazine geben, das ist schon angeleiert, und ganz ehrlich, keine Werbung kann einen Namen so groß machen wie so eine Story!«

»Du willst aber nicht sagen, daß einer Richard-Klamotten kauft, nur weil Marc als mutmaßlicher Mörder verhaftet wurde?«

Kim mußte losprusten, sie hatte sich verschluckt. »Nein, aber die Marke war bisher klein und exklusiv, und jetzt weiß man, daß es eine so kleine, exklusive Marke gibt!«

Anja schwamm einige Züge, ohne zu antworten. »Denkst du, daß dein Vater das auch so sieht?«

Kim mußte wieder lachen. »Keine Ahnung, aber ich weiß jetzt endlich, was ich werden will, ich werde eine geniale Werbefachfrau, ich spür das! Noch so eine Schlagzeile, und wir sind berühmter als Armani!«

»Komm, du nimmst mich auf den Arm. Laß das, und red es nicht herbei, ich bin abergläubisch!« Anja deutete auf die große weiße Motoryacht, auf die sie zuschwammen. »Ich glaube, wir drehen um, sonst fühlen die sich vielleicht durch uns gestört.«

Kim betrachtete das Schiff, das elegant im Wasser lag und an dessen Bordwänden sich das Wasser noch immer so blitzend spiegelte, daß es blendete.

»Muß einem ziemlich reichen Menschen gehören, schau mal, wie die in Schuß ist. Oder sie ist niegelnagelneu!«

Anja gab ihr recht.

Ein junger Mann in einem weißen Poloshirt kam an die Reling, nickte ihnen kurz zu und verschwand wieder.

»Schau, Frischfleisch!« flüsterte Kim und zwinkerte Anja zu.

»Laß uns zurückschwimmen«, sagte Anja, aber Kim hatte Feuer gefangen.

»Sieht ziemlich verlassen aus, der Kahn – bis auf dieses junge Bürschlein?« Sie legte sich wieder schwimmend auf die Seite. »Komm, Anja, einmal drumherum, dann haben wir eine gute Strecke gemacht. Das ist unsere Wendeboje, oder kannst du nicht mehr?«

Anja schaute zur »Dogukan« zurück. Sie schwamm nicht mit so kräftigen Zügen wie Kim, aber sie war Ausdauersportlerin, joggte täglich, und eigentlich fehlte ihr dieser Auslauf auf dem Schiff. Gut, jetzt konnte sie es nachholen, und die Entfernung war wirklich überschaubar. Einmal um das Schiff herum, dann zurück, duschen, und sie hatten sich ihr Abendessen redlich verdient.

»Okay!« sagte sie nur, achtete aber darauf, daß der Bogen groß genug war und sie nicht unschicklich nahe an die Yacht kamen.

Kim schien das weniger zu interessieren, sie schwamm knapp an der dicken Ankerkette vorbei, die sich im klaren Wasser nach unten verlor. Anja, die mehr Abstand hatte, schaute nach oben zum Schiff, aber sie sah wirklich niemanden. Selbst der junge Mann von vorhin war nicht mehr zu sehen. Sie konnten sich also ungestört fühlen.

Kim hatte durch ihre Abkürzung einen Vorsprung, und Anja kraulte einige Meter heran, um aufzuholen, prallte aber plötzlich gegen Kim, die mit den Armen auf der Stelle ruderte.

»Dort, schau!« flüsterte sie. Ihre Augen wurden groß.

Anja schaute hin, konnte außer einem schwarzen Schlauchboot aber nichts erkennen. »Was ist?« fragte sie leise und spürte eine Beklemmung, ohne zu wissen, warum.

»Das ist das Schlauchboot dieser Banditen, die uns überfallen haben!«

»Meinst du wirklich?« Anja befürchtete im gleichen Moment unterzugehen. Sie schluckte Wasser, mußte husten und versuchte es gleichzeitig zu unterdrücken.

»Ich bin todsicher!«

Sie paddelten mit den Beinen, um im Wasser stehen zu können, und schauten sich an. Anja schreckensbleich, Kim mit vor Spannung geröteten Wangen. »Das Boot, mit dem Alissa abgehauen ist«, fügte Kim noch hinzu, weil sie fürchtete, Anja könnte die Situation nicht erfassen.

»Das ist ... du meinst, Alissa ist vielleicht auf dieser Yacht?« Sie schluckte wieder Wasser. »Und? Was machen wir jetzt?«

»Wir gehen rein!« sagte Kim bestimmt. »Oder ich rufe ganz laut nach ihr, dann wird sie sich schon melden!«

»Wie wär's, wenn wir zurückschwimmen und den anderen melden, was wir hier gesehen haben? Denn wenn es das Schiff der Banditen ist, wo sind dann ...?« Automatisch schauten sie beide die Bordwand hoch, konnten aber noch immer niemanden entdecken.

»Weißt du was«, japste Anja, »wir hauen ab! Wenn wir schon angreifen, dann alle zusammen!«

Für Alissa war es schier unbegreiflich, daß der Flug überhaupt geklappt hatte. Aber sie hatte schon immer ein bißchen den Verdacht gehegt, daß Chara über besondere Fähigkeiten verfügte. Sobald sie jemanden anlächelte und einige Sätze mit ihm sprach, wurden unmögliche Dinge möglich. Am Flugschalter hatte es zunächst nicht so ausgesehen, als ob sie so kurzfristig noch mitkönnten, obwohl sie sogar bereit waren, First Class zu bezahlen.

Du machst doch Witze, hatte Alissa gesagt. First Class in so einem kleinen Flieger? Wo soll das denn sein?

Wir zahlen bar, da können wir auch First Class bezahlen, hatte Chara ohne mit der Wimper zu zucken geantwortet. Und obwohl die Maschine angeblich bis auf zwei Sitze ausgebucht war, durften alle mit. Auch Franco, der aussah wie ein schmuddeliger Penner, und Riccardo mit dem Boxergesicht. Als sich Alissa darüber mokierte, deutete Falk nur wortlos auf sie selbst, und als sie an sich hinunterschaute, sagte sie nichts mehr. Immerhin gingen alle vor der Paßkontrolle auf die Toiletten und versuchten sich zumindest ansatzweise wiederherzurichten.

Wahrscheinlich war auch das überflüssig, dachte Alissa später, denn Chara hatte wohl den richtigen Beamten in seiner Kabine erspäht. Die Andeutung, die vier hinter ihr gehörten zu ihr und sie kämen von einer Kreta-Jeepsafari zurück, zauberte ein Lächeln auf das Gesicht des Mannes, das bis zu Alissa, der letzten im Bunde, anhielt. Wahrscheinlich meint er, wir sind schöne Idioten, dachte Alissa, aber sie war glücklich darüber, daß alles so reibungslos lief. Was wäre gewesen, wenn er ein griechisches Polizeiaufgebot zusammengetrommelt hätte? Die Idee kam ihr noch, als sie bereits neben Falk saß, denn so ein Flugzeug war ja schließlich eine rechte Mausefalle. Wenn man sie gemeinsam schnappen wollte, dann jetzt.

Erst als sie in der Luft waren, beruhigte sie sich langsam wieder. Wer hätte sie auch packen wollen? So lang war der Arm von Anastasios sicherlich nicht. Es sei denn, die Polizei spielte mit. Aber sie weigerte sich, an korrupte Polizisten zu glauben. Klar verdienten die wenig, und klar konnten sie eine Gehaltszulage gebrauchen. Aber ihr Vater verdiente auch wenig, war er deshalb korrupt? Ließ er sich deswegen mit einem Anastasios ein? Das war schon ein komisches Gefühl. Nie im Leben war sie mit Gangstern oder Halbgangstern in einem Flugzeug unterwegs gewesen. Daran änderte auch die Gewißheit nichts, daß Falk sein Pistolenhalfter mitsamt Pistole in der Männertoilette gelassen hatte.

Bis sie alles einigermaßen überdacht hatte, war der halbe Flug schon um. Und als sie sich endlich mit den entscheidenden Fragen an Falk wenden wollte, zeigte er auf ihren Nebenmann. Sie waren nicht ungestört. Aber gut, der sah wie ein Grieche aus – aber nicht jeder Grieche konnte schließlich so gut deutsch sprechen wie Chara. Was aber, wenn doch? Sie bedeutete Falk, daß sie spätestens im Wagen erfahren wollte, was gespielt wurde und welchen Hintergrund das Ganze hatte. Er legte zwei Finger auf den Mund und dann aufs Herz und schwor. Sie mußte lachen, obwohl sie es eigentlich nicht wollte, aber irgendwie war er doch hinreißend mit seinem spitzbübischen Lächeln und dem jungenhaften Schelm in den Männeraugen.

Kim brannte darauf, daß gleich etwas passierte. Am liebsten hätte sie die »Dogukan« als Kriegsschiff eingesetzt, mit wehenden Segeln und Kanonen, und dieses Mistteil dort drüben einfach gerammt. Sie sah sich schon hinüberspringen und Alissa aus irgendeiner Kajüte retten, in die sie die Gangster eingeschlossen hatten. Das war sie ihr schuldig, schließlich hatte sie sie mitten in der Nacht übers Meer losgeschickt. Das warf ihr zwar niemand vor, aber sie machte sich selbst die größten Sorgen um ihre Freundin. Es hatte überhaupt keine Notwendigkeit für eine solch überstürzte Aktion gegeben. Oder doch? Sie konnten ja nicht wissen, was noch passieren würde. Die Gangster hätten die »Dogukan« sprengen können, oder ein Feuergefecht zwischen den Banditen und der Polizei hätte sie in Brand gesetzt oder alle Passagiere dahingemetzelt, dann wäre man über Alissas Flucht glücklich gewesen. Aber Kim konnte es drehen und wenden, wie sie wollte, sie fühlte sich einfach schuldig.

»Wir sollten sie zunächst mal beobachten«, schlug Uli vor. Er wollte sich von Land aus anschleichen und die Bewegungen an Bord mit einem Fernglas beobachten. »Vielleicht haben die Jungs auch nur zufällig ihr Boot am Kai entdeckt und mitgenommen, und Alissa ist noch immer in Fethiye?«

Daran hatte Kim noch überhaupt nicht gedacht. Dann wäre ein Angriff allerdings fatal.

»Aber dann sind es immer noch die Gangster, die uns überfallen haben. Das würde doch schon einen Gegenangriff rechtfertigen!«

»Aha, nicht sehr katholisch, Auge um Auge!« Uli grinste, Kim nicht. »Ich bin nicht katholisch. Und wenn, würde es hier keine Rolle spielen. Aber denk doch mal, das müssen sie doch sein!«

»Deswegen will ich mich ja anschleichen, um das definitiv herauszufinden!«

Jetzt schaltete sich Pia ein, die bisher am großen Tisch mit ihrem Wasserglas gespielt und aufmerksam zugehört hatte.

»Und wenn sie das Schlauchboot geklaut haben? Das wäre doch immerhin auch noch eine Möglichkeit!«

»Bitte?« Anja schaute sie ungläubig an. »Mit so einem Millionenschiff klaut man doch wohl kein lumpiges Schlauchboot!«

»Nun, so lumpig ist es doch wohl auch nicht, wenn man Kim glauben darf, und wer kennt schon die Umstände?«

»Genau deswegen will ich mich ja anschleichen!«

Und obwohl Kim fieberte und kaum noch ruhig sitzen konnte, wurde Ulis Vorschlag angenommen. Er sollte an Land übersetzen und sich anschleichen, sich aber selbst auf keinen Fall in Gefahr bringen. Für alle Fälle bekam er Husseins Handy mit, in dem Ferhats Nummer gespeichert war.

»Sie müssen nur die Wiederwahl drücken«, sagte Ferhat dazu, aber Uli nickte nur. Mit Handys kannte er sich aus.

Es war schon längst dunkel geworden, und die Zikaden musizierten unerträglich laut, zudem brannte Licht auf der weißen Yacht, und Kim starb vor Anspannung.

»So eine Schwachsinnsidee! Jetzt sitzt Uli dort im Gebüsch, und irgendwann heben die den Anker und sind weg, und unsere Chance ist vertan!« Sie lamentierte, was ihr von den anderen auch vorgeworfen wurde.

»Jetzt bitte«, beschwichtige sie Anja. »Uli macht das schon. Er hat eine Jägerausbildung, er kriegt das hin!«

»Ich denke, er ist Pazifist!«

»Ja, das war er, als er den Musterungsbescheid bekommen hat. Davon hat er sich aber wieder erholt!«

»Jetzt komm«, schaltete Nadine sich ein, die neben Ferhat am Kopfende des großen Tisches saß. »Entweder man ist Pazifist oder Jäger, aber einen pazifistischen Jäger gibt es doch wohl nicht. Das eine schließt das andere doch wohl aus ...«

»Ich wollte zur Luftwaffe«, Marc hob sein Wasserglas, »aber dann bekam ich eine Augenentzündung und war weg vom Fenster, obwohl die nachher wieder geheilt ist.« Er seufzte. »Und dann haben sie mich in die Schneiderei gesteckt.« Er nahm einen tiefen Schluck. »Und da bin ich heute noch!«

»Du Armer!« sagte Pia und nahm sich von der reichhaltigen Obstplatte, die es zum Dessert gegeben hatte, noch einige Pfirsichschnitten.

»Aber, wenn ihr alle solche Helden seid, warum sind wir nicht schon längst drüben, dort auf dem Boot? Jetzt sitzen wir schon weiß Gott wie lange hier, Uli ruft nicht an, nichts passiert, und wir wissen noch immer nicht, ob Alissa dort drüben ist oder nicht. Ich werde mich bei denen einschleichen und es selbst herausfinden!«

»Das wirst du ganz sicherlich ...« In diesem Moment rumpelte es gegen die Bordwand, und bevor Ferhat aufspringen konnte, kamen drei Gestalten hinter dem Deckhaus hervor.

»Scheiße!« rief Pia undamenhaft und sprang auf, fiel aber gleich wieder auf ihren Hintern zurück, als sie Franco erkannte.

Keiner sagte ein Wort, alle starrten ihn nur an.

»Ich denke, du bist tot?« fragte Kim schließlich, und er sah im fahlen Licht tatsächlich geisterhaft aus.

Dann hatte sich Pia von ihrem ersten Schock erholt, und sie sprang wieder auf. »Franco! Was zum Teufel ...«

Aber da kicherte es hinter dem Aufbau, und Alissa schob sich ins Licht. »Ich habe ihn gefunden«, rief sie und stellte sich neben ihn.

Doch da blieb sie nicht lange, denn Kim schoß mit einem gewaltigen Hechtsprung von der hinteren Bank hervor und flog ihr um den Hals. Gemeinsam knallten sie auf die Liegewiese und kullerten dort von einer Ecke in die andere.

Und jetzt kam auch ein dünnes Stimmchen unter dem Tisch hervor, das Nadine aus ihrer Erstarrung weckte: »Er bellt! Er bellt!« rief sie und krabbelte vor Freude gleich zu Lucky.

Franco stand noch immer unbeweglich wie eine Statue, und erst jetzt stellte sich Falk neben ihn, unter die schummrige Bordlampe.

»Ich glaub's nicht!« Pia hatte ihren ersten Schock überwunden und stand auf. »Ihr seid's wirklich, und Franco ist keine Erscheinung ...« Sie sammelte sich. »Kannst du mir mal erklären?«

Marc war ebenfalls aufgestanden. »Wo warst du bloß?«

Und Anja hatte sich auf die Sitzbank gestellt, um einen besseren Überblick zu bekommen, und sagte nur ein ums andere Mal: »Gott sei Dank, Alissa ist zurück!«

Nur Ferhat war sitzen geblieben, in seinem Gesicht arbeitete es, und seine Augen glühten.

Uli saß auf seinem Beobachtungsposten und wehrte vor allem lästige Insekten ab. Komisch, waren die heute besonders bissig? Das war ihm während der letzten Nacht gar nicht so sehr aufgefallen, oder hatte der Ziegenduft sie abgehalten?

Jetzt hätte er gern eine Zigarette geraucht. Nicht nur, um die Moskitos abzuhalten, sondern auch, weil es irgendwie dazugehörte. Aber die Glut einer Zigarette hätte ihn verraten, so etwas machten nur Anfänger, zudem war er Nichtraucher.

Trotz Abenteuer war es elend langweilig. Dann hörte er ein entferntes Motorengeräusch. Er drückte sich näher an den Busch und legte das Fernglas griffbereit. Er wartete ab, und schließlich tauchten Gestalten aus der Dunkelheit auf. Ein unbeleuchtetes Motorboot, schnittiger als das Schlauchboot, das er von seiner Position aus gut erkennen konnte, kam langsam heran und legte an. In diesem Moment ging in seinem Handy eine Kurznachricht ein, und in der Brusttasche seines leichten Hemdes leuchtete das Display zweimal kurz auf. Hoffentlich hatten die dort an Bord anderes zu tun, als auf Spione am Ufer zu achten. Er nahm das Fernglas und versuchte auszumachen, was jetzt vor sich ging. Vier Männer in Taucheranzügen stiegen über eine Treppe zur Motoryacht hinauf, mit dicken Taschenlampen und Harpunen bewaffnet. Klar, die waren auf der Jagd nach Fischen gewesen, das war nicht unüblich. Immer wieder sah man Taucher mit Taschenlampen, die sich nachts als Lichtkreise durch das schwarze Meer bewegten, meist an steilen Uferabschnitten entlang, an Felsen und in Buchten. Diese hier hatten allerdings keine Beute dabei, keinen einzigen aufgespießten Fisch, nicht einmal ein Netz, gar nichts. Das fand er merkwürdig. Wonach tauchten die, wenn nicht nach Fischen? Langusten? Gab's die hier überhaupt? Doch die jagte man nicht mit einer Harpune. Er kannte sich im Meer zuwenig aus, auf dem Land ging das Jagdfieber manchmal mit ihm durch, aber hier hatte er keine Ahnung. Haie gab's jedenfalls nicht, da war er sich sicher.

Uli blieb sitzen und beobachtete das Schiff weiter. Zunächst verschwanden alle, dann kam ein junger Mann, der ein paar Schalen und Getränke auf einen Tisch stellte, und schließlich erschienen die vier wieder in Freizeitkleidung und breiteten auf einem Nebentisch eine große Karte aus. Das dürfte eine Seekarte sein, vermutete Uli. Für präzisere Erkenntnisse war es dann doch zu weit entfernt. Er sah nur, wie sie etwas vermaßen und einige Dinge auf einen Block schrieben und sich schließlich an den Tisch setzten. Von Alissa keine Spur. Wenn sie wirklich an Bord festgehalten würde, hätten sie sie jetzt bestimmt dazugeholt. Uli ließ noch einmal das Fernglas über die Gesichter wandern und duckte sich erst, als einer der Männer, ein breitschultriger Athlet, plötzlich in seine Richtung starrte. Möglicherweise hatte sein Fernglas Lichtreflexe erzeugt. Er mußte vorsichtig sein, wenn er nicht neben Alissa landen wollte. Der Gedanke brachte ihn dazu, das Fernglas wegzupacken und sich vorsichtig zurückzuziehen. Er war zwar muskulös und flink, aber mit einem Fremdenlegionär wollte er sich lieber doch nicht anlegen. Und selbst wenn es bloß ein Einzelkämpfer und kein amerikanischer Marine war, der Gedanke, es könnte einer hinter ihm durch den Busch brechen, trieb ihn zur Eile an.

Sie hörten Uli schon von weitem kommen, und Alissa überlegte, wie es möglich gewesen war, daß Falk ihr Boot, das sie sich von einem Fischer gegen Bares ausgeliehen hatten, so lautlos an der »Dogukan« hatte anlegen können. Sie traute ihm nicht, obwohl sie noch immer in ihn verliebt war.

Pia war zwischen ihren Emotionen, Franco gleich wieder von Bord zu werfen, und ihrer menschlichen Neigung, jedem eine zweite Chance zu geben, hin und her gerissen. Aber schließlich bot sie jedem einen Platz an und bat, mit dem Bericht zu warten, bis Uli da war. »Wir sind eine Gemeinschaft, und das sind wir ihm schuldig«, erklärte sie rigoros, und keiner widersprach, nur Kim machte den Vorschlag, Uli doch einfach eine SMS zu schicken, daß er zurückkommen könne und daß Alissa wieder da sei.

Jetzt weideten sich alle an seinem Gesichtsausdruck, als er erkannte, wer mit dem fremden Fischerboot an der Steuerbordseite der »Dogukan« festgemacht hatte. Er glaubte Gespenster zu sehen, als er Franco neben Alissa sitzen sah.

»Komm, alter Junge, erhol dich wieder!« Marc klopfte ihm auf die Schulter, »und trink was. Wir haben den alten Zossen hier«, damit deutete er auf Franco, »nur noch nicht wieder ins Wasser geworfen, weil wir seine Geschichte hören wollten! Schließlich hatten wir seinetwegen einigen Ärger!«

Franco machte eine entschuldigende Geste und schaute zu Pia hin. »Eigentlich bin ich gar nicht sicher, ob ich euch alles erzählen soll, sonst wird's vielleicht gefährlicher für euch, als euch lieb ist!«

»Oh, nein!« Alissa funkelte ihn an. »Jetzt komm bloß nicht mit so einer Tour. Also, um es kurz zu machen, ich habe ihn als zusammengeschnürtes Bündel in einer Wohnung auf Kreta vorgefunden und mit ihm Riccardo, der gefesselt und zusammengeschlagen auf einem Stuhl hockte. Wieso die da herumlagen, weiß ich bis jetzt nicht, nur daß einem Anastasios, der Drogenbaron spielt, irgend etwas nicht paßte!«

»Riccardo?« Pia staunte. »Gefesselt und zusammengeschlagen? Und wo ist er jetzt?«

Chara lachte. »Er ist in Fethiye ins nächste Hotel. Dort will er bleiben, bis sich die Sachlage geklärt hat und er wieder wie ein Mensch aussieht, sagt er. Von Schiffen hat er erst mal die Schnauze voll.«

Dafür hatten alle vollstes Verständnis, aber Pia ging das trotzdem zu schnell. »Gut«, sagte sie, »aber das scheint mir ja eher das Ende der Geschichte zu sein. Wie wär's denn mit dem Anfang?«

Sie schaute Alissa aufmunternd an, und während Hussein den Tisch mit allen möglichen türkischen Köstlichkeiten belud, begann Alissa zu erzählen. Von ihrer Flucht mit dem Schlauchboot, vom Treffen mit Chara, vom Wiedersehen mit

Falk in Fethiye, von ihrer Idee, Falk nach Kreta zu folgen, von der ungeplanten Zusammenarbeit, dem Einstieg in die Wohnung bis zur Befreiung. Alle schauten sie mit offenem Mund an, nur Nadine steckte sich zwischendurch eine Olive hinein.

»Nicht zu glauben«, sagte Marc schließlich.

»Und wieso das alles?« wollte Pia wissen.

»Ja, das ist auch meine Frage!« Alissa schaute Falk an, und jetzt konnte Falk nicht mehr ausweichen, kein Fremder im Flugzeug, kein Taxifahrer, dem man nicht trauen konnte. Falk aber sagte kein Wort, sondern schenkte Franco einen auffordernden Blick.

Franco holte tief Luft und hob ergeben die Hände, atmete langsam und geräuschvoll aus und ließ dabei die Hände auf die Tischplatte sinken. »Okay«, sagte er. »Wenn ihr's nicht anders wollt!«

»Wir wollen's nicht anders«, bestätigte Pia ungerührt.

»Na, dann. Es war ein genialer Plan. Tut mir nur leid, daß ihr da so mit hineingezogen wurdet, ich dachte, das sei schneller erledigt.« Er runzelte die Stirn. »Ihr macht jedes Jahr hier Urlaub, altbekannte Tatsache. Ich brauche jede Menge Kohle, altbekannte Tatsache. Und eigentlich habe ich auch immer ausreichend Bares, aber diesmal habe ich zu hoch gepokert und zu hoch verloren.« Er machte eine Pause und wiederholte mit einem vielsagenden Blick in die Runde: »Richtig hoch verloren!«, damit auch jeder nachvollziehen konnte, was er meinte. »Dummerweise gehört das Kasino Anastasios. Der läßt nicht mit sich spaßen. Er sah sich das an, dann wartete er, bis wir beide wußten, daß ich nicht bezahlen konnte, und bot mir einen Deal an. Ich sollte ein paar seiner Säckchen in die Türkei transportieren. Völlig ungefährlich. Nimm dir ein paar hübsche Begleiter mit, wie immer, dann macht

Franco halt einen seiner berühmt-berüchtigten Ausflüge. ›Party, Mann, Party‹, hat er gesagt. Und ich habe gedacht, ich schlage zwei Fliegen mit einer Klappe. Dazu habe ich meinen alten Freund Falk angerufen, der auch finanziell in der Klemme steckte und Kohle brauchte. ›Aufmacher für dich, Freiheit für mich!‹ Riccardo brachte mir die Models an Bord und konnte hier gleichzeitig aufpassen, wie alles läuft. Der Plan war genial, ich war ertrunken, dokumentiert von der großen Boulevardzeitung, besser und medienwirksamer geht es nicht.«

Alissa warf Falk einen Blick zu, den er mit einem entschuldigenden Augenaufschlag zurückgab.

»Und zufällig stieß Falk in Fethiye auf Kim, die er als Fotograf ja kannte, und sprach Alissa an, die ihm zusätzliche Informationen verschaffte – was sie natürlich nicht wußte …«

Alissa spürte, wie alle sie anschauten, und lief rot an. Am liebsten hätte sie Falk den nächsten Wasserkrug an den Kopf gedonnert. Sie so zu demütigen!

»Daß die suchen würden, war uns klar«, fuhr Franco fort. »Schließlich wollten sie ihr Kokain haben. Ursprünglich hätten wir es in eine Höhle an der Küste bringen sollen, aber das ging ja nicht mehr, weil ich vorher gestorben war. Die wußten nun aber nicht, ob ich das Zeug schon irgendwo deponiert hatte und mich vielleicht in der Höhle vertan – eine entsprechend gefälschte Seekarte habe ich auf meinem Rennboot hinterlassen – oder ob es noch hier irgendwo herumlag, also auf meiner Zigarre oder an Bord der ›Dogukan‹. Das ist der ganze Witz!«

»Scheint aber nicht ganz geklappt zu haben!« Pia schwankte zwischen heiligem Zorn und völligem Unglauben.

Franco seufzte. »Nein. Falk hat mich zwar ganz schnell aus dem Wasser herausgefischt, und ich war auch in Windeseile am Flughafen, aber die geplante Nummer, ein seriöses Schiff zu mieten, hierher zu schippern und in einem geeigneten Moment Riccardo und das Zeug aufzufischen und dann auf Nimmerwiedersehen nach Südamerika abzuhauen, ist am korrupten Vermieter gescheitert. So hat Anastasios mich geschnappt und Riccardo mit einem blöden Trick in die Wohnung gelockt. Wenn Alissa nicht gewesen wäre, wären wir wahrscheinlich beide schon tot.«

Alissa errötete wieder. »Falk und Chara waren auch dabei!«

»Aber Falk wäre nie in die Wohnung gekommen. Der Weg durch die Eingangstür wäre einem Selbstmord gleichgekommen, das wußte er!«

Alissa spürte Kims Blick. »Er hat mich benutzt!« sagte sie zu ihr wie zu sich selbst. Es tat verdammt weh.

»Und diese Idioten, die uns überfallen haben?« Pia legte wie selbstverständlich den Arm um Alissas Schulter.

»Die Jungs wollten die Ware, für die sie an Anastasios schon einen Haufen Kohle abgedrückt hatten.«

Pia schaute ihn ungläubig an.

»Ein Drogendealer, der im voraus bezahlt? Gibt's so was?«

»Keine Ahnung, wie er bezahlt hat, ich denke nur, sie wollten mir keine Millionen bar in die Hand drücken. Das ist jedenfalls auf einem anderen Weg gelaufen. Aber daß er bezahlt hat, weiß ich.« Franco grinste schräg. »Das habe ich bei meinem kleinen Zwischenaufenthalt mitgekriegt.«

»Und die Polizei?«

»Wollte das wohl verhindern, allerdings war das keine offizielle Aktion. Sie sind aber gern dabei, wenn es irgendwo was zu verdienen gibt!«

»Wollte er deshalb wissen, welchen Umsatz unsere Zulieferungsfirma macht?« Marc richtete sich auf.

»Könnte sein, wer weiß? Vielleicht ein kleiner Freundschaftsdienst unter Kollegen, auch ein Tip ans Finanzamt wäre möglich, Informationen sind immer bares Geld wert.«

Eine Weile war es still, Marc fuhr sich über seine bürstenkurzen Haare. »Ich weiß ehrlich gesagt nicht, was ich dazu sagen soll. Ich bin enttäuscht und gleichzeitig erschrocken, und wenn ich es genau bedenke, kann hier jederzeit jemand auftauchen, der Jagd auf euch macht. Und wir stecken mittendrin und haben nichts außer einem irren Urlaub, einem Rufmord in Deutschland und einem zerstörten Schiff, das wir auch noch selbst bezahlen sollen!«

Franco nickte. »Für den finanziellen Schaden komme ich natürlich auf!«

»Du?« Pia schaute ihn an. »Etwa mit einem kleinen Säckchen? Weißt du überhaupt, was das für eine moralische Schweinerei ist, wie viele Menschen du damit ins Unglück ziehst?« Sie zeigte auf Kim und Alissa. »Wenn ich Kinder hätte, die abhängig wären und weiß der Teufel auf welche Art abhängig gemacht wurden, würde ich einen wie dich umbringen!«

Franco grinste. »Ich bin doch schon tot!« Er zuckte mit den Achseln. »Es sieht doch eher *so* aus, daß ich dich umbringen könnte und dann nicht einmal dein Mörder wäre!«

Alissa runzelte die Stirn. »Ich finde das nicht lustig!« Sie suchte Falks Blick, aber er mustere sein Wasserglas.

»Apropos umbringen«, fiel da Kim ein. »Die krasse Yacht da neben uns wird von den Jungs bewohnt, die uns überfallen haben. Zumindest hängt dein«, und sie warf Alissa einen Blick zu, »Schlauchboot an der Yacht!«

Jetzt blickte Falk auf, und Franco wurde zusehends kleiner.

»Wenn die mich in die Finger kriegen, bringen sie mich um!« sagte er zu Falk.

»Wie denn«, grinste der. »Eben hast du doch gesagt, du bist schon tot!«

»Nein, ernsthaft!« Es war ihm anzusehen, daß er Angst hatte, er schaute beunruhigt in Richtung der Yacht.

»Bist du sicher?« wollte er von Kim wissen.

Uli nickte. »Ich habe sie beobachtet, sie suchen was. Kamen jedenfalls mit einem Speedboot zurück, trugen schwarze Taucheranzüge und hatten Harpunen und Taschenlampen dabei. Vier Kerle und einer, wahrscheinlich der Junge für den Service, waren an Bord.

Alissa setzte das Glas ab, das sie eben an den Mund führen wollte. »Die kenne ich. Mit denen habe ich mehrere Stunden zusammengesessen!« Alle schauten sie an. »Ist das tatsächlich das Boot?« wollte sie wissen und ging an die Reling. »Vier Männer in schwarzen Taucheranzügen, ein Junge in Weiß, das paßt. Und auch, daß sie was suchen. Ich hatte sie zuvor schon in der Dunkelheit irgendwo am Ufer herumschwimmen sehen. Dort wäre mir fast einer in mein Schlauchboot geklettert!«

»Alissa!« Pia schlug in einer theatralischen Geste die Hände überm Kopf zusammen. »Deine Eltern lassen dich nie mehr mit uns mit!«

»Und was sind das für Typen?« Uli trat zu ihr, und Falk sah aufmerksam zu.

»Sahen aus wie reiche türkische Männer auf einem Jungsausflug. Hatten Fische gefangen, ließen mir Champagner servieren, alles sehr gepflegt, und einer hieß, ja wie hieß der denn noch gleich?«

Falk ging jetzt ebenfalls zu Alissa, in seinen Augen lag ein gespannter Ausdruck, der ihr auffiel. Sie lehnte sich locker an die Reling. »So, das würdest du jetzt wohl gern wissen«, sagte sie. »Warum eigentlich?«

»Sagen wir Berufsinteresse?«

»Neue Story?« Sie lächelte ihr süffisantestes Lächeln und kam sich sehr erwachsen vor.

»Kommt auf den Namen an!«

Alissa zog die Stirn kraus. »Hätten wir dann das Gegenstück zu Anastasios?«

Franco gesellte sich dazu. »Wenn dem wirklich so ist, dann hau ich hier sofort ab!«

Chara hatte sich vom Tisch ein Stück Brot geholt und kam zu ihnen. »Der will nur seinen Stoff, wenn er dafür bezahlt hat. Ist ja wohl klar! Wenn du schon Schmugglerdienste durchführst, kannst du sie ja nicht alle bescheißen!« Sie schaute ihn schräg an. »Wenn du gekonnt hättest, hättest du die Kohle auch noch eingesackt, stimmt's?«

Franco zuckte die Achseln.

Chara warf Alissa einen Blick zu. »Du hättest ihn dort liegen lassen sollen!« Sie drehte sich zu Falk um. »Warum wolltest du die beiden eigentlich so unbedingt retten?«

Falk fuhr mit der Zungenspitze über seinen abgeschlagenen Schneidezahn. »Verantwortungsgefühl?« Er sah Chara fragend an. »Oder weil ich jede Story zu Ende bringe? Neugierde?«

»Vielleicht Geldgier?« Chara gab den fragenden Blick zurück.

Falk schaute an ihr vorbei zu Franco, der in die dunkle Nacht hinausstarrte.

»Meinst du ihn?«

»Da bin ich mir nicht so sicher!«

Falk verschränkte die Arme. »Außer Franco weiß es niemand. Riccardo ist sein kleiner Handlanger, verdient etwas dabei, aber Franco hat das Ding geplant und durchgezogen. Er sollte Kohle gegen Stoff austauschen. Die Kohle haben sie ihm nicht gegeben, dafür hat er den Stoff unterschlagen und ist jetzt offiziell tot.«

»Also ist er viel wert!«

»Er muß genau überlegen, wie er überleben kann. Offiziell ist er tot, aber Anastasios weiß natürlich sehr wohl, daß er noch lebt. Und daß es nichts macht, wenn er über dieser Geschichte stirbt …« Er warf einen Blick zu Franco, der immer noch in den Himmel starrte. »Und Yavuz wird nicht noch viel länger in Unterwasserhöhlen nach dem Koks suchen wollen!«

Alissa faßte ihn am Arm. »Was hast du gesagt? Sag mir den Namen noch mal!«

»Was? Wieso?«

»Ja, ich glaube, das war er. Anastasios und … Yavuz! Yavuz! Genau! Das war so ein smarter, sensibler Typ mit nach hinten gekämmten schwarzen Haaren, offenem Hemd und … Goldkette!« Sie rüttelte Franco am Arm. »Also ich weiß nicht, wie du denkst, daß die Geschichte ausgeht, aber die Jungs sitzen tatsächlich keine hundert Meter von hier entfernt. Vielleicht läßt du dir was einfallen, ohne daß wir hier auf der ›Dokugan‹ in Gefahr geraten, sonst gebe ich jetzt nämlich Ferhat einen Wink, und der schmeißt dich über Bord! Dann bist du wieder dort, wo du schon warst!«

»Na, na, na!« sagte Falk und schenkte ihr einen zärtlichen Blick.

»Und du fliegst hinterher!« fauchte Alissa und ging zu Kim.

»Gehen wir uns mal hübsch machen?« fragte sie Kim und warf Chara gleichfalls einen auffordernden Blick zu.

»Haben wir's nötig?« fragte die und strich sich ihre dicken Locken zurück.

»Wir nicht, du schon!« feixte Alissa, und Chara zog eine Augenbraue hoch: »Zicke!«

Falk und Franco hatten sich wieder zu den anderen an den Tisch gesetzt, und außer Ferhat bemerkte niemand, wie sich fünf Minuten später das Fischerboot, mit dem Falk und die drei anderen gekommen waren, leise von der »Dogukan« löste und in der Dunkelheit verschwand. Ferhat setzte sich wieder zu Nadine, die sich von den anderen separiert hatte und mit Lucky auf den Matratzen des Vordecks lag.

»Könntest du es dir wirklich vorstellen, nur mit mir und Lucky durch die Gegend zu schippern?« fragte sie ihn, während er hörte, wie in der Ferne der kleine Außenborder des Holzkahns angeworfen wurde.

»Glaubst du, Touristen machen durchgängig Spaß? Die Portugiesen, die uns herumkommandieren, als seien wir ihre Leibeigenen? Die eigenen Landsleute, die sich für was Besseres halten, sobald sie Geld haben? Die Franzosen, die ausschließlich französisch mit dir reden, obwohl sie wissen, daß du kein Wort verstehst? Die blasierten Engländer?«

»... und die Deutschen?«

»Sind besser als ihr Ruf. Und vor allem besser, als sie selbst von sich denken.«

»Also könntest du ...«

Er nahm sie in den Arm. »Wenn du die ›Dogukan‹ kaufen willst und kannst, ist das eine wunderbare Idee. Wir werden sie genießen, und wenn du nicht mehr magst, vermieten wir sie. Ich habe da keine Sorge, ich finde es wunderbar!«

Sie schmiegte sich an ihn.

»Es macht dir auch nichts aus, daß ich noch verheiratet bin?«

»Ich bin ja auch verheiratet!«

Sie lachten, und Lucky gähnte zufrieden und legte seinen Kopf auf Nadines Bein. »Und was sagst du zu Franco?« wollte sie wissen.

»Ich will weder mit der einen noch der anderen Seite was zu tun haben, und am liebsten wäre es mir, die Dinge lösten sich von selbst!« Er küßte sie auf die Stirn.

»Denkst du, Dinge können sich von selbst lösen?«

Er sah an ihr vorbei aufs Meer. »Manchmal tun sie das!«

Kim kannte die Gegend seit ihrer Kindheit, sie war mit jeder Insel und jeder Bucht vertraut. Sie hatte die Pinne in der Hand, und das schmale Boot schnitt durch die flachen Wellen, rechts und links war die weiße Gischt zu sehen, die sich hinter dem Schiff schnell in der Dunkelheit verlor. Chara und Alissa saßen nebeneinander im Bug auf einem schmalen Holzbrett, mit dem Rücken gegen die Fahrtrichtung, beide hielten ihre Haare fest, die ihnen der Wind ins Gesicht blies. Sie hatten ihre Füße vorsichtig auf den Boden gesetzt, denn es lag allerlei Zeug in dem Kahn, mit dem sie nicht näher in Berührung kommen wollten, außerdem roch es trotz der Fahrt penetrant nach Fisch. Eine Weile war es still, nur der Motor blubberte, und das Wasser klatschte gegen das Holz. Am Himmel blinkten einige Sterne, aber der Mond hatte sich hinter einer dicken Wolke verkrochen, die die Sicht verschlechterte.

Chara rutschte an die Kante der Bank und beugte ihren langen Oberkörper vor: »Meinst du, es ist eine gute Idee?« Sie schrie, damit Kim sie verstehen konnte.

»Weißt du was Besseres?«

»Bist du sicher, daß das Zeug dort liegt?«

»Wo soll es sonst sein – es gibt keine andere Möglichkeit!«

Die Gischt schlug hoch und traf Alissas Rücken. Sie fluchte und stopfte ihre Bluse in den Hosenbund.

»Und wenn wir's nicht tun, tut's keiner!«

Sie dachten einige Minuten darüber nach, dann hielt Kim ihnen ihre linke Hand entgegen.

»Mädels, wir regeln das!«

Alissa und Chara schlugen ein.

»Ja klar«, sagte Alissa.

»Wenn's sein muß«, brummte Chara.

»Bring das irgendwie wieder in Ordnung, du wirst doch so nicht glücklich!« Anja saß neben Franco, der sich zwar seine Haare wieder gerichtet und sein Gesicht gewaschen hatte, aber ansonsten noch immer ziemlich desolat aussah.

Pia nickte ihr zu. »Anja hat doch recht, Franco. Wir können irgendeine Geschichte erfinden. Du bist auf eine kleine Insel gespült worden und hast dort bei den Ziegen überlebt oder so!«

»Siehst ja auch so aus«, bekräftigte Marc und warf Falk einen Blick zu. »Wundert mich übrigens, daß Sie noch kein Foto von ihm in diesem Zustand gemacht haben! Wäre doch sicherlich bares Geld!«

Falk zuckte die Achseln, warf sich einige Eiswürfel in ein Weinglas und goß Lâl darüber. »Ich kann eine komplette Geschichte machen, dann sind Sie auch wieder völlig rehabilitiert!« Er prostete Marc zu.

»Nett!«

»Es ändert aber nichts daran, daß Franco ein superkrummes Ding dreht und eigentlich ein Verbrecher ist, den wir hier auch noch beherbergen!« Pia blitzte ihn an. »Oder findest du das in Ordnung? Uns für deine Geschäfte zu benutzen, dann bei uns Unterschlupf zu suchen, uns in diese ganze Geschichte hineinzuziehen und am Schluß hier als Sieger rauszugehen, der auf unserem Rücken ein tolles Geschäft gemacht hat und, was ich für das Schlimmste halte, dieses elende Zeug dann möglicherweise auch noch auf irgendwelchen Schulhöfen verkaufen läßt?«

Franco wehrte ab. »Kokain ist keine Kinderdroge, das nimmt die High-Society, die findet das chic. Wir reden hier nicht von Ecstasy, Gras oder Heroin. Koks wird durch einen gerollten Fünfhundert-Euro-Schein gezogen, möglichst von einer glatten Unterfläche weg, einem Schminkspiegel von mir aus. Du machst dir da ein falsches Bild!«

Pia lehnte sich zurück. »Ich kenn mich da nicht so aus. Ich habe keine Fünfhundert-Euro-Scheine!«

Kim nahm abrupt Gas weg, so daß Alissa und Chara nach vorne rutschten.

»Was denn?« murrte Chara, aber Kim zeigte nur nach vorn. »Was machen denn die da?«

Wie aus dem Nichts tauchten vor ihnen Positionslichter auf, und als sie näher auf sie zukamen, erkannten es auch Chara und Alissa: Das Polizeischiff zog leise und geisterhaft an ihnen vorbei.

»Wo wollen die hin?« fragte Alissa und schaute dem grauen Monstrum nach, das sich langsam wieder im Nichts auflöste.

»Zur ›Dogukan‹?« Sie blickten einander an. »Dann schnappen sie Franco.«

»Und woher können die das wissen?«

»Sollen wir sie warnen?«

»Wie denn?«

Chara zog ihr Handy heraus.

»Dann ruf Falk an!«

»Gerade ihn?«

»Warum nicht?«

»Ich hab seine Nummer nicht!«

Sie dümpelten und überlegten. Alissa schaute als erste hoch. »Wollen wir ihn überhaupt retten? Ich meine, ich habe ihn schon einmal gerettet. Und? Hat er irgendwas zur Lösung des Problems beigetragen?«

»Vielleicht ist er ja dankbar, wenn die Polizei ihn schnappt, dann kriegen ihn schon Anastasios und Yavuz nicht!«

»Oder gerade! Was wissen wir, wie es in türkischen Gefängnissen zugeht?«

»Türkei? Wird er nicht nach Deutschland ausgeliefert?«

»Man wird doch in dem Land verurteilt, in dem man die Straftat begangen hat – oder nicht?«

»Keine Ahnung!«

Sie saßen, und noch immer dümpelte das Boot und fing langsam an, sich zu drehen, bis Kim schließlich wieder Gas gab.

»Wir können nicht überall Schicksal spielen, schließlich sind wir nicht der liebe Gott!«

Sie lenkte das Boot entschlossen in die ursprüngliche Richtung zurück und drehte den Gashahn voll auf.

»Vielleicht wollen sie auch zu Yavuz und seiner Bande?« rief Alissa nach vorn.

»Hatten wir das nicht schon einmal?« fragte Kim. »Ist auch nichts dabei herausgekommen!«

Ferhat sah das Polizeischiff schon von weitem kommen. Er reagierte nicht. Es kam sowieso, wie es kommen mußte. Er wartete noch ab, ob es zur »Dogukan« oder an der »Dogukan« vorbei zu der weißen Motoryacht hinter ihnen wollte, aber bald darauf war ihm der Kurs klar. Sie wollten zu ihnen. »Shabaz!« rief er. Der junge Maschinist kam, erfaßte die Situation sofort und warf Ferhat einen bedeutungsvollen Blick zu.

Nadine richtete sich auch auf, und Lucky knurrte.

»Schau, Ferhat, er wird ein richtiger Hund!« freute sie sich, aber Ferhat seufzte nur. Dann drehte er sich zu ihr um: »Ich freue mich auf unsere erste gemeinsame Fahrt. Ich werde dir meine Heimat zeigen, wie ich sie noch niemandem gezeigt habe, die Küsten und Inseln und kleinen Sehenswürdigkeiten. Wir werden frei von allem sein!«

Nadine lachte glücklich, deutete dann aber mit einer Kopfbewegung auf das Polizeischiff, das mit Shabaz' Hilfe soeben mittschiffs anlegte. »Und was wollen die hier?«

»Allah wird's wissen!«

»Wird er's auch richten?«

Ferhat lachte und stand auf, um die Polizisten zu begrüßen.

Franco hatte sich gleich um die Ecke geflüchtet, als er das Schiff sah.

»Geht schon los«, sagte Falk und grinste. »Willst du jetzt über Bord springen, oder was?«

Franco verzog das Gesicht. »Okay«, sagte er leise. »Ich bin der einzige, der weiß, wo das Koks ist. Es stimmt, Yavuz hat bezahlt, aber keine Ware bekommen. Das lastet er jetzt Anastasios an. Was glaubst du, was ich dort in der Speisekammer gemacht habe? Ich war das Geschenk an Yavuz. Mit besten Grüßen von Anastasios.«

»Klar, so weit bin ich schon!« Falk grinste noch immer. »Wo aber ist der Stoff? Yavuz sucht seit Tagen. Es kann in keiner der Höhlen sein, dein Rennteil haben sie auch auseinandergenommen, hast du's verschluckt?«

»Sechzig Kilo?«

»Ich dachte zwanzig?« Falks Gesichtsmuskeln bewegten sich.

»Du bist schlecht informiert!« Franco sah, wie die Polizisten ins Heck zum großen Tisch gingen. Er schlich in den

Kajütenaufbau hinein und ging hinter der Bar in die Hocke. Falk stellte sich davor.

»Soll ich dich jetzt schützen?«

»Du kannst Teilhaber werden!«

Falk lächelte müde. »Du schuldest mir sowieso einen Gefallen für dein öffentliches Todesattest!«

»Ich meine darüber hinaus!«

»Stell mir mal eine Flasche hoch, sonst glaubt kein Mensch, daß ich hier an der Bar stehe!« Er ging an das Bordregal, nahm sich ein Whiskyglas heraus und stellte es auf den Tresen.

»Hier stehen jede Menge leere Flaschen Rum am Boden. Hochprozentig! Wer trinkt denn so was?« hörte er Francos Stimme.

Falk ging um die Bar herum und schaute nach. Tatsächlich kniete Franco vor einer Batterie leerer Rumflaschen, sechsundfünfzigprozentig und achtzigprozentig. Falk richtete sich wieder auf. »Feuerzangenbowle?« sagte er, und im gleichen Moment erstarrte er. Eine Feuersäule schoß in den Himmel, weit weg in der Dunkelheit.

»Franco!«

Alarmiert richtete sich Franco auf, sah, was Falk sah, und stürzte aus dem Kajütenaufbau hin zur Reling, wo auch alle anderen zusammenliefen.

»Mein Schiff!« schrie er. »Mein Schiff brennt!« Er klammerte sich an der Reling fest. »Da muß ich hin, wir müssen löschen!« Er drehte sich zu den anderen um. »Das ist mein Schiff! Es liegt dort in der Bucht! Ganz sicher, die Bucht hinter der Landzunge!«

»Bist du wirklich sicher?« wollte Marc aufgeregt wissen, und einer der Polizisten musterte ihn: »Ist das nicht der Ertrunkene?«

»Ich bin nicht ertrunken, ich bin ruiniert!« Franco sackte an der Reling herunter.

Marc klopfte ihm auf die Schulter. »Dort liegen viele Schiffe, es muß nicht deins sein!«

Er schüttelte den Kopf. »Nein, ich kenne die Stelle. Dort liegen nicht viele Schiffe. Dort liegt nur meins, es ist viel zu flach für Segelboote und Motoryachten – erinnert ihr euch nicht an die Stelle?« Er schüttelte nur stumm den Kopf.

»Jetzt komm, ein Schiff!« Pia legte ihm die Hand auf den Rücken. »Du bist doch bestimmt versichert!«

»Aber wieso brennt das Ding?« wollte Uli wissen. »Kein Schiff brennt einfach so!«

»Wir sind vorhin noch vorbeigefahren«, sagte der Polizist, der Franco nicht aus den Augen ließ, »da war nichts Auffälliges!« Er beugte sich zu ihm hinunter. »Was machen Sie hier, wenn Sie nicht tot sind?«

»Wo sind die Kinder?« Pia drehte sich um ihre eigene Achse. »Wo sind verdammt noch mal die Kinder?«

Lucky stand neben ihnen und bellte, was das Zeug hielt, nur Falk und Ferhat standen etwas abseits.

»Ist das die Position? Kann das sein?« fragte Falk leise.

Ferhat nickte und nahm Falk am Arm. »Aber wir sollten doch ein schnelles Boot nehmen und hinfahren!«

»Was soll da noch zu retten sein? Wenn er das Kokain an Bord hatte …« Falk warf einen Blick zu Franco. »Klar, er hatte es! Deswegen führt er sich so auf! Aber wo? Es wurde doch alles durchsucht!«

Ferhat schnitt ihm das Wort ab: »Kim und die beiden anderen Mädchen sind mit dem Fischerboot losgefahren. Wir sollten jetzt schnell nachschauen!«

Er gab Shabaz einen Wink, der das Speedboot klarmachte. Und bevor große Aufregung entstand, sagte Falk dem türkischen Polizisten ein paar Sätze, und zu dritt fuhren sie los.

»Was ist jetzt das?« fragte Franco, als er das davonschießende Schiff sah. »Wieso haben die mich nicht mitgenommen? Es ist schließlich mein Boot!«

Nadine ging zu Pia und legte ihr den Arm um die Hüfte. »Pia, ich kann mich täuschen … aber haben die Mädchen da vielleicht selbst was in die Hand genommen?«

Pia faßte sich instinktiv ans Herz. »Nein!« sagte sie. »Wenn die da …« Sie starrte wortlos zu dem Feuerschein, der noch immer deutlich am Horizont zu sehen war. Anja kam von der anderen Seite dazu und legte ihren Arm ebenfalls um Pia, und so standen sie zu dritt und schauten aufs Meer.

Marc und Uli gingen zu Franco.

»Du hast dieses Zeugs auf diesem verdammten Schiff versteckt! Und irgendwann wärst du damit abgedüst, stimmt's? Dich sollte man wirklich ertränken!« Uli spuckte ins Wasser. »Recht so, daß dieses Ding abgefackelt ist!«

Marc rückte näher an Francos Ohr heran. »Aber wo? Wo hast du es versteckt?«

Franco zuckte die Achseln. »Ich habe einen zweiten Boden einschweißen lassen, bombensicher. Das findest du nicht. Und es lag ja im flachen Wasser, da kam keiner hin – und selbst wenn du den Kahn aus dem Wasser nimmst! Aber Feuer …« Er richtete sich auf. »Und so, wie das brennt, bleibt nichts übrig!« Er schüttelte den Kopf. »Und ich Vollidiot habe noch vollgetankt für den Fall der Fälle!«

»Der ist jetzt eingetreten!« sagte Marc trocken. Dann schaute er zu Pia hinüber. »Was gucken die Frauen eigentlich so? Trauern die dem roten Aufreißerteil etwa nach?«

Franco folgte seinem Blick, dann holte er tief Luft. »Wenn die vielen leeren Rumflaschen hinter dem Tresen etwas mit dem Brand zu tun haben, trauern sie wahrscheinlich um die Brandstifterinnen!«

Marc sah ihn verständnislos an, Uli schloß die Augen.

»Du willst aber nicht sagen ...«

»Hinter dem Tresen liegen mehrere leere Rumflaschen, hochprozentig. Die Mädchen sind weg, das Fischerboot ist weg, und eben sind Ferhat und Falk mit diesem Polizisten losgerast. Was glaubst du?«

Uli rührte sich nicht.

»Wenn dem so wäre«, sagte er langsam und mit trockener Kehle, »dann hättest du sie auf dem Gewissen!«

»Mal langsam.« Franco hob die Hand. »Ich bin nicht verantwortlich dafür, wenn die mein Schiff in Flammen aufgehen lassen, da verkehren sich doch wohl die Verhältnisse. Das ist eine Straftat!«

»Spinnst du eigentlich?« Marc schlug zu, und die Faust traf Franco an der Augenbraue.

Der prallte mit dem Körper gegen das Deckhaus, taumelte kurz, sammelte sich wieder und schüttelte den Kopf. »Ich bin gegen Gewalt! Laß das!«

Die Hitzeentwicklung war gewaltig. Von der einstmals rassigen Rennzigarre waren nur noch Trümmer übrig.

»Daß das Ding überhaupt noch schwimmt«, wunderte sich Falk.

»Es ist hier nicht tief, wahrscheinlich hängt sie schon auf Grund!« Ferhat schaute sich um. »Aber von den Mädchen keine Spur!«

Der Polizist hatte eine starke Taschenlampe dabei und leuchtete die Umgebung ab.

»Das Fischerboot ist allerdings auch nicht da, vielleicht waren sie es gar nicht?«

Falk schaute ihn an. »Meinst du, die sind zu Yavuz rüber und fackeln nun den ab, und das hier war ein Zufall?«

Der Türke zuckte die Schultern, und ein Lächeln stahl sich über sein Gesicht.

»Die sind ziemlich tough, was?«

»Für meinen Geschmack zu tough!« Ferhat zeigte auf das brennende Wrack. »Wenn sie in der Nähe waren, als das hochging, hatten sie jedenfalls keine Chance.«

»Wir bräuchten den starken Suchscheinwerfer von unserem Schiff, aber mit unserem Tiefgang komme ich hier kaum ran!« Der Polizist leuchtete noch mal alles ab. »Es sei denn, es hat sie mitsamt dem Kahn weggeschleudert. Ich denke, ich werde eine Suchaktion starten.«

Sie schauten sich an.

Ferhat wendete und fuhr in Richtung »Dogukan« zurück, Falk und der Polizist saßen nebeneinander auf der hinteren Rückbank.

»Franco sagte, es seien sechzig Kilo gewesen«, sagte Falk leise. »Sechzig! Nicht zwanzig! Wer hat uns denn diese Information von den zwanzig gegeben?«

»Du! Und du hattest es von Franco!«

»Wenn wir das gewußt hätten – sechzig Kilo auf die ›Dogukan‹ zu schmuggeln, wie hätte Franco das vor aller Augen machen sollen?« Falk versuchte, mit seinem Blick die Dunkelheit zu durchdringen, in der Hoffnung, irgendwo ein Holzboot mit drei jungen Frauen zu sehen.

»Mir egal! Aber wenn ihr noch mal so eine Aktion startet und uns vorher nicht informiert, versenken wir euch wirklich! Wie sieht das denn aus? Polizei deckt Verbrecher, oder was?«

»Wir haben es an unsere Dienststelle gemeldet und die an euch! Ihr müßtet informiert gewesen sein!«

»Die Wege sind lang! Und offensichtlich waren sie in diesem Fall zu lang! Und jetzt ist es auch noch ein Weg ohne Ziel, denn wenn das Koks tatsächlich weg ist, haben wir auch keine Beweismittel.«

»Genau, Murat! Und das ist das eigentlich Ärgerliche. Wir werden unseren Zentralen melden, daß die Sache gekippt ist, es gibt *noch* keine deutsch-türkische Erfolgsmeldung. Aber wir haben Franco. Und Franco hat Angst. Das könnte jetzt unsere Chance sein!«

»Wie meinst du das?« wollte Murat wissen.

»Er hat Yavuz und seine Männer am Hals. Und wahrscheinlich auch Anastasios, der nicht auf solche Spielchen steht, wie er uns und ihm schon bewiesen hat ...«

Murat schaute ihn an. »Und was willst du tun?«

»Ich hab da eine Idee, aber ich denke noch drüber nach!« Falk lehnte sich zurück. »Was haben eigentlich deine Recherchen in bezug auf die Umsätze ergeben? Hinterzieht er Steuern, der gute Marc?«

Murat grinste. »Ich glaube, er dachte, ich will mitverdienen. Er war recht ungenau in seinen Angaben!«

Falk nickte. »Klar, du bist ihnen nicht unbedingt sympathisch!« Sie lachten. »Aber ich auch nicht, als Paparazzo!«

Die drei Frauen standen weiterhin unbeweglich an der Reling, und auch Marc und Uli hatten sich inzwischen dazugesellt. Nur Franco hatte sich zurückgezogen, von den beiden Polizisten beobachtet, die mit Murat an Bord gekommen waren.

Als sie ein leises Motorengeräusch hörten, das immer lauter wurde, hielten sie unwillkürlich den Atem an. Ein Motorboot kam heran, aber als es in den Lichtkegel der »Dogukan« eintauchte, wurde klar, daß es sich nur um das Beiboot handelte.

Güven legte an der Treppe an, und die Enttäuschung war groß, auch wenn es niemand zeigen wollte.

»Ferhat hat mich angerufen und gesagt, daß Alissa wieder da ist«, sagte er in langsamem Deutsch, »aber was ist das dort?« Er zeigte zu dem leichten roten Widerschein, der noch immer zu sehen war: »Ist das etwa das Rennboot von Franco?«

Uli erklärte ihm in wenigen Sätzen, was geschehen war, und wollte ihm an Bord helfen. Güven schüttelte den Kopf. »Dann fahr ich auch noch einmal los«, sagte er und drehte auf der Stelle um. »Zwei Augen sehen mehr!«

»Warte!« Uli winkte ihm zu. »Ich komme mit! Ich hole nur noch eine starke Taschenlampe!«

Yavuz war von seinem Sitz aufgesprungen, als er die Explosion hörte und dann die Feuersäule sah.

»Ist das nicht Francos Boot?« Er drehte sich zu seinen Männern um. »Was hat das zu bedeuten?« Sie sahen ihn an, gaben aber keine Antwort. »Wir haben doch jeden Millimeter auf diesem Scheißkahn untersucht, dort war nichts!«

Er starrte wieder zu dem roten Lichtschein am Horizont.

»Anastasios hatte ihn doch in der Mangel! Und sagt mir, er redet nur von einer Höhle.« Er schwieg, dann drehte er sich wieder um. »Und jetzt frage ich euch: Lügt Anastasios?«

Einer der Männer wog bedächtig den Kopf.

»Hatte Franco gar kein Koks? Und lag er gar nicht als Geschenk verschnürt auf Kreta?« In sein Gesicht zog eine ungute Röte. »Lacht sich Anastasios gerade tot, weil er das Geld *und* das Koks hat?«

Seine Hände umklammerten die Reling, und er fragte sich selbst: »Aber warum fliegt dann das Boot in die Luft?«

»Vielleicht weil Franco drin war?« Der Türke mit den mächtigen Bizeps verschränkte die Arme.

»Du meinst …?«

Yavuz schaute ihn an, dann wandte er sich an die anderen: »Los, macht unser Speedboot klar. Wenn es Anastasios war, können wir ihn ja gleich mal freundlich fragen …!« Er warf dem Muskelpaket einen entsprechenden Blick zu. »Und wenn *er* uns gelinkt hat, dann ist es heute sein letzter Tag!«

Alissa und Kim ruderten schon seit einer geschlagenen halben Stunde. Sie hatten in der schmalen Kabine des Rennboots einige Liter Rum aus ihrem Plastikkanister auf den Boden gegossen und dann eine Rumspur über den italienischen Plüschboden nach draußen gezogen. Es wollte nicht gleich brennen, aber als sich die Flamme wie bei einer Zündschnur weiterfraß, drehten sie den Gashahn ihres Fischerboots auf und fuhren so schnell sie konnten außer Reichweite. Es dauerte eine Weile, und sie befürchteten bereits, die Flamme könnte erloschen sein, aber dann übertraf die Explosion alle ihre Vorstellungen, und die Druckwelle warf ihr Boot fast um. Sie saßen still, faßten sich an den Händen und sahen dem Schauspiel zu.

»Mein Gott, das war ja irre! Gott sei Dank war kein anderes Schiff in der Nähe, der Tank muß ja bis zum Anschlag voll gewesen sein!«

Kim nickte grimmig. »Ja, ganz im Gegensatz zu unserem! Da hat der Fischer wohl gespart!«

Alissa bückte sich und zog zwei Ruder hervor: »Nur gut, daß das nicht vorhin passiert ist und daß er das hier an Bord hat!«

Sie sahen das schnelle Beiboot der »Dogukan« in der Ferne an sich vorbeiflitzen, aber sie hatten nichts, um auf sich aufmerksam zu machen.

»Was ist mit deinem Feuerzeug?« fragte Alissa Chara, aber die schüttelte nur den Kopf.

»Glaubst du, darauf habe ich auch noch geachtet?«

Sie wechselten sich reihum ab und hatten schon Blasen an den Händen, als sich wieder ein Boot näherte. Diesmal ein Speedboot in Kleinformat.

»Das kenne ich«, flüsterte Alissa. »Macht euch dünne, das sind die Jungs von nebenan, Yavuz!«

Sie beobachteten schweigend, wie sich das Speedboot der brennenden Rennzigarre näherte, langsamer wurde und schließlich wieder mit voller Kraft aufs Meer hinausschoß.

Alle drei atmeten auf. »Was hat die jetzt gestochen? Na, egal, Hauptsache, sie sind weg«, sagte Chara, die gerade nicht ruderte, und trieb die beiden anderen mit »hopp, hopp, hopp, jetzt wird's aber Zeit« an.

Als Güven sie entdeckte, waren sie schon fast aus eigener Kraft bis ans Ziel gerudert. Aber sie waren trotzdem nicht unglücklich, als er sie für die letzten dreihundert Meter ins Schlepptau nahm.

Kim hatte ihre Mutter noch nie weinen sehen, doch jetzt lachte Pia, und gleichzeitig schossen ihr die Tränen aus den Augen. Sie umarmten sich wie seit Jahren nicht mehr, und weil ihr Herz gerade so überlief, drückte Pia auch Alissa und Chara an sich.

Und nachdem sie rundherum vor lauter Wiedersehensfreude abgeknutscht worden waren, setzten sich alle an den großen Tisch, selbst die türkischen Polizisten und auch die Jungs um Ferhat. Hussein hatte etliche Flaschen und Gläser auf den Tisch gestellt, dazu Brot und Käse, und dann rückten sie Stühle dazu und erweiterten den Kreis, bis alle dabei waren.

Murat zeigte auf Franco und nahm seine Mütze ab. »Ich hätte dich gern verhaftet«, sagte er, »aber leider fehlen mir jetzt die Beweismittel. Wenn du bei einem Spiel verschwunden und jetzt wieder aufgetaucht bist, kann ich dir schlecht nachweisen, daß du zwischendurch tot warst!« Er schob sich einen Brocken Brot in den Mund. »Und wenn du in deinem verfluchten Boot irgendwas versteckt hast, das jetzt in die Luft geflogen ist, habe ich noch weniger in der Hand!« Er spülte mit einem Schluck Raki nach. »Aber zuviel Glück verdirbt den Charakter!«

Franco nickte lächelnd und hob sein Glas. »Welchen Charakter?«

Falk blieb ernst. »Du kannst mit deiner Geschichte Geld verdienen, wenn dir die Kohle ausgegangen ist. Party, untergegangen, an kleiner Insel gestrandet, mit Ziegen gelebt, Milch getrunken, gefunden. Wenn ich das anbiete, hast du sofort genügend Geld, und Marc hat in Deutschland einen bekannten, aber sauberen Namen!«

Alle nickten. Nur Franco nicht. »Und wie mache ich Yavuz klar, daß seine Ware vernichtet ist?«

»Er weiß ja nicht, daß sie vernichtet ist. Er weiß nur nicht, wo sie ist«, erklärte Falk. »Und du kannst schließlich nichts dafür, auf deiner einsamen Insel mit den Ziegen!«

»Die wissen doch genau, daß es anders war!!«

»Klar, sie werden dich bei der nächstbesten Gelegenheit liquidieren. Entweder gibst du Yavuz die Ware, die du nicht mehr hast, oder Anastasios gibt ihm das Geld zurück, für das er seine Ware allerdings schon geliefert hat. Kannst du also beides vergessen.«

Franco war blaß geworden.

»Ich könnte ihm das Geld zurückzahlen, wenn ich wieder im Geschäft bin! Da haben sie mehr davon, als mich abzumurksen!«

»Sie werden dich auf jeden Fall abmurksen!«

Franco sah den türkischen Polizisten an. »Und was kann ich tun?«

»Wir lassen die Geschichte mit der Insel und den Ziegen, und du wirst Kronzeuge gegen Anastasios und Yavuz. Wenn sie hinter Gitter sind, bist du sicher!« antwortete Falk an seiner Stelle.

»Das glaubst aber nur du! Wenn ich auch noch als Kronzeuge auftrete, ist mein Leben keinen Cent mehr wert!«

»Ist es so auch nicht!« sagte Falk ungerührt. »Aber wenn die beiden sitzen, bist du der Held. Wir können ja sagen, du hast mit der türkischen Polizei zusammengearbeitet, und das Ganze war geplant!«

»Ach, du lieber Himmel!« Marc schlug die Hände zusammen. »Das wird ja immer besser! Und welche Rolle spielen wir dabei?«

»Die reale. Auch Alissa und Chara. Je mehr Zeugen, desto besser!«

»Und daß das Boot in die Luft geflogen ist?« warf Pia ein.

»Wir vermuten mal, diese Aktion sollte Franco bei seiner ersten Fahrt treffen. Eine kleine Bombe, um einen Zeugen zu erledigen. Yavuz wird denken, Anastasios steckt dahinter. Möglicherweise glaubt er sogar, daß Anastasios eine ganz linke Nummer gedreht hat und die Kohle und das Rauschgift hat, das käme uns sehr entgegen, dann halten sie nicht mehr zusammen, sondern gehen aufeinander los!«

»Phantasierst du gerade eine Story für irgendein Blatt zusammen?« wollte Franco wissen und schaute ihn von der Seite an.

»Zumindest weiß ich, wie Geschichten gut ausgehen können!« Er grinste. »Und da bleibt nur dieser Weg! Dazu braucht es allerdings mehr Mut, als nur darauf zu warten, daß die

Häscher kommen.« Falk schaute Franco direkt in die Augen. »Überleg's dir gut!«

Franco holte tief Luft und schaute einen nach dem anderen an. »Überlegen? Was soll ich da noch überlegen!« Er trank einen tiefen Schluck. » Okay! Ich bin dabei!« Dann zögerte er. »Unter einer Bedingung!«

»Und die wäre?« Murat beugte sich gespannt vor.

»Ich kriege Polizeischutz!«

»Du?«

Jetzt lachten alle.

»Schwarz oder blond?« wollte Alissa wissen.

Wieder lachten alle, trotzdem war Pias Stimme gut zu hören: »Apropos Polizei«, sagte sie und wartete, bis es wieder einigermaßen ruhig war, dann wandte sie sich an Murat. »Was soll die alberne Geschichte mit der Verwüstung, die wir hier angeblich angerichtet haben?«

»Es waren unsere eigenen Drogenermittler. Ein Absprachefehler!«

»Und wir sollen den Schaden bezahlen?« Pia schüttelte den Kopf. »Nie und nimmer!«

»Das regeln wir mit Mrs. Anderson«, beruhigte sie Murat. »Sie weiß schon Bescheid!«

»Sie können das mit mir regeln«, Nadine klopfte sich an die Brust, »denn ich kaufe das Schiff! Ganz sicherlich!«

»Die eigenen Drogenermittler! Nicht Yavuz und seine Leute?« Alissa schaute Murat groß an. »Jetzt versteh ich überhaupt nichts mehr!«

»Und *das* steht morgen nicht in der Boulevardzeitung?« wollte Uli kopfschüttelnd wissen.

»Kriegen wir dafür wenigstens eine Entschädigung? Angst, Schrecken, entgangene Urlaubsfreuden?« Anja mischte sich ein. »Immerhin hatte ich ständig einen Revolver am Kopf!«

Murat holte tief Luft. »Mehr als unsere Entschuldigung können wir nicht bieten, wir können das schließlich nicht publik machen!« Er warf Falk einen drohenden Blick zu. »Und Sie auch nicht!«

Falk hob abwehrend beide Hände und rutschte auf seiner Bank ganz nach hinten. Alissa warf ihm einen Blick zu, den er nicht deuten konnte. Dann rutschte sie langsam näher zu ihm hin und legte ihre Hand auf seinen Schenkel. Er verharrte kurz, stellte aber fest, daß tatsächlich alle in Gespräche vertieft waren, und kam ihr ein Stück entgegen. Sie saßen Seite an Seite dicht nebeneinander, und Alissas Mund kam nahe an sein Ohr.

»Warum konnte das Handy dieses obersten Drogenermittlers, dieses Obergangsters, piepsen, wenn ich dir eine Kurznachricht schicke?« wollte sie leise wissen.

Er schenkte ihr einen langen Blick, bevor er antwortete: »Weil es sein Handy war!«

»Bist du das?«

»Nicht nur. Es gibt eine deutsch-türkische Sonderkommission gegen Drogenschmuggel. Kürzlich wurden sechshundert Kilo ausgehoben, da steckten wir allerdings auch dahinter.«

»Aber das Schlauchboot an Yavuz' Motorboot?«

»Haben wir da hingehängt, um Kim ein bißchen im Zaum zu halten. Reine Abschreckung. Wer weiß, ob sie sonst nicht dorthin marschiert wäre, neugierig, wie sie ist? Kleiner Nachbarschaftsbesuch? Mir reichte schon, daß du direkt in die Höhle des Löwen marschiert bist.« Er zupfte an ihrem Ohrläppchen. »Und im übrigen kam ihnen das selbst spanisch vor, und sie haben es schleunigst verschwinden lassen.«

»Und ich dachte bis jetzt, Yavuz und seine Männer wären bei uns an Bord gewesen. Ich bin bei denen auf der Yacht tausend Tode gestorben!«

»Tausend Tode? Du hast doch ganz gemütlich Champagner getrunken?« Er grinste. »Und außerdem hast du heimlich eine SMS getippt, obwohl du kein Handy hättest haben dürfen!«

»Stimmt!« Sie sah ihn schräg an. »Hättest du uns was getan?«

»Es ging um die Sache, nicht um euch!«

»Was ist das, was du bist? So eine Art Polizist?«

Er zuckte mit den Schultern.

»Aber du bist jedenfalls kein Fotograf!«

»Ich fotografiere ganz gut!«

Sie schwieg und studierte sein Gesicht, schließlich nahm sie ihren Zeigefinger, um es nachzuzeichnen, die leichten Fältchen in seinen Augenwinkeln, seinen Mund, der so viele Nuancen kannte. Er schob seine Hand unter ihr Haar, griff in ihren Nacken und zog sie noch näher zu sich heran.

»Du hast mir vom ersten Moment an gefallen«, sagte er leise in ihr Haar. »Du bist speziell, das habe ich von Anfang an gespürt!« Er rieb seine Nase an ihrem Nacken, und sie hörte sein rauhes Lachen. »Wie du mit unserem Schlauchboot abgehauen bist, und dann die Akrobatiknummer mit Franco! Du bist wirklich einmalig.« Sie spürte seine Zungenspitze an ihrem Ohrläppchen, und eine wohlige Gänsehaut lief ihren Körper hinab. »Ich habe mich in dich verliebt!« flüsterte er.

Alissa drückte sich an ihn und hätte sich jetzt am liebsten auf ihn gestürzt. Sie sehnte sich nach einem einsamen Platz, nur für sie zwei, fieberte nach wilden Küssen und purer Leidenschaft. Sie streichelte die Muskeln durch seine Jeans hindurch. Er küßte das Grübchen zwischen ihrem Hals und ihrer Schulter, und ein neuer Schauer lief über ihren Rücken und an den Armen hinab bis in die Fingerspitzen. Sie glaubte zu spüren, war sich sicher, daß sich jedes Härchen an ihrem ganzen Körper einzeln aufrichtete. Und jetzt war es ihr auch egal, wenn es jemand bemerkte. Jetzt war sie sich sicher, daß sie ihn auch vor aller Augen wollte. Sie drehte sich um, so daß sie wieder nah an sein Ohr herankam.

»Wie viele Wahrheiten verträgt die Liebe?« wollte sie leise wissen.

»Deine?« fragte er. »Meine?«

Er schwieg, dann schaute er ihr direkt in die Augen. »Oder unsere?«

Gaby Hauptmann

Fünf-Sterne-Kerle inklusive

Roman. 317 Seiten. Serie Piper

Katrin kann es nicht fassen: Sie hat das große Los gezogen – und eine Woche Skiurlaub im Fünf-Sterne-Hotel gewonnen. Unverhofft findet sich die Supermarktkassiererin in einem Kreis von reichen und attraktiven Hotelgästen wieder. Ihr kleines Geheimnis behält sie für sich und wird für die Männer nur um so interessanter. Das Leben ist süß – bis Katrin merkt, daß da noch andere Kräfte am Werk sind. Als das Hotel eingeschneit wird, verdichten sich die Turbulenzen ... Mit einer erfrischenden Portion schwarzem Humor schaut Gaby Hauptmann auf die Welt der Reichen und Schönen. So amüsant und kurzweilig wie eine Woche Skiurlaub in den österreichischen Bergen!

05/1001/01/L

Gaby Hauptmann

Ein Liebhaber zuviel ist noch zuwenig

Roman. 317 Seiten. Serie Piper

Immer montags hat sie Zeit für Lars, den muskelbepackten Mann fürs Abenteuer. Und im Hamburger Nobelhotel *Ramses* genießt Anna ihren Seitensprung in vollen Zügen – genau wie das Pärchen im Zimmer über ihnen. Leidenschaft verbindet, denkt Anna und ruft kurzerhand oben an. Sie legt auf, als abgenommen wird, aber im selben Moment herrscht oben Totenstille. Und am nächsten Tag bringt die Zeitung eine unfaßbare Nachricht: Im *Ramses* wurde ein Mann tot aufgefunden, und zwar genau im Zimmer über Lars und Anna. Als Annas Ehemann Rainer, der scheinbar kreuzbrave Anwalt, mit dem Fall zu tun bekommt, bleibt ihr nichts anderes übrig, als heimlich auf eigene Faust zu recherchieren.

05/1002/01/R

SERIE PIPER

Gaby Hauptmann

Die Lüge im Bett

Roman. 315 Seiten. Serie Piper

Eigentlich will Nina Sven so schnell wie möglich loswerden. Ausgerechnet der ist aber Chef des Fernsehsenders, bei dem sich Nina ihre Brötchen verdient. Deshalb erscheint ihr der Drehtermin in Brasilien wie ein Geschenk des Himmels – *die* Chance, was für die Karriere zu tun und nebenbei auf andere Gedanken zu kommen. Doch wie so oft im Leben kommt alles ganz anders. Hals über Kopf verliebt sich Nina in den smarten Nic: Ihr Puls klopft, ihr Herz rast – nur Nic scheint es nicht zu merken. Als Nina entdeckt, wem seine Gefühle gelten, ist es schon zu spät …

Mit leichter Hand und sprühendem Witz schickt Gaby Hauptmann ihre hellwache und erfrischend durchtriebene Heldin Nina in einen Dschungel der Gefühle.

05/1003/01/L

Gaby Hauptmann

Die Meute der Erben

Roman. 318 Seiten. Serie Piper

Wie die Geier fallen Anno Adelmanns geldgierige Töchter in die Villa des alten Herrn ein. Es ist sein 85. Geburtstag, Grund genug, die treue Familie zu spielen. Doch die Sympathien des liebenswürdigen und galanten Anno, einst Großindustrieller, gelten der attraktiven Ina und ihrer kleinen Tochter Caroline. Eine Heirat bahnt sich an – und der Krieg mit der Meute der Erben wird fürchterlich. Doch Ina hat die stärkeren Waffen …

05/1004/01/R

Gaby Hauptmann

Suche impotenten Mann fürs Leben

Roman. 315 Seiten. Serie Piper

Wer seinen Augen nicht traut, hat richtig gelesen: Carmen Legg meint wörtlich, was sie in ihrer Annonce schreibt. Sie sucht den Traummann zum Kuscheln und Lieben – der (nicht nur) im Bett seine Hände da läßt, wo sie hingehören. Die Anzeige entpuppt sich als Knüller, und als sie schließlich in einem ihrer Bewerber tatsächlich den Mann ihres Lebens entdeckt, wünscht sie, das mit der Impotenz wäre wie mit einem Schnupfen, der von alleine vergeht.
Gaby Hauptmann ist das Kunststück gelungen, das Thema »Frau sucht Mann« von einer gänzlich anderen Seite aufzuziehen und daraus eine fetzige und frivole Frauenkommödie zu machen, die kinoreif ist.

»Mit Charme und Sprachwitz wird der Kampf der Geschlechter in eine sinnliche Komödie verwandelt.«
Schweizer Illustrierte

05/1005/01/L

Gaby Hauptmann

Eine Handvoll Männlichkeit

Roman. 332 Seiten. Serie Piper

Das kann noch nicht alles gewesen sein, meint Günther, wohlsituiert und aus den besten Kreisen. Am Abend seines sechzigsten Geburtstags faßt er einen nachhaltigen Beschluß: Eine neue Frau muß her! Auf seiner großartigen Geburtstagsparty sticht ihm die nichtsahnende Linda, die junge, attraktive Freundin des Bürgermeistersohns, ins Auge, das Gegenmodell zu seiner perfekten Frau Marion. Frei nach dem Motto: Hauptsache, er steht, setzt Günther alles daran, Linda herumzukriegen. Außerdem trifft er die notwendigen Vorbereitungen, sein beträchtliches Vermögen vor Marion in Sicherheit zu bringen. Doch Marion kommt ihm auf die Schliche und setzt ebenso unerwartet wie durchschlagend zur Gegenwehr an. Gaby Hauptmann weiß, was Männer mögen – und Frauen gerne lesen.

05/1006/01/R

Gaby Hauptmann

Nur ein toter Mann ist ein guter Mann

Roman. 302 Seiten. Serie Piper

Ursula hat soeben ihren despotischen Mann beerdigt. Doch obwohl sich der Sargdekkel über ihm geschlossen hat, läßt er sie nicht los. Während sie sich von der ungeliebten Vergangenheit trennen will, fühlt sie sich weiter von ihm beherrscht. Sie wirft seine Wohnungseinrichtung hinaus, will seinen Flügel und seine heiß geliebte Yacht verkaufen, übernimmt die Leitung der Firma. Er schlägt zurück: Männer, die ihr zu nahe kommen, finden ein jähes Ende – durch ihre Hand, durch Unglücksfälle, durch Selbstmord. Erst als Ursula langsam hinter das Geheimnis ihres Mannes kommt, gewinnt sie die Macht über sich selbst zurück. Und als sie dabei eine Ex-Freundin ihres Mannes kennenlernt, öffnet sich ein völlig neuer Weg für sie – doch dann stellt sich die große Frage: Woran ist ihr Mann eigentlich gestorben?

Gaby Hauptmann hat eine listige, rabenschwarze Kriminalkomödie geschrieben.

05/1007/01/L

Gaby Hauptmann

Hengstparade

Roman. 315 Seiten. Serie Piper

Karin befürchtet das Schlimmste, als sich ihr frischgebackener Lover Harry für eine Woche auf einen idyllischen Reiterhof verabschiedet. Harry, der schwarzgelockte Charmeur. Da gibt es nur eins: Hella, ihre Mutter, muß ein Auge auf ihn haben. Aber das einladende Ambiente und der Duft nach Leder und würzigem Heu scheinen auch bei Hella nicht ohne Wirkung zu bleiben: Als sie sich gerade Hals über Kopf verliebt hat, geschieht auf dem Hof aus heiterem Himmel ein merkwürdiger Unfall. Grund genug für Karin, dort endlich nach dem Rechten zu sehen …

Mit großartigem Humor und einer Prise Erotik entführt Gaby Hauptmann uns in ein ganz besonderes Ferienidyll. Und nichts ist anregender als eine bewegte Woche im Grünen!

05/1625/01/R